WENLV YU DICHAN:
SHUNSHIERWEI

文旅与地产：顺势而为

宋丁 著

中山大學出版社
SUN YAT-SEN UNIVERSITY PRESS

·广州·

版权所有　翻印必究

图书在版编目（CIP）数据

文旅与地产：顺势而为/宋丁著. —广州：中山大学出版社，2019.12
（宋丁文集）
ISBN 978-7-306-06760-9

Ⅰ.①文… Ⅱ.①宋… Ⅲ.①旅游文化—中国—文集　②房地产业—中国—文集　Ⅳ.①F592-53　②F299.233-53

中国版本图书馆 CIP 数据核字（2019）第 257497 号

出 版 人：	王天琪
策划编辑：	金继伟
责任编辑：	王　璞
封面设计：	曾　斌
责任校对：	潘惠虹
责任技编：	何雅涛
出版发行：	中山大学出版社
电　　话：	编辑部 020-84110771，84110283，84111997
	发行部 020-84111998，84111981，84111160
地　　址：	广州市新港西路 135 号
邮　　编：	510275　传　真：020-84036565
网　　址：	http：//www.zsup.com.cn　E-mail：zdcbs@mail.sysu.edu.cn
印 刷 者：	广州市友盛彩印有限公司
规　　格：	787mm×1092mm　1/16　17.75 印张　335 千字
版次印次：	2019 年 12 月第 1 版　2019 年 12 月第 1 次印刷
定　　价：	68.00 元

如发现本书因印装质量影响阅读，请与出版社发行部联系调换

作者简介

宋丁 国际著名学者费孝通先生的首届研究生

国家高端智库·中国综合开发研究院旅游与地产研究中心主任、研究员

中国城市经济专家委员会副主任

中国城市经济学会理事

中国智慧城市专家委员会首席专家

为重庆、青海、深圳、西安等众多省市政府提供顾问服务

华侨城旅游研究院特聘专家

中央电视台、凤凰卫视、第一财经等众多传统媒体及网媒特约嘉宾

著有《旅游地产及东部华侨城实践》等各类专著、合著20多部

发表各类论文300多篇

在各类重要论坛上发表400多次演讲

获得马洪学术基金奖等多个奖项

主持了400多项有关城市战略及文旅地产项目的策划、规划及咨询

国内城市战略研究及文旅地产策划领域的著名专家

前　　言

  我的本底研究领域是城市问题，早在 1988 年就出版了 30 万字的专著《城市学》。1991 年调入深圳后，第二年就承接了深圳市政府的能源规划项目。在做这个项目的过程中，我们课题组前往深圳东部大鹏湾的西冲海滩进行实地考察，因为政府当时打算在那里建煤码头。但是，当我们抵达那个长达 5 千米的西冲海滩时，大家都惊呆了，如此壮观美丽的、深圳最长的海滩，显然应该留给未来的滨海旅游业，而不是去布局什么煤码头，那样做显然对滨海环境会带来非常不利的影响。之后我们在做规划时，就西冲海滩设立煤码头的提议提出了反对意见。后来市政府采纳了我们的意见，对能源布局进行了合理调整。

  这次规划活动的一个意外收获是，我对旅游业产生了浓厚的兴趣，在以后的项目承接中，特别关注旅游项目，并积极介入。在之后的将近 30 年中，我在全国各地主持和参与了大约 400 个各类文旅或文旅地产项目的策划、规划、顾问、咨询活动，特别是被国内头号旅游企业华侨城旅游研究院聘为特聘专家，先后多次参与其在全国各地的旅游项目的咨询和策划活动，使我在文旅领域的研究和咨询工作得以不断深化。

  与此同时，深圳作为全国房地产发展的标杆城市，其房地产和楼市一直在全国具有重要影响，此类活动非常频繁。由于我在媒体界的影响较大，房地产界也喜欢邀请我参加有关房地产和楼市的许多论坛和各类其他活动。这样，多年来，我在房地产业界也形成自己的研究兴趣和特色，不断探索有关房地产和楼市的发展趋势和规律。

  由于我在旅游和房地产两大领域都开展了很长时间和比较深入的研究，因此，在很多项目中会自然地把两者结合起来研究，这就是多年来国内十分火热的文旅地产。在这个方面，自认为在全国还是走在前列的，早在 2011 年，我就撰写了《旅游地产及东部华侨城实践》的专著，这应该是国内在旅游地产领域比较早和比较系统的专著了，其中不少观点被业界和网络上多次引用。

  近年来，我在文旅、文旅地产和房地产等跨界领域一直在进行实践性的研究探索，不但主持和参与了众多的项目策划、规划、可行性研究、项目咨询等，也积累了许多理论分析成果。本专著《文旅与地产：顺势而为》就是这些成果的集大成篇。大家可以通过阅读这本专著，通过其中八个篇章了解到中国这些年来文化旅游产业的蓬勃发展态势，同时看到房地产面临的诸多困局以及文旅地产相应面对的一系列问题。我的基本研判是：中国房地产尽管面临许多困难，但是在中国城市化的半坡上，房地产仍然有其重要的基础地位、功能和价值，只是要坚持中央提出的"房住不炒"的战略，坚持宏观调控，大力发展保障房，同时合理发展商品住房，只要方向对头，房地产仍然有广阔的前景。与此同时，文旅地产作为旅游和房地产的交叉领域，伴随着旅游业的大发展，同样有着长远的发展潜力，只是要避免打着文旅旗号单纯开发房地产的现象发生。

我一如既往遵从我的导师费孝通先生当年的谆谆教诲：一定要通过切身的社会调查研究来找到解决问题的答案。我生活在更具创新和活力的深圳，生活在临海开放文化氛围浓郁的南方，我每年都会在国内主持一些文旅地产项目的研究和策划工作，我的文章之所以接地气，和这些落地的研究和策划活动直接相关。未来，我仍然会坚持这种理论和实际紧密结合的方式，继续撰写这方面的文章和专著，期待各位读者朋友继续关注我的成果，并诚挚地请各位朋友给我提出宝贵意见，我会认真聆听大家的意见和建议，以便写出更多更好的成果与大家分享，我在这里真诚地谢谢各位朋友！

2019 年 8 月 10 日写于深圳

目录
CONTENTS

第一部分　文化旅游：创新与跨越

第一章　中国文旅产业趋势　/3

中国旅游业：十大战略趋势　/3
关于全域旅游的九个问题　/8
文旅策划：一路风雨一路阳光　/11
乡村复兴：以文旅的名义探求中国历史使命　/17
特色小镇之"特"的七大解读　/22
当前文旅产业投资热潮下的十点提示　/26
特色小镇之谬：核心是产业不是旅游？！　/31
融创收购万达文旅项目四大猜想　/32
当今中国旅游业值得关注的六大动向　/35
以文旅IP强力推进全域旅游发展　/40

第二章　谈谈文旅地产的发展　/44

度假地产：白银时代的战略机遇增长点　/44
旅游地产：转型时刻坦然应对无须回避　/51
中国旅游地产的发展历程、当前问题及未来策略　/54
中国文旅地产的八大困境及对策　/59
由主题公园与房地产的切割政策看旅游地产的发展前景　/62

第三章　各地文旅产业发展态势　/76

关于阿拉善旅游发展的几点思考　/76
永川旅游要争主动、靠市场　/78
何处最岭南？当属西樵山　/80
从神圣的蓝毗尼出发，追寻中华佛文化的弘扬之路　/83
侯马如何建设中国手艺小镇？　/86
广东如何成功推进特色文旅小镇建设？　/90
创想北纬：追寻另一个呼伦贝尔　/94
粤港澳大湾区格局下的乡村特色旅游之路　/95
未来山西旅游最易形成的突破口在太行山上　/101
珠海：走自己的特色之路才有未来　/104

第四章　深圳休闲度假产业发展动向　/108

猴年观察：深圳东的海岸，度假业的机会　/108
260千米黄金海岸，深圳旅游头号资源全线开发序幕正在拉开　/111
在深圳，最熟悉的陌生地就是中央山　/114
再谈深圳中央山　/117

第五章　华侨城文旅创新求变　/120

华侨城要走多元整合创新之路　/120
华侨城总部城区的八大再造工程　/123
甘坑客家小镇：华侨城的文化科技IP创新之旅　/126
华侨城开发甘坑新镇项目的思考　/129
华侨城的"旅游+"：战略价值、主导路径及兑现策略　/132
华侨城：比文旅节更重要的是做IP王！　/142
当华侨城文旅节注入各地特色IP项目平台的时刻　/145
华侨城文化旅游节要立足大创新、大品牌　/147
华侨城抢抓大湾区机遇的三大对策　/159

第二部分 房地产：震荡与转型

第六章 中国房地产之势 /165

2016：中国楼市两极大分化尘埃落定 /165
楼市去库存：一不留神成了中国头等大事 /167
中央关于去库存的五个化解性策略 /171
楼市加杠杆，是危还是机？ /173
人民币国际化：楼市调控背后的一盘国家大棋！ /175
特朗普时代来了，中国楼市要深度探底吗？ /178
五大动向证明，房地产正在发生脱虚向实的大蜕变 /180
"一带一路"峰会外的中国房地产联想 /183
我对未来中国装饰业动向的几点看法 /186
租赁正在成势，20年房地产隆重转向 /189
关于中国房地产长效机制的七点分析 /191
超过300万亿元！房地产巨额存量资产昭示全球最大资产增值潜力 /196
租房市场的发展要过三道门槛 /204
地价三阶段表现如何助推和维护房价？ /206
住建部的房地产"三稳"，其实半年来我一直在讲 /209

第七章 区域房地产之变 /212

2016年香港房地产会走衰吗？ /212
乘坐地铁迈向新时代：万科的一箭九雕 /214
雄安改革猜想：让中国房地产发生裂变！ /217
林郑月娥首份施政报告透露了怎样的香港楼市信息？ /220
2018：大湾区房地产趋势、开发及投资策略 /222

第八章 深圳房地产之路 /227

暴涨后的深圳楼市扛得住盛世危言吗？ /227

深圳楼市的"高温"能降得下来吗？ /231
热闹的春节后是降温的深圳楼市？ /233
政策终于出手，我的九点判断 /235
如何破解深圳楼市供应的死结？ /237
真的是利率黑市导致了深圳的房价暴涨吗？ /240
"深八条"下，还看定力 /245
深圳超级新政下的房地产投资理念及策略 /247
深圳房地产正在生成的28条逻辑 /251
关于深圳城市更新、旧改、棚改的思考 /254
无论棚改旧改，都是城市更新，政府都应介入 /256
租令对深圳意味着什么？ /259
深圳楼市的五大困局 /261
华富村：如何书写深圳棚改第一华章？ /264
深圳以住房制度的革命性变革应对大湾区的降临 /267
6：4引发强烈震荡，深圳房改能实质性推进吗？ /270
深圳楼市新政："靶向治疗"的修补性行动 /272

后记 /274

第一部分

文化旅游：创新与跨越

第一章 中国文旅产业趋势

中国旅游业：十大战略趋势

2016年的钟声即将敲响①，以国家经济转型升级为特征的"十三五"正在来临，在稳增长、调结构、惠民生等方面发挥着巨大作用的旅游业，在国家强力政策扶持和市场旺盛需求的引导下，将呈现如下十大战略发展趋势。

一、作为全球头号产业的旅游业正在成为中国国家战略性支柱产业

旅游业是世界当之无愧的最大产业。说它大，主要是有两个硬性指标：一是创造的 GDP 增加值占比达到 10%，是所有产业 GDP 占比中比例最高的。中国 2015 年旅游业创造的广义增加值已经占全国 GDP 总量的 10.1%，达到了全球平均水平。二是旅游业就业人数占比也大约为 10%，是所有产业中吸纳就业人口最多的产业。2015 年中国旅游业的就业人数占比更是达到了 10.2%，略高于国际平均水平。

中国政府已经正式确立旅游业的战略性支柱产业地位，这样的定位目前只有旅游业。为什么要在支柱产业前面加一个"战略性"？10% 的增加值占比已经超出一般定义中所规定的 8% 的比例，完全是支柱产业了，而战略性更多地体现在人口就业方面。随着产业的转型升级，传统产业将流失大量就业人口，加上城市化和大学毕业生继续出现的新增就业人口，必须有新的能够大量吸纳就业人口的产业承接，旅游业就是这样的产业，它对于缓解就业压力、增加民众收入、维持国家稳定具有重大的战略性意义。

---

① 由于本书为结集出版，为保持文章原貌，每篇文章内的时间和相应内容均以写作日（置于文章尾部）为参考时间。——编者

二、旅游业正在由快速浅层观光主导向慢速深层度假主导转型升级

按照国际通行的分析，人均GDP达到1000美元时，观光旅游将得到大发展，人均5000美元时，比较高端形态的休闲度假旅游将大行其道。中国21世纪初人均GDP达到1000美元，当时观光旅游呈现大爆发，国家安排了3个"黄金周"应对，大大推动了旅游业的发展，2015年游客量已经超过40亿人次。目前，中国人均GDP已经超过7000美元，已经进入以休闲度假为导向的时代，在观光旅游继续稳健发展的同时，旅游产业的主流业态向休闲度假转型升级的势头旺盛。休闲度假与观光旅游的最大区别是，观光通常是快速的，体验也是相对单一、浅层的，而休闲度假则需要慢下来，体验向多元、深度推进，由此需要大量多样化的度假居住类产品，这样，旅游品质和旅游收益大幅增加。目前各地发展旅游业，重点都在解决如何让更多的游客留下来的问题，从旅游平均收益看，不住下来的一日观光游和住下来的数日度假游，其人均每日贡献率比例大致为1∶8的水平。目前，全国各地重点发展的正是可创造更高收益的深层度假旅游产品和模式。

三、带薪休假将把假日经济由黄金周巅峰模式变为全年候均衡模式

进入21世纪以来的中国旅游业发展，一个非常突出的特色是三个黄金周，那时候全国高速公路车流拥堵，各个景区人山人海。但是，黄金周一过，许多景区立刻门庭冷落。这种资源和需求配置的严重不平衡状态正在被一个重要的制度安排打破，那就是职工带薪休假。黄金周是国家层面的休假制度，民众只有在黄金周才能抱团出行，必然呈现拥堵和资源利用不均衡现象。带薪休假则是国家法定而由机构执行的休假制度，只要职工按照法定程序申请休假，机构必须认同职工的休假行为。理论上全国职工在一年365天内，天天都有休假权利和行为发生，这就把黄金周时代国人不得不集中到一个时间段内的人海式旅游转化为全年分散的、相对轻松的、体现自我选择的带薪休假中去，这样，旅游资源也得到均衡良性的利用。2007年11月，国家宣布取消五一黄金周，而全力推进职工带薪休假。同年12月，国务院公布《职工带薪年休假条例》，宣布自2008年1月1日起施行。这必将极大地促进休闲度假旅游的发展。

四、自主性、选择性、体验性、遵规性正在成为旅游者的价值取向

在旅游业刚刚兴起的时候，我们都有过这样的经历：参加一个旅行团，由导游举一面小旗子带队，大家一窝蜂跟随，到哪里都有规定的时间限制，整个行程非常严格死板。这种做法的确相对安全、简单，但是，最大的问题就是无法体现旅游的个性化，也无法把旅游体验深入下去。近年来，随着旅游业的深入发展，越来越多的游客选择自驾游、自助游，他们不断追求更加宽松的旅游氛围、更加独特的旅游体验，旅行社为了迎合这种需求，也不断推出个性化、定制型的游程产品。与此同时，自助游中自然存在的散漫、越轨行为正在受到越来越多的旅游规则的约束，国家旅游局甚至制定了黑名单制度，对那些严重违反旅游规则的游客进行黑名单登记，实施必要的惩戒。在法规、道德的双重约束下，游客日益进入自觉维护旅游秩序的角色之中。"随心所欲而不逾矩"，孔子形容七十老者的名言可以用到当今游客的行为模式上了。这种自主性、选择性、体验性、遵规性正在一步步成为广大旅游者的主流价值取向。

五、大都市一两小时车程地带正在酿造生态度假旅游发展的"黄金圈"

七天黄金周带旺了远程观光旅游，现在每年出国旅游已经达到1.2亿人次。而休闲度假这种业态，更多的人并不一定要走很远，他们在周末开车与家人朋友到城市周边度假，之后再返回城里。这种趋势给大都市外围一两小时车程的生态环境地带带来了巨大的发展机会，这些地方通常经济发展水平远低于市区，但生态环境良好，通常还会有不少特色型的人文资源，例如古村落、庙宇、民俗文化、乡村特色等。在这个地带，有大量的发展机会，正在发展成为满足大城市居民周末休闲度假需要的"黄金圈"。

六、文化、健康、养生、养老、农业等进入大旅游集群化发展框架

未来中国旅游业发展的另一个趋势是产业的集群化发展。以休闲度假为主导的新型旅游业主要进入的是地域广阔的城市近郊远郊地带，原有的乡村

农业可以依托旅游业形成特色型的乡村旅游和休闲农业,大量农村劳动力也可以进入乡村旅游业;与此同时,文化产业、健康产业、养生产业、养老产业等与旅游业关系密切的产业都在城市外围地带与旅游业结伴,形成大旅游集群化发展的产业群,相互助力发展。这些产业目前都是国家政策大力扶持的产业,在多项政策的交互支持下,以大旅游为基础的产业集群正在蓬勃发展,未来将成为城市外围地带的主导型产业发展模式。

七、旅游业正在依托新型城镇化在全国打造千万个特色型旅游小镇

中国的城市化率目前统计的数字大约是55%,按照国际平均70%的水平,中国还有15%需要提升,大约2亿人。此外,已经进入55%城市化范围的人口中,大约20%是非户籍人口,1亿多人,两者加起来3亿多人。如果通过新型城镇化的政策引导,让这个庞大的农村进城人口在20年里有大约30%的人既不是继续留在农村,又没有涌入大城市,而是逐步进入农村附近的中小城镇(包括三、四、五线城市以及乡村小城镇),这将是中国新型城镇化的巨大成果。如何让农民愿意留在当地的小城市小城镇?关键是以人为本,真正从进城农民的实际需要出发,综合解决他们的各类实际问题,比如户籍、就业、子女入学、老人赡养、住房等民生和社会保障问题,这就需要国家投放大量实效性的政策法规,确保他们各项权益的落实。目前,全国农村地区正在规划成千上万个这样基础性的小城镇,由于这些小城镇尽可能地体现了当地的人文特色,又具有了相当程度的旅游性质,为城市人周末外出休闲度假提供了良好的空间,也成为特色旅游小镇。可见,伴随着未来的新型城镇化,以旅游小镇为目标的休闲度假游将成为一大趋势。

八、庞大的民间资本正在借力国家政策和旅游创新大举进入旅游业

30多年的改革开放,民间已经积累了巨大的资本,多达数十万亿元。过去,民间资本大量进入传统制造业、房地产业、城市服务业等产业,创造了巨大的成就。随着国家产业的转型升级,许多既有产业难以为继,大量民间资本在寻找出路。旅游业以其政策强势、前景广阔、就业容量等多重优势,对民间资本构成了巨大的吸引力,目前,每年投入旅游业的民间资本大约数千亿元。当前旅游业发展与以往不同的不仅是投资数量庞大,而且还有一个

鲜明的特征，就是把增加旅游收益回报的希望寄托在旅游创新上，民间旅游资本更加关注自身投资的安全和回报，已经不再是过去以国有资本为主导时期的那种简单的克隆模仿、不计后果的发展模式，而是通过文化、科技因素的导入，通过多元创新整合，为旅游市场不断提供创新性的产品和服务。

九、大数据、云计算、互联网支撑的智慧旅游将引发旅游深刻变革

旅游业是计算人头的产业，每个游客的出行、消费、行为习惯、诉求都不一样，以往的旅游业研究市场需求基本上靠个案调查和抽样调查，事实上很难掌握准确的数据，这就不可避免地会导致旅游政策和投资中较大的偏差和失误。随着互联网时代的到来，大数据、云计算的现代手段大大丰富和提升了旅游业的市场研究水平，旅游业基于大数据可以掌握更加精准的市场需求动态信息。与此同时，全面构建顺应时代要求的智慧旅游模式，把旅游业的规划、投资、运营、管理、服务等产业链一并整合到智慧旅游的大平台上，不仅全面改进了旅游业的运营效率，也明显提升了企业效益。智慧旅游正在系统改变旅游业的业态和发展模式，为旅游业带来深刻的变革。

十、中国正在以更加开放的姿态向世界旅游强国战略目标发起冲击

经过30多年的改革开放，中国的旅游业已经在全球范围内取得巨大的成就，可以毫不夸张地说，中国已经是当之无愧的世界旅游大国，从许多重要的指标看，例如从国内游人数、出境游人数、入境游人数、旅游总收入、旅游就业人口、旅游业增加值在GDP中的占比等指标看，中国甚至可以说已经成为世界旅游第一大国。但是，旅游大国并不等于旅游强国，旅游强国的主要标志是旅游业产品、管理和服务的综合品质、旅游消费需求的综合素质、旅游业在全球的综合影响力、旅游业的品牌价值以及旅游业的法治环境等。在这些深度反映旅游业价值的领域，中国仍然难以与排在世界旅游业前列的国家，例如美国、法国、日本等相比。但是，近年来，中国正在积极推进这些领域的进步，《中华人民共和国旅游法》已经颁布并且在落实操作，一大批新型旅游项目在投资兴建，酒店、旅行社、景区、旅游车队以及吃、住、行、游、购、娱等旅游要素行业在大力改善服务质量，智慧旅游模式大行其道，游客素质在明显提升，中国和各国的旅游互动在显著加大。总之，

中国已经向世界旅游强国的战略目标发起全面冲击，相信不久的将来，中国旅游一定能够迈上新的台阶，让世界瞩目。

2015 年 12 月 29 日

关于全域旅游的九个问题

2016年1月19日，在海口召开的全国旅游工作会议上，国家旅游局局长李金早指出，根据我国旅游业发展的现实，必须从现在的景点旅游模式转变为全域旅游模式。显然，这个提议反映了中国旅游业快速发展过程中需要认真把握的一个重大方向，这就是，旅游业发展再也不能仅仅盯在一些具象的景点景区上，而要把旅游的视野扩大到一个地区的全域，用区域联动的战略和策略对空间资源进行大整合，形成区域整体旅游化的大格局。

我非常认同这个提议的基本价值。在过去多年的有关旅游业发展的讲座和研讨中，我有一个基本的观点和全域旅游十分吻合，我认为，世界上没有什么事物不可以成为旅游资源，一个游客进入一个陌生的环境，比如我们到了国外一个城市、一个乡村、一个自然环境保护地带，对于我们来说，会感到那个城市、那个乡村整个就是一个大的旅游区，看什么都新鲜，都想去体验，这事实上就是全域旅游的格局了。甚至我们出发展开一次若干天的旅程，我们也会有一种感觉，就是在这些天所到的地方，都有一种来自旅游活动的信息认知和感悟，这也是全域旅游的体验了。

但是，当全域旅游的概念被国家旅游局领导正式提出来的时候，让人感觉到这个全域旅游就要到了出台政策推进实施的地步了，这让我反倒认真思考全域旅游的现实性和可行性了。毕竟，一个美好的理念真正走到现实，需要一系列条件配合，否则容易成为空谈。我梳理了一下，产生了有关全域旅游的九个问题，现在提出来和大家讨论。

（1）全域有多大？

全域是一个非常模糊的概念，对于一个景区景点来讲，经营者可以说，那就是我的全域旅游；对于一个村落、一个小镇、一个城市甚至一个国家来说，都可以成为全域旅游的空间表达。如果全域概念可以覆盖所有空间的话，它的产业约束性、投资及管理的边界性、旅游与非旅游空间的差异性就无从把控，变成一种随意性很强的游戏概念了。

（2）旅游真的能覆盖到全域吗？

旅游是一种人类的特殊活动，也是一种特殊的产业，人的活动和产业的布局必须能进入的地方，才能谈得上那里有旅游的存在。讲全域旅游，意味着旅游在某个"全域"范围内实现了全面"登陆"或渗入。但是，这显然是做不到的，比如在一个城市里，政府严管的一些部门和单位、军事管制地区、保密性较高的生产服务型企业、一些危险性较高的空间地带、绝大部分私人领地等，都无法实现旅游"登陆"，现实中，旅游者仅仅被限制在非常有限的空间内，这种情况下，全域旅游的价值如何体现呢？

（3）游客认同全域旅游模式吗？

全域旅游的概念是我们的管理者提出来的，但旅游本身是游客的脚走出来的。我们让游客去搞全域旅游，他们认同吗？从既往的旅游者的行为看，游客更追求旅游的价值化和特色化，一个地方的旅游价值和特色往往被既往的游客用脚丈量出来了，后来的游客就会跟进实践这种价值。比如北京，至今为止，游客的主攻目标仍然是那些著名的景点景区，加上近年来力推的胡同游等休闲项目，而更多的地方恐怕游客永远都不会去，因为他们不认同那些地方的旅游价值。

（4）传统非旅游地带愿意开放进入全域旅游吗？

一个地区绝大部分地带在传统意义上不属于旅游片区。如果发展全域旅游，至少这些片区要导入最低的旅游业要求，但是，从现实看，实现这个要求几乎是不可能的。比如，一个制造军工产品的工厂，它完全不可能开放导入全域旅游活动；一个高档小区，私密性很强，它的业主一定不愿意把这个小区向社会开放实施全域旅游。

（5）全域旅游符合投资发展规律吗？

旅游是产业，全域旅游当然也应该看作产业。既然是产业，就要有投资概念，就要讲投资发展规律。什么是投资发展规律？就是投资要有相对安全的保值增值能力。全域旅游从投资角度看，无法和投资价值、投资发展规律对接，因为大量的传统非旅游空间一旦纳入旅游空间，需要大笔投资进行环境改善和项目开发，而这些空间的旅游价值完全无法达到旅游业规模化发展的投资安全线，结果很可能是，要么投资不进入，要么投资进入后，出现无法合理收回投资的困境。这样会造成全域旅游事实上的难以为继。

（6）全域的资源都能用来做旅游吗？

我在前面已经谈到，对于游客来讲，到一个陌生的地方，那里的一切都具有体验的价值，也就是说，游客所到之处所有资源都可以作为旅游资源，但这是理论意义上的说法。现实的情况是，在一个特定的时间或空间范围内，很多资源对于游客仅仅是某种个性需要，而无法成为共性需要，在缺乏共性需要支撑的情况下，旅游这种公共性质的活动就无法实现所有资源的旅游化。事实上，一个地方的资源系统内，在特定的时间和空间内，真正可以进入规模化开发和利用的旅游资源总是有限的，更多的资源难以和旅游对接。在长期发展中，一部分资源通过旅游开发获得旅游市场认同，不断进入旅游业，但是，这并没有改变大多数资源仍然无法进入旅游业的现实，这种情况下，全域旅游也会遭遇资源认同的困惑。

（7）改善环境的工作能够纳入全域旅游概念中去吗？

也许有人会说，全域旅游并不是把一个城市、一个区域都搞成旅游区，而是说利用全域旅游概念改造城市中的非传统旅游片区，让这些片区也能具有旅游区那样良好的环境，从而形成类旅游环境。这种说法不能说完全没有道理，毕竟一个城市、一个地区，如果不仅仅是旅游区环境好，非旅游区也环境好，就可能让外来游客有一种享受整个城市、整个地区环境的感觉和体验。应该说，这一点对于全域旅游概念的合理性具有维护的取向，但我认为仍然不能简单地把它纳入全域旅游框架内，因为改善环境这件事在人类生活的任何空间，包括城市、乡镇、村落，都是共性化存在，都是常态化存在，是人类生存的基础性工作，这和强调资源特色化的旅游不在一个概念层级上，如果一个地方没有好的旅游资源，就算有再好的常规环境也难以吸引游客前往。

（8）现有管理体制能支撑全域旅游吗？

我们知道，国家旅游局的职能事实上是有限的，有时涉及旅游业的重大发展，例如国家风景名胜区管理、重大旅游投资安排等方面并没有完全的决定权。各地的旅游局在政府行政系统中只是职能部门之一，要想在一个城市、一个地区办成旅游大事，不去找当地的财政局、税务局、发改委、规划局、国土局、建设局、工商局、环保局等重要部门，是很难办成事的。这种情况下，如果由单个部门提出搞全域旅游，就给实施打了个大大的折扣，因为全域旅游必然要涉及方方面面的利益，一个旅游局根本无力调配政府各个部门的权力，这就意味着全域旅游最后很可能成为一个动人的、但是很难实现的美丽梦想。当然，现在一些地方已经实行了旅游发展委员会的管理体制，把各个行政部门的权力集中起来，这种体制相对有利于全域旅游工作的开展，但这样的体制在全国仅仅是一小部分城市在实行，杯水车薪。

（9）全域旅游的概念和行动能够持续下去吗？

全域旅游的概念真的很好，特别是它有助于推动一个城市、一个地区在旅游价值链上获得同步发展，这是我们希望看到的。但是，美好的想法必须有可行性和可持续性,它需要来自政治、经济、资源、环境、市场、投资、消费、文化、社会、科技、管理体制等许多因素的支撑。从这个角度看,我对全域旅游在当下中国发展的可行性和可持续性还是存在疑问的,会不会热闹一阵就沉寂下去了,过了几年,就再也不提这个概念了?希望未来中国旅游业用发展全域旅游的成功经验证明我的疑虑是多余的。

2016 年 2 月 21 日

文旅策划:一路风雨一路阳光

写下这个标题的时候,我真的是百感交集。进入文旅策划行业整整 25 年了,真的是一路风雨,充满障碍和险滩,但也更是一路阳光,伴随美好的大自然和璀璨的人类文化上路,处处风景,步步滋润,身心一直在沐浴、享受!当然,也为自己能够通过文旅策划为社会做出一点贡献而感到一丝慰藉。今天有机会把这 25 年来的一点心得写在这里,请各位朋友不吝赐教。

一、我是如何踏上文旅策划之路的

我在本科和研究生期间学的是哲学和社会学,和文旅无关,我的导师费孝通先生也不是研究文旅的,我跟他学的是乡镇和城镇问题,我的研究生毕业论文就是在他当年考察和撰写博士学位论文《江村经济》的那个江村经过考察调研后写出来的,是讲乡镇经济方面的,毕业后也主要研究城市问题,在 20 世纪 80 年代就写出过 30 万字的专著《城市学》。为什么后来踏上了文旅策划的道路呢?缘于我 25 年前的一次特殊的经历。

1991 年,我来到改革开放的前沿城市深圳,进入一家大型的经济研究和咨询机构从事研究咨询工作。第二年,我有机会参与了深圳市政府委托的全市能源规划工作。一天,我们课题组来到位于深圳东部大鹏湾的西冲海滩考察,按照当时市里的能源产业布局设想,这里将占用一半的沙滩来开发一个煤码头。但是当我看到这个长达 5 千米、深圳境内最长最美的沙滩时,我完全陶醉了!海天一色,岸芷汀兰,渔帆点点,浪戏白沙,如此人间仙境,怎么能建什么重型工业设备布满海岸、可能产生污染的煤码头呢?我对此提出了严重质疑,课题组其他成员均表示反对。结果,一个能源规划变成了"反能源布局"的规划。没想到，我们的意见得到了市政府的认同，据此修改了能源产业的布局，西冲海滩原定的煤码头不开发了，深圳大鹏湾畔一个绝美的滨海度假地被保住了！也就是这一带的美丽海岸后来被国家权威机构评定为"中国最美的八大海岸之一"。事后每每想起来，都有一种后怕感，如果真的开发了那个煤码头，哪来最美海岸啊？当然，也会有一种骄傲的感觉掠过心底，毕竟我参与了那场"最美海岸"的保卫战！

我还没有想到的是，西冲煤码头不开发了，我的研究咨询方向也改变了！像西冲这样唯美的大自然景观，国内可谓种类繁多，风采各异，还有那么多深奥的、令人向往的人文资源，人类越来越喜欢亲近它们，欣赏它们，体验它们，越来越多的政府和企业希望开发这些文旅资源，发展文旅产业。我突然发现，我对此非常着迷，不是说，兴趣是最好的老师吗？我对文旅太有兴趣了，何不就做一个文旅策划人？

从此，我踏上了文旅策划之路，25年，从未回头！

二、没有情怀，何以成文旅策划

在深圳的一个好处是，深圳有华侨城、港中旅这样的巨无霸文旅企业，都是中国旅游界的先行者和巨头，他们开发的锦绣中华、民俗村、世界之窗、欢乐谷、东部华侨城、欢乐海岸等文旅项目全国有名，我有幸多次为这样的品牌文旅企业和品牌文旅项目做策划或顾问服务，本身就是不断学习的过程。

在多年的文旅策划工作中，我有一个深切的体会，文旅是一个非常特殊的产业，它的成长常常带有浓郁的文化底蕴，要求参与其中的每一个人都要有深切的情怀，才能深入下去。文旅业界常有一种说法：你连自己都感动不了，怎么能感动别人？

我想举当年东部华侨城蒳迪岸董事长的例子，他是我从事文旅策划20多年来最佩服的人之一，当年我在东部华侨城做顾问时，被蒳总的情怀所深深打动。他是一个完全的事业型的人，从2002年到2009年，蒳总在那个偏僻的山沟里整整待了7年，硬是把一个看上去毫无价值的荒山野地打造成中国第一个国家级生态旅游度假区，投进去100多亿元，现在的年游客量是400万人次。蒳总靠的是什么？我觉得就是一种情怀，一种地老天荒唯爱你的深切情怀，一种咬定青山不放松的万丈情怀，一种语不惊人死不休的绝地情怀！我帮他做过度假区的项目策划和顾问咨询，也编制过2份重要的度假区发展报告，我的结论就是：做文旅工作必须情怀为上！做文旅策划若没有情怀，就不可能写出激奋人心的、感人的文案，更不要指望一份没有情怀的、干巴巴的文案能够提振人家投资开发的积极性。

记得十年前，我到新疆喀纳斯做一个项目的策划。那是一个以图瓦人生存文化为背景的文旅项目，因为在调研中接触到不少图瓦人，了解了他们的生活、文化和精神状态，感觉图瓦人充满了神秘色彩，我就把项目命名为"图瓦迷城"，并且深深喜欢上了这个生长在新疆高原的民族。后来，当我在项目汇报会上谈我们的策划思路时，我脑海里一直涌现着图瓦人那淳朴、真挚的眼神，我就以一种十分真诚感怀的心情道出了我的核心思考："在喀纳斯的灵魂深处，是永远的图瓦迷城！"这时，我的眼泪一下子流出来了，这是我对热情、坚毅、真诚的图瓦人自然的情怀表达！我感动了自己，才能感动别人。

情怀为上，感动自己，感动他人，这成了我做文旅策划的座右铭。

三、文旅产业：起步在于策划，灵魂在于创新

当然，做文旅策划，仅仅有情怀是不够的，更重要的是创意、创新。过去我们叫"旅游策划"，现在改为"文旅策划"，一字之差，就差在文化主题上，"文旅"就是有文化主题创新价值的旅游。文旅项目最怕平庸，没有特点，没有差异化，没有自己的独特主题。想想看，你的项目和人家的大同小异，非常雷同，游客为什么一定要来你这里观光游玩甚至留居度假呢？所以，为文旅项目探求特色文化主题，也就是通常讲的"找魂"，就成为文旅策划的基本功。

海南省有一座五指山，它的出名，应该是因为著名歌唱家李双江唱的那首歌："我爱五指山，我爱万泉河。"也就是因为五指山出了名，原来的那个不起眼的通什市也于2001年被改名为五指山市。我受邀前往五指山市，在市领导的陪同下，在山里考察了一天，回来后，市领导问我的感受，我脱口而出："五指山不是山！"市领导很惊讶："五指山是海南最高的山，怎么不是山呢？"我说："从旅游的角度看，五指山的样子并不突出，黄山归来不看岳，连五岳都不看了，谁还会跑到海南看你的五指山？所以，不能指望从观光角度解决五指山的发展问题，要找特色，从差异化看，我认为五指山是热带雨林。你们尽快向国家林业部门申报国家第一个热带雨林公园，不要申报国家森林公园，因为全国森林公园太多，热带雨林公园目前还没有。"市领导听了频频点头，似有所悟，但是他们并没有马上这样做。半年后，五指山市一位副市长给我打电话说："宋老师，我们现在才真正明白您说的话，现

在正在全力申报国家热带雨林公园。"但五指山市还是晚了一步，隔壁的乐东县率先申报，抢走了全国第一个国家热带雨林公园的招牌，五指山市后悔不迭！

江苏省有一个位于长江边上的小城市，大江中间有一个小岛，往年长江洪峰过来时，整个岛基本被淹没，洪峰退去，岛又浮现出来。这使得小岛多年来无法深度开发利用。后来，三峡大坝建成了，下游洪峰基本被控制住了，小岛常年显露，当地人开始打这个江岛的主意了。政府也曾做过农业观光旅游规划，但总是感觉没有特色，一直不敢投资开发。直到那年岛对岸要办江苏省园林博览会，小岛也借势准备开发，市长找到我，希望重新策划一下，开发特色江岛旅游。

我经过调研了解到，这个小城市是长江下游最大的河豚产卵、生长和集聚之地，也是河豚美食集大成地，所谓"拼死吃河豚"的典故就是出于此。何不让河豚以及河豚文化成为小岛的主题定位呢？于是，我主持策划了"中国河豚岛"的方案，提出了"我与河豚同欢乐"的品牌宣传词，岛上策划了河豚乐园、江鲜渔场、江湾码头、西沙会馆、香岛广场等项目。由于策划切中当地文化的主题特色，内容丰富，可操作性强，受到政府的充分肯定，很快展开了深度规划设计，并列入了投资开发计划。

类似的主题创新和项目创新还有很多，我的另外一个结论又出来了：缺乏创新，不算文旅策划；没有高水平的创意，不是好的文旅策划。

四、文旅策划人：为什么无奈常常萦绕在心

电影人常说，电影就是一门遗憾的艺术。那我要说，文旅策划是一种无奈的行业，最典型的表现是，明明知道有那么多无奈等着你，可是你仍然那么无怨无悔地热爱着这个行业！

我们还是来看看文旅策划的几种无奈情形吧。

其一，"躺枪"的无奈。文旅策划看似风风光光，但实际上有很多难言之隐。社会上对策划人有颇多微词，也难怪，的确大大小小的"东郭先生"滥竽充数。时不时会碰到客户冲我叫苦说他们前面让一个策划骗子给骗了，意思是现在请你来再做策划，你可不要也骗我们啊。实在无奈！好在我"根正苗红"，功底算深，且一贯本分做事，多年来的策划服务得到多方充分认可，自我也认为上乘，即便部分项目与客户在看法上存在差异，也不影响他们对我本人的正面评价，但听到社会上对策划行业的不良评价，心里还是有一种"躺枪"的感觉。但我在这里仍然要为文旅策划业说一句公道话，骗子

是有的，但一定是少数，大多数策划人是兢兢业业、认真负责的，他们常常通宵达旦地进行创意策划，也出了那么多好思路、好点子，要对文旅策划人给予应有的尊重。

其二，"飞天"的无奈。我常常对客户说，策划是做天上的事，规划是做地上的事。先有天，后有地，先策划，后规划，天经地义。但是，长期以来，客户就是"重规划，轻策划"，一有项目，马上请来规划团队操作，殊不知，很多规划公司以规划思路替代策划思路，把项目做成了缺乏主题、缺乏灵魂、缺乏亮点的"图案汇集"。直到最近几年，项目投资规模趋大，越来越多的项目方已经不敢随便直接做规划了，必须要找到项目的灵魂价值所在，这种情况下，市场上对策划才开始逐步重视起来。

其三，"案例"的无奈。经常碰到一些客户问我，"把你做的策划案例告诉我，我去学习学习"。他们都以为一个策划可以完整地贯穿到项目的最终运行阶段。我当然希望这样，但是，可以肯定地说，几乎没有一个策划能做到这一点，即便去看，也很难看到由最初的文旅策划人完整策划的案例。为什么？因为策划是一个项目最前端的工作，即便我们的策划方案得到客户的充分认可，我们的任务圆满完成了，但后来还要经过规划调整、设计延伸、政策干预、投资修正、运营纠正，甚至多次再策划，到项目进入市场运行期，很可能都面目全非了，事实上成了众多团队集体的结晶，我能说这是我的杰作吗？

其四，"抱负"的无奈。做文旅策划，常常有一种改天换地的"抱负"，真用得上毛泽东的一句诗词："敢教日月换新天。"但是，很多项目都是前期做了大量工作，也产生了一堆非常棒的创意思路，可最终由于各种原因，项目未能签约，好思路派不上用场，那可真是"英雄无用武之地"的落寞与无奈啊！

五、我为什么把重点转向文旅地产

我在单位任职旅游与地产研究中心主任、研究员。有些人会奇怪，你不是做文旅策划吗？为什么把研究中心的主题定为"旅游地产"？

其实旅游地产或文旅地产同样是文旅产业的组成部分，做文旅地产策划并没有离开文旅策划领域，而导入文旅地产的道理很简单，就两个理由。

第一个理由，我在深圳工作，这是个房地产非常发达的城市，一直引领全国楼市。我身在此中，无法逃脱这种房地产氛围的影响。我是公共媒体常客，中央电视台、凤凰卫视、深圳卫视、众多纸媒，还有大量的网络新媒体，几乎每天都有媒体采访我。20世纪90年代时，我更多的是讲城市问题、旅游发展问题，但更多的媒体喜欢问我有关房地产和楼市的问题，这类问题后来占到采访我议题的80%~90%，可见房地产在媒体和市民中的关注度极高。于是，我就强化了房地产方面的研究，多年来在深圳也是房地产领域的知名专家了。但是，我心中最想做的还是文旅策划，怎么办？最好的办法无疑是把两者有机地结合起来。于是，我把原来的"旅游研究策划中心"更名为"旅游与地产研究中心"，从此步入了文旅地产项目的研究策划中。

第二个理由就深刻一些，那就是文旅地产产业大发展的趋势引导我进入文旅地产研究策划行业。当年华侨城在长沙开发了世界之窗，那是纯旅游项目，刚开始的时候经营效益不太好，华侨城发现，在长沙世界之窗附近，有些投资者开发的房地产项目卖得非常好，价格比其他地方的楼盘明显要高。他们一打听，原来消费者是喜欢世界之窗这样的大型文旅景区创造的人居环境，因此来买这里的房子。这让华侨城茅塞顿开，原来旅游可以"堤内损失堤外补"啊！从此，华侨城无论到哪里造主题公园和旅游区，都一定会同时拿一些房地产开发用地，形成"旅游主题开发、地产支撑收益"的产业链格局。早在2002年，国家级旅游机构在华侨城举办"旅游地产论坛"，我作为主讲嘉宾谈到了旅游地产的价值、定位、功能和发展模式，受到与会者的高度关注和认同。我的观点被很多媒体转载，后来网上出现的很多文章，其中有关旅游地产的基本定义都是直接引用或套用我的观点。加上我从90年代中期开始，就介入一些文旅地产项目的策划、规划，后来还完成了约30万字的《旅游地产及东部华侨城实践》专著，因此，一些业界的朋友就说：你是中国文旅地产策划第一人啊！

目前，国内兴起特色小镇开发热潮，不少地方政府都声称要防止把特色小镇变成房地产项目。对此我特别不理解，你去全世界那些著名的文旅小镇看一看，哪一个没有大量的住宅？小镇和乡村、城市一样，本身就是一种人居模式，小镇一定要有人居住，否则就不能称为小镇，只不过我们开发特色文旅小镇，其中的房子应该相当一部分是用于度假的，是真正的文旅地产。但是让小镇"特色"起来的不是人居，而是文旅产业或其他产业。所以，一个特色文旅小镇的生命力在于，一方面有特色鲜明的文旅项目或产业，另一方面有足够量的主题度假人居，形成小镇长盛不衰的人气和活力，这正是旅游地产或文旅地产的独特魅力和价值。我坚信，具有深切度假功能的文旅地产目前在中国仅仅走过了初期阶段，更大的机会还在未来。

六、把文旅策划的旗子一直扛下去

时光如梭，掐指一算，我跨入文旅策划行业已经25个年头了。这期间，我和我的合作伙伴们走南闯北，踏遍了全国31个省（市、自治区），为各地政府或大中型企业做了将近400项有关文旅项目的策划、规划、顾问、咨询工作，还为深圳、重庆、西安、青海等省市政府，为华侨城、港中旅、华强、华润、西安曲江等全国著名文旅企业提供过不同类型的顾问咨询服务，应该算是硕果累累了。按照常理，似乎应该"船到码头人到岸"了。

可是，我至今仍然活跃在文旅策划第一线，如同穿上了红舞鞋，停不下来。为什么？当然能找出一堆理由来，但最重要理由是：我喜欢做这件事！

刚进入文旅策划工作时，我说："兴趣是最好的老师。"

现在谈到为什么不离开，我会说："乐趣是最好的由头。"

过去这些年里，凡是一碰到文旅项目，特别是大型文旅项目，我就特别兴奋，思维也特别活跃，感觉人的心身状态特别好。如果这样的话，我何不把文旅策划当作我智润身心、修身养性的特殊策略呢？凡是有文旅策划工作，我是一定要踏遍青山，复走绿水，尽访乡间，深探文化，既锻炼了身体，又陶冶了心灵，还贡献了创意成果，何乐而不为？

我现在的观点很明确，生命不息，文旅策划不止。某种意义上说，到了我这个年龄，按照体制内的要求，是要退休了，但是按照文旅产业的内在诉求，我恰恰还在峰顶之上，因为我积累了一辈子的文旅创意策划的经验，现在利用起来恰恰是最灵便、最高效、最合理的年龄。尽管仍然会有无奈，有困惑，有难点，但文旅策划对我来说就是一道挡不住的风情，回头再看一看全国文旅产业发展的良好形势，处处充满机会，我坚持做文旅策划，能够充分享受到捕捉机遇的愉悦感，真的很快乐！

我会把文旅策划的旗子一直扛下去！

2017年7月10日

乡村复兴：以文旅的名义探求中国历史使命

中国过去30多年城乡关系的发展，基本上是农村城市化的历程，放眼望去，城市在不断增加、壮大，乡村在不断减少、收缩。但是最近，我们发现一个重要的现象，被忽略了多年的乡村重新引起社会的关注，国家政策在引导社会资本大力投资乡村建设，传统乡村面临重建与复兴的重大机遇。在这个浪潮中，最重要的一个动向无疑是文化旅游产业向乡村地区的进军。

文旅产业为什么要大举进军乡村？理由很简单，中国传统乡村的发展已经陷入发展困境，农村地区单靠封闭式的农业自我发展已经不可延续，文旅产业以资源大整合的名义进入乡村，复兴乡村，是承担着中国乡村改革历史上一次极为重要的历史使命。

一、中国正在发生长达50年的乡村大裂变

我们知道，中国在历史上是一个漫长的农业社会，长达两千多年的传统农业社会发展模式一直非常稳定，农村人口一直保持在80%甚至90%以上。直到30多年前的改革开放才真正走上变革之路，这个"变"是真正的纵扫历史的不归之路，可以说，从1980年算起，到2030年，中国乡村正处在数千年来未曾有过的、长达50年的大裂变之中，其间我国城镇化率以平均每年1%的速度增长。1980年城镇化率大约是20%，2016年末常住人口城镇化率达57.4%，到了2030年将达到70%，这是国际标准城镇化水平。也就是说，中国的农村城市化在2030年达到70%的时候，可以说是完成了中国的农村城镇化。

问题来了：中国是个大国，即便2030年城市人口达到70%，按照当时的总人口计算，仍然有30%的农村人口，也就是会有4亿～5亿农村人口，高于今天整个欧洲人口。中国需要保留那么多的农村人口吗？需要保留那么多的农业和乡村吗？中国要不要继续城市化，例如让城市人口上升到80%、90%？

我的观点是，70%是国际城市化的底线，发达国家的城市化不少是高达80%、90%的，中国的农村城市化不排除在达到70%之后继续上升一定比例，但是中国作为世界人口第一大国，所需要的农业的底盘非常大，农业对国民经济的支撑作用非常强烈，从国家安全的角度看，未来仍然需要20%～30%乡村及人口长期存在，以平衡国家产业及城乡关系，保障国家粮食及其他农产品的自给需要。

既然大量的农业、农村、农民要长期存在，是不是要完全保持传统乡村的存在格局？或者说，20%～30%的农村人口对应的将是怎样的乡村？我们已经谈到，当前文旅产业大举进入乡村地带引发的乡村重建与复兴，事实上必将深刻改变传统的乡村形态。

在文旅产业正在大规模进入乡村地带的时候，我们还是先来看一看当今中国乡村的现状和变化情况吧。

二、当今中国乡村呈现的九种现实

事实上,中国乡村在中国工业化、城市化的发展历程中不断在变,尤其是改革开放30多年间,中国的乡村已经在发生巨大的变化。概括起来,大体有如下九类现实情况:

第一类是覆灭型,乡村被城市完全吞并,不复存在了。这个很好理解,当今的大城市建成区动不动就是几百平方千米,这些城区的大部分地区其实在几十年前甚至十几年前还是乡村地带,而那些曾经的近郊乡村现在都不复存在了,代之而起的是林立的都市高楼大厦、商业区、学校、医院、文化设施和住宅小区等。那些回迁的农民早已手握城市户口,住在高楼上,曾经的乡村生活和生产方式已成岁月的记忆。

第二类是符号型,乡村基本被颠覆了,仅保留了少量文化符号。这类乡村主要在城市边缘地带,随着城市化的扩张,这类地区被城市建设整体淹没了,但保留了原有乡村的个别标志性建筑,如祠堂、庙宇等,或保留了原有乡村的名称。

第三类是残局型,乡村在剧变中保留了局部连片传统空间形态。这类乡村是位于城市附近,原有乡村形态在城市化影响下已经发生很大变化,但乡村局部地段仍然保留着连片的村落格局,形成残局型乡村。

第四类是框架型,乡村基本框架风貌仍然存在,但是村容破损及人文流失严重。这是当前中国大多数偏远落后乡村的现状。因为偏远,城市化还来不及颠覆乡村,因为落后,乡村面貌就比较破旧,远方的都市把这些偏远老村的人气和文化抽走了很多。

第五类是复制型,乡村覆灭后被依照原样实施复制。这类乡村主要是那些具有一定历史文化价值的老村落,由于破败过度,难以直接维护,在城市化过程中采取全部拆迁并依照原样完整复制的办法恢复乡村容貌。

第六类是原貌型,此类一般离城市较远,且当地经济水平宽松,乡村具有一定的文化底蕴,村民对于传统乡村保护意识较强,这样的乡村基本没有受到城市化的影响,同时依靠经济条件仍然能基本保持传统空间及人文风貌。

第七类是城镇型,乡村被导入城镇模式进行重建。这类乡村尽管靠近城市,但城市规划及相应建设尚未进入,而原有乡村受城市发展影响,村民自己已经对原有村容村貌按照城市建筑模式和材料做了重大改动,翻新成城市版的"乡村小区"了。

第八类是新村型，乡村保留三农格局除旧迎新建设美丽乡村。这类乡村大体上位于不会受城市化影响、同时又具有一定经济实力的乡村地区，乡村自身会长期保持农业、农村、农民的主体格局，在经济条件相对良好的背景下，会按照国家建设美丽乡村的大方向，对原有老村落进行全面修整，从而以美丽乡村的新农村建设格局应对日益增长的发展需求。

第九类是文旅型，乡村注入文旅业态实现产乡一体化多元化发展。这是近期凸显的乡村复兴的新趋势，它的最大特征是，乡村复兴已经不再是乡村本身的单极性发展需要，而变成城乡两个端点的复合式需要，乡村需要经济活力和富裕之路，城市市民需要到乡村寻找到可以进行乡村文化旅游体验的恰当空间，市场化的资本在这种复合式需要中找到了巨量投资发展的机遇。显然，这种文旅型的乡村复兴呈现出巨大的发展潜力和前景。

三、以文旅重建乡村的八大历史使命

导入文旅产业来复兴中国乡村是中国经济发展中的一个非常重要的战略举措，它与国家近期大规模启动的特色小镇建设共同构成中国当前阶段经济发展中的突出亮点。仔细分析下来，以文旅产业复兴乡村承担着如下八大历史使命：

其一，有效推进解决中国长期以来无法解决的三农问题。我们知道，长期以来，三农问题一直在困扰中国经济的发展，在城市化挤迫下，中国乡村呈现衰落态势，耕地红线一再被突破，单纯的农业收入无法帮助农民进入小康时代。文旅产业下乡，利用乡村特有的村落田园资源，实施产业再造和乡村风貌改造，在不改变乡村基本价值和人文生态的基础上，通过实施产业叠加和整合，有效提升了乡村地区的经济产出能力，在稳定乡村和解决三农问题中将产生重要作用。

其二，让农村土地资源价值得到最佳程度的释放。土地是乡村最重要的生产资料，也是乡村田园生活方式的基础依托。长期以来，中国乡村土地主要是通过种植业完成其价值回归，而这种完全局限于纯农业的土地利用方式经济产出率十分低下，无法使土地价值得到更高更合理的实现。文旅产业导入农村土地利用后，土地不再是单一的种植业领地，而成为外来体验者通过附加在乡村土地上的旅游、休闲、度假、养生、养老、文化等多元化产业链获得共享体验的广阔天地，这种情况下的农村土地价值将得到高能量的释放，其经济产出能量和文化消费能量都将远远高于传统农业土地利用模式，必然给当地农民带来实实在在的获利。

其三，城市资本下乡深刻改变乡村经济成长模式。以往的乡村经济主要以种植业、养殖业以及相应的农村加工业为主，是相对封闭而效益低下的模式。文旅产业下乡实际上就是城市资本下乡，将带来乡村经济模式的重大变革，经济成长的开放化、产业构成的多元化、乡村消费的深层化、经济模式的高端化以及乡村经济的效益化都将显著提升。

其四，重塑传统乡村人文体系和生活流程。传统乡村有着自己的一套人文体系和生活流程，这中间有优秀文化的沉淀，也有不少与时代不合时宜的陈旧文化在拖累乡村。文旅产业本身就是一种文化再造工程，它带有鲜明的时代特征，如果结合乡村优秀文化进行文旅产业的整合、导入和开发，将有效提振乡村的文化品位，创造出符合时代要求的新型农村生活方式。

其五，给庞大的城市休闲度假需求开创无限空间。传统乡村是广阔天地，但长期以来由于缺乏文旅产业的引导，城市的休闲消费需求无法在乡村地区得以充分实现。过去十多年中，中国各地乡村出现了许多"农家乐"，农民依靠自我力量完成了乡村休闲旅游的第一次产业尝试和布局。如今，在国家政策扶持下，大量城市资本携高品位的文旅产业进入乡村，将实现乡村休闲度假旅游的第二次战略升级和布局，这将为日益成长的城市休闲度假需求提供广阔的乡村度假落地空间。

其六，让乡村地区通过产业升级开辟新的税收渠道。农业经济效益始终不高，国家已经停止征收农业税，乡村地区的税收贡献整体低落。文旅产业大规模导入乡村后，由于乡村经济结构发生重大改变，多元化的产业平台将能够开通多种类型的税收渠道，乡村地区也将为增加国家税源做出应有的贡献。

其七，引导实现大量农民工返乡助推乡村复兴。过去的乡村地区由于发展机会不多，青壮劳力纷纷离乡进城打工，乡村剩下来的主要是老人、留守儿童以及部分妇女，这种局面客观上助长了乡村的衰败现象。文旅产业下乡，将创造足够的就业机会，原来进城打工的农民不少会回到乡村，进入乡村文旅产业链，既可以实现家庭团圆，又能够助推乡村复兴。

其八，维护传承中国数千年农耕文明遗存的乡村形态和价值。中国两千多年的农耕时代在广大乡村积累了极为丰富的文化遗迹、遗址、遗物和非物质文化遗产，具有非常高的文化价值。但是，在历史发展中以及近几十年来的城市化中，这些文化遗存面临巨大的消亡压力。文旅产业是这些乡村文化遗存的重大保护伞，不但能够对现有文化遗存实施有效保护，而且可以对已经衰弱或消失的文化形态进行复原及保护。

由上述可见，当前中国正在兴起的、以文旅的名义推进的乡村复兴，是一次具有重大国家政治、经济、文化意义的历史使命,我们必须而且能够以文旅的名义呵护传统乡村,发现价值乡村,重建特色乡村,共享魅力乡村。

2016 年 8 月 24 日

特色小镇之"特"的七大解读

2016 年 7 月,国家住建部、发改委和财政部决定,到 2020 年,在全国范围内培育 1000 个左右各具特色、富有活力的休闲旅游、商贸物流、现代制造、教育科技、传统文化、美丽宜居等特色小镇。几个月来,各地纷纷出台配套政策,大力扶持特色小镇的发展,也十分关注小镇的特色化问题。但是我注意到,有关特色小镇的"特",更多人仅仅关注的是小镇主题定位以及产业等方面的特色化,而没有把特色小镇的"特"放在一个更广阔的时代背景下深入理解。我认为,特色小镇的培育和建设是中国城镇化发展中的一件大事,应该从如下七大层面对特色小镇的"特"做出合理、深入的解读。

一、特色小镇的战略之"特"

国家在这个时候提出培育特色小镇绝不是偶然的,具有深刻的时代背景和战略意义,是新型城镇化和产城一体化战略引导下的一次"特殊"使命。从国家战略视角看,至少有如下三重战略考量:

第一,以扶持和培育特色小镇的模式推进中国后半程的城市化。过去 30 多年,伴随着改革开放,中国的城市化也突飞猛进,目前城市化率已经由 35 年前的 20% 上升为大约 55%。然而,过去的城市化更多的是农村人口向大城市自发流动,客观上造成小城市小城镇发展的缓慢。推进特色小镇的发展就是要引领人口、投资大规模进入小城镇,改变小城镇发展薄弱、落后的局面。

第二,特色小镇大多布局在乡村地带,不但为未来的农民进城带来便利,更能够通过城市资本下乡,给农村带来新的发展机会,使得长期以来难以解决的三农问题依托特色小镇得到较快较好的发展。

第三,大量的特色小镇发展起来,为数亿城市居民提供了旅游、休闲、度假、养生、养老、保健、消费的良好场所,将有效提升和改善城市居民的生活方式和生活品质。

二、特色小镇的渊源之"特"

近期的特色小镇建设与以往的小城镇发展在事体的渊源上也存在很大的不同。

首先,以往的小城镇发展在很大程度上具有自发性质,而这次的特色小镇建设是国家根据上述战略考量强力推进的,是规划和产业布局引导的,显然,如果特色小镇没有国家长期的强有力的政策乃至财政引导性资金的扶持,将失去其渊源之"特",导致特色小镇发展战略失去可持续发展的基石。

其次,以往的小城镇都是建制镇,而这次的特色小镇并不一定是建制镇,强调成为多元特色产业的集约地。

再次,以往的小城镇人口来源主要是周边乡村地区的农民,而这次的特色小镇人口集聚呈现多元格局,既有来自当地的农民,还有来自大城市返乡的农民,又有一些城市居民来此工作和度假。

最后,以往的小城镇发展资金来源主要是当地财政扶持和农村资金流入,通常这些资金实力薄弱,无法带动小城镇良性发展,而这次的特色小镇建设,除了当地财政有少量引导资金外,主要的发展资金来自社会,来自城市,来自市场,由于投资规模较大,又有相对稳定的投融资体制支撑,因此将会有力地支持特色小镇的开发和发展。

三、特色小镇的功能之"特"

当前的特色小镇建设在宏观功能、中观功能和微观功能三个层面都呈现出与以往小城镇发展的重大差异。

从宏观层面看,特色小镇的批量化、规模化发展,具有全国性的战略平衡功能,将极大地平衡全国城市化发展中的人口、资金和产业布局,形成与大中城市对应的小城镇一极。现在推进的是1000个特色小镇,未来20年将有成千上万个特色小镇发展起来,按照每个小镇拥有3万人计算,全国将有一两亿人居住或工作在特色小镇,这将成为中国新型城镇化过程中浓墨重彩的恢宏画卷。

从中观层面看,特色小镇将形成周边农村地区的新型龙头地带,形象地说,每一个特色小镇都可能成为这个农村地区的"CBD",也就是经济文化中心辐射地,小镇与周边农村不一定有行政隶属关系,但与周边农村形成紧密的经济文化纽带关系，必将按照市场规律起到推动解决周边三农问题的现实功能和作用。

从微观层面看，特色小镇本身起着一种调节人们生活方式的重要功能，"小镇生活"将成为未来人们乐意选择的一种绿色、雅致、和谐、慢节奏的特色生活。

四、特色小镇的文化之"特"

国务院三部委关于培育1000个特色小镇的文件中，特别提到要防止千镇一面的局面，特色小镇发展的关键在于"特色"，而"特色"的根本价值在于文化主题的不同，甚至是文化主题的唯一性。

很多地方发展小城镇，毫无特色，毫无主题文化底蕴，只是常态化的产业和功能项目的堆积，例如一搞旅游小镇，就是仿古街、礼品店、餐馆、旅馆、小酒店、茶楼、民宿等所有小镇都可能有的一般性的功能设施，缺乏一个特色小镇应有的独特历史文化风貌。

而优秀的小镇一定是拥有独特的文化底蕴和文化主题的。例如，法国依云小镇以阿尔卑斯山优质矿泉水称雄天下；美国的纳帕谷是一个享誉全球的葡萄酒文化小镇；瑞士达沃斯发展成以世界经济论坛为主体的著名国际会务小镇；美国格林尼治小镇以500多家对冲基金的集聚而成为国际有影响力的基金小镇；杭州云栖小镇是以大数据和智能硬件产业为基础的特色小镇，2015年涉云产值近30亿元；贵州安顺旧州镇是中国屯堡文化的重要发源地和聚集地；四川安仁古镇原以刘氏庄园著称，后来发展为国内首屈一指的博物馆小镇；等等。

特色小镇的文化之"特"，可以源于本土文化，也可以嫁接移植外来文化，还可以创造新型文化，总而言之，必须有一种独特的文化基础支撑小镇的产业化和城镇化，否则，小镇的发展将成为无源之水、无本之木。

五、特色小镇的成长之"特"

特色小镇起步于当今中国经济和城市化发展的特殊时代，必然呈现其特殊的发展轨迹，形成其成长之"特"，概括起来，有如下几点表现：

其一，特色小镇的成长过程将伴随很长时间的政策专项扶持，包括土地政策、财政政策、PPP（政府和社会资本合作）政策、税收优惠政策、基础设施政策、公共福利政策、产业政策等。同时，政策扶持过程也是市场培育过程，一旦市场具备维护特色小镇正常发展和运营的基本条件，扶持政策将逐步退出。

其二，特色小镇既不同于传统的建制小镇，多数缺乏强有力的产业支撑，也不同于一般的产业园区，多数呈现城市功能的严重缺失。特色小镇是产城一体化的发展模式，其中，从经营角度看，城是载体，产是核心；从效益角度看，产是基础，城是目标。因此，在成长过程中，必然追求产与城的均衡化发展，必然在不断纠正发展失衡问题中成长。

其三，由于特色小镇成长的特殊性，因此从某种意义上说，一个特色小镇就是一个大型综合性项目，其投资规模和发展模式在整个发展过程中都将带有明确的规划引导和投资保障，或采取PPP模式推进，或由政府授权某个大型投资商投资开发。尽管特色小镇的成长也有风险，不排除会出现一些失败的案例，但是，其投资成长过程的规划引导和投资跟进是受到政策监督的，特色小镇的建设不认同、不允许市场的盲目开发和"空手道"模式。

六、特色小镇的产业之"特"

产业是经济基础，没有产业就没有人口、资金的集聚，就没有小镇的发展和前景。但是，对于特色小镇来说，最重要的不是一般的产业布局，而是产业的特色化。可以说，特色产业的成长形成特色文化，带动特色小镇发展。

特色产业分为主导型特色产业和主题型特色产业。主导型特色产业是指一个特色小镇的产业结构中，其特色产业是主业，其产能占到全镇产值、利润和税收的大部分，或者成为所有产业中分量最大的产业，其影响力不言自明。主题型特色产业是指在产业结构中，该产业的产能、产值、利润和税收部分可能仅占一小部分，但是该产业的品牌价值很高，具有独特的文化传承性和辐射力，成为特色小镇的金字招牌。

总之，特色小镇的产业之"特"，必须以规模或品质取胜，要形成让小镇能够真正具有特色的产业基础。那些堆积了一批无规模、无品质、无价值产业的小镇不能成为特色小镇。

七、特色小镇的时代之"特"

特色小镇是在当今特定历史时代产生的一种特殊的城镇文化现象，将充分体现这个时代的基本特征，它必然以先进产业的导入而带动小镇朝效能化、集约化、精品化、高端化方向发展。这就是说，即便在这样一个仅有数万人生活的小型城镇，仍然可能以小镇空间能够承载的方式，集中当代人类社会最先进、最时尚、最前卫的物质和精神成就，而不是像以往那样由大城市专享。

但是，特色小镇毕竟是小型生活空间，在广袤的乡村田野间，在生态优良的山海江河旁，特色小镇保持了自己独有的绿色生态环境和小镇人文环境，形成了大城市无法企及的生态人文生活品质，也形成了特色小镇最具魅力和吸引力的独特的时代特征和存在价值。可以想象，当这样的特色小镇在中国大地上兴起的时候，必将深刻改变国人的生存、生活和人居习惯，将产生一类可称为"镇民"的特殊人群，他们不再留恋大城市，而是更愿意长期生活和工作在这样的特色小镇中，因为特色小镇为他们带来了更高的综合生活品质和生命价值。

2016 年 12 月 24 日

当前文旅产业投资热潮下的十点提示

时下，中国的文旅产业用热浪滚滚来形容并不为过，特色小镇、田园综合体、全域旅游、国家公园、主题休闲、养生度假、带薪休假等，新潮词汇、新兴领域、新异方向、新型投资，层出不穷。每年进入文旅产业领域的投资达数千亿元。显然，文旅产业成为当下中国经济的一个超级"风口"，大家都希望在这个领域有所斩获。然而，我要在此给迫切进入文旅产业的各路投资者提个醒，进入文旅产业要保持高度理性，要把握机会，认准方向，适度投资，控制风险，才能获得合理回报。以下我给大家十点提示。

一、抛弃急功近利心态，扎扎实实准备长期投资运作

我发现很多进入文旅产业的投资者都是新手，以前从来没有这方面的经历。他们进入的主要理由就是看到国家政策扶持力度很大，市场上很热闹，就想进来凑热闹，直白地说，就是一种急功近利的心态，希望趁热进来，捞一把就走，是把这些年来在股票市场、房地产市场上的投资模式引到文旅产

业上来了,这是很危险的。文旅产业有自身的规律,通常都是慢功夫,华侨城当年搞旅游地产,就是因为旅游产业见效慢,投资回收慢,就用快收益的地产部分回笼资金,再投入旅游,用地产涵养旅游。但现在的文旅产业,政府不会给你那么多房地产项目,你回收投资的机制和模式变了,你要靠文旅产业本身实现投资收益,这就不是一朝一夕的事,而是一个很长时期的工作。不要听那些一天十万游客、一年十亿元收入进账的故事,那是个案,且无法保障可持续性,你照猫画虎,投进去了,很可能就是"肉包子打狗",有去无回。不要一上来就有投机心理,文旅产业不支持这种心态,要认真研究市场,研究需求,扎扎实实准备做长期投资、渐进收益的事,这是王道,也是正道。

二、轻利是文旅产业大概率,要理性设计投融资模式、商业模式和盈利模式

文旅产业可以规模很大,现在世界上创造 GDP 最高的产业和吸纳就业最高的产业就是文旅产业。但是,这不意味着文旅产业一定是高收益的产业,从大概率看,文旅产业也恰恰是薄利、轻利产业,希望进入这个产业的投资者对此要有充分的认识。应该基于这个大概率,来理性设计文旅产业的投融资模式、商业模式和盈利模式。文旅产业的好处是,土地在你手里,资源在你手里,这些跑不了,关键是你如何整合利用好这些资源。只要认真设计到位,小赚是没有问题的,在此基础上,再考虑如何提高收入。就是说,底盘做到有收益保障,再考虑更高的收益方式。不要脱离实际,野心太大,一下子上得太猛,可能连底盘的基础收益也保不住了。

三、文旅投资的基础要义是合理控制综合成本,不烧钱,也不吝钱

各个产业投资都有一个合理控制成本的问题,文旅产业也不例外。可以说,文旅产业投资更要重视合理控制综合成本。为什么?因为文旅产业往往涉及重资产,比如土地、房产、资源的购买和租赁,房屋建造、实物资产的创造,等等。这些投资通常规模很大,如果缺乏合理的测算,很可能造成前期成本太高,烧钱太多,后期回收压力太大。很多投资者就是这样被压垮的。当然,合理控制综合成本也不是说不花钱,必要时也不能吝钱,关键是基于对未来市场的正确判断,再决定你是否应该这样投资。

四、文旅投资要养成以直接融资为主、间接融资为辅的习惯

现在世界上成熟的融资模式是以直接融资为主，间接融资为辅。美国、欧洲的直接融资比例占到80%以上，而我们的直接融资倒过来了，只占20%，自有资金和间接融资占到80%。什么是直接融资？就是资本市场融资，包括股权、股票IPO（首次公开募股）、三板市场、证券二级市场、债券、基金、资产证券化、融资租赁、众筹，等等。什么是间接融资？就是银行贷款，甚至高利贷。间接融资的最大问题是债务风险，毕竟到期要还款，可是上面说到了，文旅产业的投资收益不是那么快的，你用短期借债方式希望解决长期投资收益的事情，这就会出问题。但是，你用直接融资，是股权合作，是各类投资属性的融资，风险共担，且有市场退出机制作保障，所以，你可以从容操作。进入文旅产业，要养成直接融资的习惯，不要动不动就背一身的债务，也不要进入一个项目，就想独家垄断，不愿意让其他股权进来，这都是不好的心态和做法。

五、文旅产业已进入资源平庸化、同质化时代，未来成长关键在价值创新

现在进入文旅产业，你还想摘到一颗超级大果子，还想抱到一个大金娃娃，比如，弄到一个九寨沟、张家界那样的绝版资源地？根本不可能了。现在的投资进入，不排除捡漏，撞上一个潜在的好项目，但是，绝大多数投资拿到的都是资源比较平庸化甚至同质化的项目，例如，现在的乡村旅游项目，大体都差不多，单看还可以，有山有水，生态不错，人文不错。但是，哪个乡村项目不是有山有水？大家都差不多，这就要看项目未来的价值创新了。文旅产业走到今天，创新已经走到前台，没有创新就是一个字：死。如何创新？这不是闹着玩的，要研究市场现实需求，更要琢磨市场的潜在需求。总之，未来的文旅产业，关键看创新，有创新，就可以把平庸的资源转化成特色产品，就可以征服市场。

六、"文旅"就是有文化主题IP的特色旅游，这一点对于文旅投资非常重要

过去我们叫"旅游"，现在加了个"文"字，叫"文旅"。有什么差别

吗？当然有，所谓文旅，就是有文化主题的特色旅游，像特色文旅小镇，强调的就是每一个小镇的文化主题都不一样。文化主题做深了，可以形成独特的 IP，就是有知识产权，有法律保护意识了，有产权概念和价值了，未来可以卖 IP 了，这可是一桩大生意，好莱坞就是靠卖 IP 赚钱。这是文旅产业的大趋势，谁不关心文旅 IP，谁将来就会被动，甚至被逼出局。

七、文旅地产没有过时，以第二居所为投资和消费基石的度假时代刚刚到来

有一种说法，认为旅游地产这种模式要过时了。持这种观点的人显然缺乏对国内经济发展的前瞻性认识。我认为，旅游地产或者说文旅地产从某种意义上说，现在刚刚拉开序幕。现在，城里的房子多了，很多人都在城里有房，甚至不止一套。但是，城居生活是人生的全部吗？显然不是。在欧美国家，很多人周末全家开车到很远的郊外玩，那里有他们家的度假房子，那叫"第二居所"。一个现代人，要有城里的第一居所，还要有城外、城郊的第二居所，所谓"5+2"，就是周末不在城里待着，要出去，到生态环境更好的城郊去，到那里玩，甚至买上一套自己的房子，经常过去住。这就是度假时代。现在，中国的度假时代正在来临，郊外的房子会大量涌现，怎么就过时了呢？不要把第一居所和第二居所混淆了。

八、大城市外围的特色文旅小镇和田园综合体是未来文旅产业投资的主战场

近期特色小镇和田园综合体非常火热，估计未来一二十年都会很火热。为什么呢？因为，国家要完成后半程的城镇化，不能让人都挤到大城市里去，还是在农村地区搞小城镇吧，吸纳更多的农转非，还可以做到以人为本。此外，很多新兴产业，包括文旅产业，都可以在特色小镇里面发展起来。这些年来，城市大发展，农村有点败落，通过田园综合体发展，让衰败的农村通过文旅产业导入，重新兴旺起来，城里人也多了很多周末可以去的好地方，这不是两全其美的大好事吗？所以，国家政策对这些方面非常倾斜，而且会长期倾斜下去。这样的话，特色小镇和田园综合体就会成为未来中国文旅产业投资和发展的主战场。

九、都市文化生活综合体（Urban Living Mall）是文旅投资的重大新方向

文旅投资都跑到农村地区去了，城市内部的文旅还有没有机会？当然有，我们看到，大城市内部，在最热闹的城市中心地带，一种新型的文旅产业和消费模式正在迅速崛起，这就是都市文化生活综合体，用英文表示，就是 Urban Living Mall。这种新型的综合体占地不大，和田园综合体不能直接类比，但是，其能量比田园综合体要高得多，毕竟是城市中心地带，寸土寸金，收益都是按平方米来计算的。这些都市文化生活综合体把文旅、娱乐、高科技都导入进去了，从根本上颠覆了传统的 Shopping Mall（购物大卖场）。在这些新型的综合体中，顾客的体验、参与、娱乐、共享的机会大大增加了，高科技手段也给顾客带来全新感受，相比而言，购物反而减少了，更多的是特殊体验性的、高端性的、个性化的购物，而那些常态化的购物都被网络"垄断"了。这种都市文旅产业前景很广阔，但通常都是大额投资的领地。

十、全域旅游≠全境旅游化，全域旅游＝市场化核心文旅点+公共性区域文旅环境

近来还有一个概念比较火热，那就是"全域旅游"。这个东西好不好？当然好，客观上看，旅游的确不满足于封闭的小小景区，它在向外弥漫，一个地区，一个城市，整体上都在进入旅游"视野"。但我要提醒的是，全域旅游≠全境旅游化，全域旅游是一种机制体制的变革，而不是简单的空间的扩张。在我看来，全域旅游＝市场化核心文旅点+公共性区域文旅环境。全域旅游机制下，恰恰更要把每一个市场化的核心文旅点搞好，搞出影响力来，由这种影响力传导到周边地区，从而把这些周边的公共性区域营造为核心文旅点的优品环境区，形成核心点和环境区互相加分、互相支持的局面。我们要这样来展现全域旅游的内在价值，而不是简单、粗暴地搞区域扩张。

2017 年 6 月 12 日

特色小镇之谬：核心是产业不是旅游？！

最近有一个观点非常流行，说特色小镇的核心是做产业，不是做旅游。

这观点大有醍醐灌顶的架势，看看现实，的确有大约70%正在酝酿、规划和申报的特色小镇是关于山、水、乡愁等的文旅小镇，而不是那种以某种或某些特色型的产业作为基础的小镇，如互联网、基金、机器人、物流产业、跨境电商、某传统制造业、某传统服务业等。再看看国家关于发展特色小镇的要求，的确强调了以产业为基础、推进产城一体化的意思。

更有甚者，居然说发展产业，就不能搞旅游，不能双管齐下，意即旅游和产业是对立的，如果导入旅游，就会影响产业的正常发展。

旅游业目前在全球创造着大约10%的GDP增加值，绝对是世界第一大产业，并且，旅游业大约能吸纳全球10%的就业人口，这两个10%足以体现旅游业的价值。

从实际发展情况看，近年来，国内很多地方大力推进旅游业的发展，特别是对于农村地区发展旅游业，大大改善了当地的产业环境和结构，引导农民进入了致富的通道。还是那个村，还是那片田，只是引入旅游业，就成功地把第一产业升华为第三产业，大大提高了乡村田园的附加值，把数千年来不变的乡村农业传统发展模式都改变了。这难道不是旅游作为一种特色产业所做的巨大贡献吗？

当然，随着旅游业的深化发展，一些早期的做法已经不够了，其他地方再去模仿先发地区的模式，肯定要出问题。旅游业讲的就是差异化、特色性，一定要搞出自己独特的东西，这样游客才有理由到你这里来消费、休闲、度假、养生、养老。旅游业正是在产业的不断创新中求得良性发展的。但旅游业的问题再多，也不是否定旅游业是产业的理由。我再次表明我的观点：旅游业不是"空手道"，而是实实在在的产业，而且是世界最大产业！

特色小镇这个概念强调的是"特色"，更确切地说，就是产业特色，它并没有说"特色"就是非旅游，一搞旅游就是无特色。恰当地导入各类产业都可以发展成特色小镇，包括旅游产业。从现实看，为什么各地申报的特色小镇中，以文旅产业作为主导产业的占了相当比例？说明文旅产业更加体现了各地的资源禀赋和产业基础，各地发展文旅特色小镇更加有底气。而那些非旅游的产业，大都是从外部引入的，当地人对此并没有任何底气，除非是马云这样的巨头自己开发一个云栖小镇,那是他的底气,但是,让项目所在地的老百姓凭空接纳一个外来的产业作为特色小镇发展的核心产业依托,这个事恐怕要做相当周密的市场研究和论证了,否则比发掘当地特色资源发展文旅产业的前景更加不明朗,风险更大。回头看,20世纪八九十年代,很多地方办了那么多乡镇企业,只是没有叫"特色小镇"这个名称罢了,都是实实在在的产业,都是在小镇上,结果呢?污染了环境不说,只是富了一小部分人,真正的当地老百姓受益的不多,很多乡镇企业后来在激烈的竞争中纷纷倒闭。难道我们在这一轮特色小镇的狂奔中,再一次打着发展新兴产业的大旗,再一次给广大的乡村地区引入大量缺乏当地资源支撑的、缺乏可持续性的产业,等到若干年后,再一次看到大量倒闭的产业,大量凋零的小镇?

不管是这些人强调的所谓"产业",还是以当地特色资源为基础的文旅产业,都是产业,都要经过严格的市场调研分析和策划,再进入实质性的投资开发。说白了,特色小镇之"特",并不在于操持什么产业,而是在于以某一种或某一类产业形成与其他竞争者不同的、可持续的、可不断提升的发展机会和方向,它的核心价值在于创新,在于差异化,在于独特吸引力,在于持久性。没有这些东西,不管你是什么产业,都没有办法让特色小镇走向成功。

好了,原谅我的批评,我只是希望当下的特色小镇热中间,少一些噪声,多一些理性,少一些空谈,多一些实操,仅此而已。

2017年6月27日

融创收购万达文旅项目四大猜想

昨天,文旅、地产界有一个超级大消息传出来了:万达集团以注册资本金的91%即295.75亿元,把青岛、广州、成都、重庆、昆明等城市的13个文旅项目的91%的股权以及北京万达嘉华、武汉万达瑞华等76个酒店的股权整体转让给融创集团!

殊不知,去年王健林在万达工作报告中还披露了万达的宏伟计划:到2025年,万达要在全球开业25家万达城,其中海外6家,建成继迪士尼、环球影城、海洋公园之后全球第四大文旅品牌;上个月,万达刚刚宣布进军巴厘岛的海外计划,还宣布了在广东惠州投资800亿元建万达文旅城的计划。如此高调地狂飙突进和急流勇退几乎发生在同一时段，到底是什么原因？而融创这个"好事之徒"去年还宣称坚持住宅地产方向，今年却全面收购乐视网，如今又大举收购万达文旅项目，孙宏斌又想干什么？

融创、万达的大动作让人浮想联翩。我有四大猜想。

一、万达急于解除债务困扰

其实，王健林在此次资产大转让中就表明，全部回收资金都将用于还贷，万达商业计划在今年清偿大部分银行贷款。算下来，今年还贷的总规模将达到600多亿元。我们知道，近年来万达在文旅项目上多有失手，如海南海棠湾演艺项目、长白山旅游度假区项目、武汉中央文化区的汉秀项目、西班牙马德里酒店项目等，都出现了亏损问题，这对于雄心勃勃的万达来讲，是始料不及的。亏损现象表明，万达的文旅项目运作并没有进入成熟化阶段，它还缺少真正良性运作的商业模式。

亏损之下，负债的压力可想而知。这种格局不符合王健林的利落风格。于是，他突然决定不这样傻干下去了，先还贷，解除债务，就成了万达文旅产业当下的第一要义。解除债务最痛快的办法就是股权转让，连股权带债务一并转让。于是，融创收购万达文旅项目的惊心之举出现了。

二、万达要走文旅轻资产运营之路

如果以为万达这次股权转让是要退出文旅产业，那就大错特错了。因为，万达在和融创的股权转让合同中，明确列入四个不变：品牌不变、规划内容不变、项目建设不变、运营管理不变。这说明什么？说明万达既退又留。退的是重资产的股权，留的是轻资产的股权。这就是说，万达仍然将在融创的重资产平台上，以万达品牌和运营管理等轻资产的模式继续存在。这让我们想起了近年来王健林在多个场合大谈的轻资产战略。

当然，万达并不是从所有文旅重资产中全身隐退，武汉中央文化城就没有动，惠州计划投资800亿元的文旅城股权也没有动。这说明，万达未来是轻重搭配，重资产部分只保留一部分优质项目，特别是在特大城市周边的重资产项目。

三、融创试图创立世界电影王者地位

融创此次收购万达文旅项目当属大手笔，其中特别引人注目的是与万达合作发展影视产业。我们知道，万达近年来引以为傲的一大成就正是影视产业，它拥有美国 AMC、欧洲欧典、中国万达等电影院线，在全球有 1352 家影城，14347 块屏幕，占全球 12% 的票房市场份额，其中万达院线在国内拥有 447 家影城、3947 块屏幕，是国内最大的电影院线。而融创刚刚收购了国内最大的互联网影视平台——乐视网，孙宏斌已经以非独立董事的身份进入乐视网董事会，很可能坐上当家宝座。如此这般，以万达的线下院线平台，加上乐视的线上平台，这个孙宏斌到底在影视领域搞什么名堂，大家应该有所前瞻了吧？要知道，孙这个人可不是"打酱油"的，如此线上线下大整合，将鼓捣出个什么大前景，完全可以想象。

四、孙宏斌试图借助文旅产业实现融创战略突破

在中国地产界，孙宏斌绝对是一个超级人物。与孙宏斌相比，"万宝之争"中的王石所受的苦实在是小意思了。孙宏斌的奇迹在于，入狱之灾、企业大起大落、收购连遭挫败等，一连串的磨难不但没有打趴他，反而越打越硬，如今已成中国地产界的王牌军。然而，他仍不甘心，突然一转身，收购乐视网，收购万达文旅项目，又在干惊天动地的事情。

其实，王健林、孙宏斌可谓英雄所见略同，他们先后都意识到，中国的房地产不能以这 20 年以来的速度增长下去了，必须改变现状，改变的方式就是大举进入文旅产业，以文旅联动地产，形成符合国家产业导向和符合企业长期良性成长战略的全新的发展模式。

略有不同的是，在文旅产业的大扩张中，万达走的是先重后轻的资产扩张路子，而融创则是轻重并举，一手收购乐视网，一手收购万达文旅项目，然后再实施文旅产业的大整合，包括轻重资产整合、线上线下整合、文旅和地产的整合，等等。

设想一下，如果融创这一步大棋走对了，会出现什么情景？融创中国真的走出了近年来蛰伏在地产领域里的艰难处境，插上文旅的翅膀，昂首飞翔。中国乃至全球文旅产业里有可能出现一个来自中国的巨无霸，名字叫融创文旅。当然，在这个巨无霸的旁边可能还有另一个巨无霸：万达文旅。

猜想，仅仅是大家的猜想。能不能实现，那是万达、融创的事，就看王健林、孙宏斌的了。需要提醒的是，文旅之行不易，万达、融创，且行且珍惜。

2017 年 7 月 11 日

当今中国旅游业值得关注的六大动向

随着国民经济的快速发展和国民收入的大幅提升,越来越多的民众加入国内外旅游的阵容中,中国旅游业正在以前所未有的规模、速度和品质向前发展,并且不断呈现出一些重要的新动向。下面我从六个方面对这些动向进行分析。

一、中国旅游业正在遵从全球产业规律回归霸主地位

当前,中国旅游业最突出的动向就是成为中国最大的产业。从全世界产业发展实际来看,旅游业就是最大产业,中国旅游业回归产业霸主地位,正是顺应了国际规律和现实。我们可以从如下几个方面深刻感受到旅游业之"霸气":

第一,旅游业对全国经济增长的贡献率最大。2017年全国旅游业对GDP的综合贡献为9.13万亿元,占GDP总量的11.04%,成为全国最大规模产业。从全球看,旅游业GDP增加值长期高于10%,一直是引领全球经济增长的排头兵。现在,中国旅游业的GDP增加值占比也超过10%,说明中国旅游业的增长已经达到国际水平。而中国旅游业体量大,2017年出游人次超过50亿,旅游收入高达5.4万亿元,从全世界范围看,也是最大的。

第二,旅游业对全国就业率贡献最大。2017年,全国旅游直接就业2825万人,旅游直接和间接就业7990万人,占全国就业总人口的10.28%,已经达到全球旅游业就业水平,成为全国最重要的就业稳压器。

第三,全国旅游项目投资每年都是数千亿元、上万亿元规模,成为成长性最强的产业。在国家不断出台对旅游业的扶持政策条件下,各路资本纷纷加盟旅游业投资,目前每年的重大旅游业项目达数千个,各类旅游项目超过10万个,年度旅游投资规模超过1万亿元。

第四,旅游已经成长为人们选择性最强、最具重复性和可持续性的消费领域。目前,超过90%的国人把旅游作为其假日休闲的第一选择。随着大量休闲度假项目的落成,国人正在形成一种强有力的休闲度假消费习惯,即周而复始地到所在城市周边的旅游区去休闲度假。这种可持续性的消费模式也

为企业经营收益及城市财税增长做出重要贡献。

第五，农业、休闲、养生、养老、教育、医疗等均依附旅游业得到拓展。旅游业大发展的一个重要价值是，它有效带动了一大批产业的纵深发展。例如，随着特色文旅小镇及田园综合体的大发展，以往凋敝的乡村有了活力，农田成为观光园，农村成为乡村文化体验地，农民成为旅游服务者。还有养生、健康、养老、教育、科普以及各类文化产业等都附着在旅游产业上获得长足发展。

二、特色小镇和田园综合体正在重构中国旅游业消费格局

近年来，国家大力推进特色小镇和田园综合体的发展，这是以人为本的新型城镇化的伟大实践，不但有效推进了三农问题的解决，更使得旅游业获得巨大的发展空间和机会。可以说，特色小镇和田园综合体正在重构中国旅游业的消费格局，主要表现是：

第一，城市居民由城市旅游休闲消费大规模转向乡镇旅游度假消费。特色文旅小镇及广大乡村地区具有极为丰富的旅游资源和消费空间，以往的乡村和小镇缺乏旅游产业的深度孵化，最多就是农家乐这种初级形态的消费模式。近年来，通过大力发展特色文旅小镇和田园综合体项目，吸引了越来越多的城市居民前来休闲、度假、消费，这种新型的乡镇旅游度假消费模式正在大规模拓展。

第二，游客由重要景观景点的观光消费转向具有文创底蕴的乡镇体验消费。过去人们前往乡镇旅游，主要是对比较重要的景观景点进行参观游览，而当前的特色文旅小镇和田园综合体给游客带来了更多身心体验的机会。比如，当一天农民，干一次农活，尝一餐农家饭，住一夜农宿，等等。这些体验式的旅游消费是原有的简单观光模式远远比不了的，极大地丰富了旅游的内涵和游客的切身感受。

第三，满足度假需求的第二居所正在崛起，部分甚至转化为"第1.5居所"。特色文旅小镇和田园综合体的一个重要特征是，它们在旅游范畴内是要解决游客的度假需要的，而度假必然要求项目有居住产品，包括短期居住及长期居住。于是，度假型的公寓及别墅产生了。许多经济条件宽裕的消费者在文旅小镇有了自己的度假屋，成为自我生活的第二居所，在大城市周边不远的文旅小镇，一些消费者甚至把自己的度假住所变成了常态化居住地场所，也就是成为兼具日常居住功能和度假功能的"第1.5居所"。当然，文

旅小镇和田园综合体更是布局了大量的特色型民宿、旅馆，以满足游客的短期度假需要。

三、超大型游乐综合体正在成为都市体验式消费新宠

当特色文旅小镇和田园综合体崛起的时候，大城市并没有把城市居民旅游消费的巨大红利拱手让出去，城市的文旅基础其实很扎实，曾经热闹非凡的主题乐园、娱乐城、购物中心、休闲中心等文旅项目已经不能满足市民日益提高的消费需求，城市文旅产业需要高效创新和提升。我们注意到近年来城市旅游业出现下面一些重大创新发展的动向：

首先，购物中心向体验式消费中心改朝换代风起云涌。购物中心顾名思义，以购物为主，配套一些其他服务功能。现在，在互联网线上购物的巨大压力下，线下实体商业呈现严重萎缩，传统购物中心正在剧烈洗牌。大方向是：由购物主导向休闲消费主导转向。一批大型生活综合体或游乐综合体诞生了，在这些新型综合体中，购物比例由以往的90%以上降低到70%、60%、50%以下，甚至在未来可能下降到30%以下，更多的是游乐性的、体验式的、生活化的、综合服务型的内容。这类新型综合体日益适应了市民在互联网时代仍然不可替代的面对面互动生活的消费内容需要。

其次，在都市人群聚集度最高的城市中心地带，科技文化引领的新型产品正在日益支撑城市文旅产业的跨越式发展。AR、VR、AI等视觉科技文化产品大行其道，光怪陆离、神奇怪异、变幻莫测的造型、光影、多维视觉、梦幻体验等，极大地刺激和松弛了在紧张劳作之后的人们的身心。

最后，沉浸式旅游顺应全程体验需求呈方兴未艾之势。沉浸式旅游是当今都市旅游中的一道亮丽的风景线，它完全打破了原有的供给侧单一操控全流程的演艺模式，把广大游客直接引入演艺过程中，实现游客的全流程、全方位、全深度体验。

四、国家公园将成为全国顶级生态顶级文化的保护和体验模式

当今中国旅游业的重大动向中，除了城市和乡村空间外，第三大类空间就是大生态、大文化资源空间。这类空间事实上是国家的最大空间，中国正在引进国际成功的国家公园模式，把高品质、特色化的大生态、大文化资源

导入国家公园体制内，实施全面的保护并在适度条件下引入旅游体验活动。国家公园的发展动向主要表现在如下几个方面：

第一，全国特色、优质大生态地区都将以国家公园的形式纳入保护管理范畴。中国是一个自然生态资源极为丰富的国家，从海洋到平原，从高原到盆地，从森林到沙漠，样样俱全。目前国家正在大面积铺开资源调查和空间整合，力图在全国设立一大批富有特色和极具保护体验价值的、自然生态型的国家公园。

第二，原有的国家地质公园、森林公园及风景名胜区等自然景区将整合进入国家公园。中国多年来曾经由各个部委分别对不同自然资源的优质区推行了专项公园建制，如国家森林公园、国家地质公园等。未来，这些专项自然公园以及其他国家及风景名胜区经过合并组合，将纳入新型的国家公园范畴。

第三，原有的国家矿山、水利公园及重要历史文化区等文化景区将整合进入国家公园。中国历史上也有一大批基于大型经济工程的公园建制，如国家矿山公园、国家水利公园等。这些人工类公园将和其他重要的国家级历史文化景区经过合并组合，也将纳入新型的国家公园范畴。

第四，国家公园将在全面保护基础上合理布局和推进旅游体验活动。设立国家公园，首先体现的是国家对于全国级自然、历史资源的保护机制，其次，也将通过国家公园模式为广大民众提供一大批用以教育、体验大自然、大文化的旅游活动平台。

五、旅游业的智慧化在深刻重塑产业运营模式、效率和效益

中国旅游业目前的一大动向是智慧旅游的发展。移动互联网、大数据、云计算、物联网、人工智能等智慧产业要素正在大规模进入旅游产业。具体表现有：

第一，移动互联网已经成为旅游业供需资源配置的第一平台。据大数据分析的结果，目前国人旅游出行对于移动互联网的依赖性日益增强，信息查询、订机票、订酒店、订餐饮、订游线、订旅游车、投诉、游客互动等领域均已实现高占比，有些比例甚至达到90%以上。未来移动互联网的服务范围会继续大量增加，服务占比会继续提升。

第二，日益凸显的物联网模式正在从根本上改变旅游业的传统服务模式。物联网看似还早，事实上已经逼近我们的日常生活。未来的旅游业必然

是物联网的天下，这是比互联网更加彻底的服务，是线上线下的完美结合，把游客的信息诉求和行动都整合进来的服务模式。

第三，人工智能将在不远的将来占领旅游业高端服务空间。人工智能将在很大空间和领域替代人工和机械操作，将在未来的旅游业大放异彩。"物联网+人工智能"的条件下，旅游业的革命态势必将形成。

第四，区块链技术将为旅游业提供更加公平透明的营商环境。去年以来，区块链突然发力，让每个行业都躁动不安，目前在金融项目、供应链管理、医疗健康、能源环保、农产品、知识产权保护等领域已经或正在大显身手。目前旅游业也在积极导入区块链，以体现其具有的独特的公平布局、去中心化、不可篡改等机制优势。

六、国家管理模式的重大变革标志着旅游业进入新时代

近日正在召开的第十三届全国人大第一次会议传出了有关旅游业的重大消息：全国人大决定重组国家机构，其中决定组建国家文化和旅游部，这个决定对中国旅游业的发展和国家管理具有极为重要的意义。

首先，组建文化和旅游部标志着中国旅游业管理的全面升级。过去多年来，中国旅游业的国家管理体制虽然经过几次变革，但最后形成的副部级的国家旅游局其地位一直偏低，在诸多重大发展事项上缺乏足够的话语权和执行权。现在列入正部级，表明国家更加看重旅游业的产业和行业地位，旅游业必然在管理权限上大幅扩张，十分有利于旅游业更高、更快地发展。

其次，在文化和旅游合并组建正部级建制下，旅游业将更加凸显文化地位、文化价值和文化的引领作用，表明旅游业将由产业浅层模式进入到文化主题深层模式中去。

最后，国家旅游管理模式的升级将高效推进全域旅游的科学发展。近年来，国家旅游局提出了发展"全域旅游"的概念，并且得到了中央政府的认同。但在实际发展中，全域旅游面临许多从概念到实施的困难和问题。这次国家旅游局升格为正部级建制，大大有助于在国家多个部委层面推进旅游产业发展的互动调节，必将大幅减少全域旅游发展中的弯路，提升和高效推进全域旅游的科学发展。

中国旅游业正处在大发展、大变动的过程中，每年都会呈现不少重大动向，这些动向集中反映了国家旅游业的发展潜力和前景，是非常值得旅游界

人士乃至每个喜欢旅游的普通老百姓关注的。期待这些重大动向成为进一步推动中国旅游业发展的新的动力,让中国老百姓都能够从中受益。

2018 年 3 月 15 日

以文旅 IP 强力推进全域旅游发展

这是我 2018 年 11 月 10 日在重庆市涪陵区召开的"中国第三届全域旅游发展高峰论坛"上所做的演讲。

中国的旅游业进入了全域旅游时代。当全域旅游极大地扩张了人们的旅游视野和空间的时候,此时的旅游业更加需要文化主题提炼,更加需要文旅 IP 引领。我讲三个问题。

一、强大的文旅 IP 是全域旅游发展的核心价值和基础保障

中国旅游业经过 40 年的快速发展,正在进入一个全新阶段,在这个新阶段形成两个重大动向并且在彼此加速融合之中,一个动向是打破空间约束、实施资源、产业、市场融合式发展的全域旅游趋势,另一个动向是以弘扬文化主题为导向的 IP 文旅发展趋势。全域旅游实现了文旅外延的最大化,而文旅 IP 则推动了文旅内涵的最深化。可以说,"全域旅游+文旅 IP"构成了当代中国旅游业发展最引人关注的战略方向。

IP 是英文 intellectual property 的缩写,意即知识产权,它有原创作品、价值观、文化主题、故事、版权、商标、产权保护、多维变现等多重含义。目前在国际社会,所有产业都已经形成 IP 及 IP 保护的法定环境,因为 IP 的原创价值使得其具备了最强大的知识价值底蕴和获利空间,例如:苹果、华为、三星的智能手机 IP 属性,好莱坞大量影视、动漫作品的 IP 属性,大量文学、艺术、绘画、漫画作品中的 IP 属性,等等。

文旅 IP 是 IP 价值属性在文旅产业界的特定表达,它指的是文旅资源和产品具有的受法律保护的独特价值甚至唯一价值,例如上天独创的黄山、九寨沟、尼亚加拉瀑布、冰岛北极光等,古人独创的中国故宫、秘鲁马丘比丘、智利复活节岛石像群等,国外独创的迪士尼乐园、侏罗纪公园、环球影

城的哈利·波特景区等，国内独创的长隆海洋王国、华强方特的《熊出没》、陕西的袁家村等。

这些文旅产品的最大特征是它们文旅IP价值的唯一属性，正是这种唯一性为它们带来了滚滚人流和高额商业利益回报。在IP保护下，它们又通过IP多维价值输出实现了商业和品牌的双向扩张。

在全域旅游时代，文旅IP必然成为全域旅游发展的核心价值和基础保障。

二、中国文旅IP薄弱现状及其对全域旅游发展的不利影响

在当下中国大力推进全域旅游发展的时刻，我们必须清晰地认识到文旅IP与全域旅游的特殊关系。任何一个地方发展全域旅游，必须有若干强大的文旅项目做基石。一个文旅项目是否真正"强大"，就看它的文旅IP属性强大与否，没有独特的、唯一性的文旅IP价值，文旅项目就缺乏可持续的吸引力，因此实施空间拓展的全域旅游也将失去文旅内涵的有效支撑。

例如，假设九寨沟在去年大地震中遭遇毁灭，神奇湖水不复存在，那意味着，九寨沟的核心价值、文旅IP将不复存在，也就是说，九寨沟的旅游价值将大幅下降甚至消失，当地与九寨沟相关联的全域旅游的发展将失去意义。幸运的是，地震后神奇湖水没有遭到毁灭，修复后的九寨沟已经重现风采，其独具神韵的IP价值仍将发挥巨大作用。

然而，我们视野中的中国旅游业在无IP格局下运营的现象普遍存在。根据国际著名文旅规划运营机构AECOM的综合评估，全球前十大主题公园全部是IP主题公园，全球前二十大主题公园中，IP类游客量持续增长，非IP类则持续下降。AECOM认为中国目前还没有严格意义上的IP主题公园。

事实上，华侨城、长隆、方特等著名文旅企业都在努力创建自己的IP价值。华侨城在位于深圳的甘坑客家小镇推出了小凉帽IP形象，长隆凭借海洋王国的创新无疑已经成功创建了IP主题公园，华强方特连续推出《熊出没》系列喜剧动画片，东方神画、东盟神画主题乐园。当然，中国旅游企业的这些IP创意和价值与国际著名文旅IP品牌相比还在起步阶段，还不成熟。中国还有一大批IP属性的自然和人文资源型旅游区，但其IP价值发掘都远远不够，这意味着中国推进全域旅游的IP价值储备仍然不足。

我们知道，打造文旅IP价值是一项非常艰巨且成本高昂的文化工程，

中国的绝大部分文旅企业和项目都难以承受高难文创和高昂成本的压力，导致中国文旅界长期以来一直难以踏入 IP 文旅的金光大道，更多的文旅企业和项目只能蛰伏在资源形态和同质化状态下运行，其结果必然是吃老本和恶性竞争，也就是在纵容文旅的平庸和沦落。

全域旅游不能单纯地理解为是由封闭式景点旅游扩张为开放式的广域旅游，全域旅游的核心概念和定义离不开文旅 IP 价值定位，我有五点表达：

其一是相关全域空间内必须拥有一个或若干个主题鲜明的 IP 文旅资源及项目，其二是全域空间内的各类经济文化要素均具备与文旅 IP 实施开放式对接的条件，其三是文旅 IP 资源及项目可以成功激活全域空间内的各类经济文化要素的旅游属性，其四是全域旅游条件下的文旅 IP 与各类要素融合互动式发展能够全面提升综合效益，其五是没有文旅 IP 价值资源及项目的全域空间无法生成现实旅游。

三、如何依托文旅 IP 价值有效推进全域旅游的健康发展

在当前全域旅游大发展的背景下，必须深刻理解文旅 IP 价值在全域旅游发展中的重大意义。任何认为把封闭式景点旅游扩大为开放式区域旅游就是全域旅游的观点都是错误的，任何把特定全域空间内的文旅价值均等化的想象都是错误的，任何忽略文旅 IP 价值在全域旅游发展中核心地位的认识都是错误的，任何指望单独行动、不依赖全域旅游条件而取得文旅 IP 发展的操作都是错误的。

中国文旅界应该充分挖掘或移植中国独特的自然和人文历史资源，为文旅 IP 动力宝库积累能量。要对丰富的文旅 IP 资源实施价值筛选，锁定最具文旅市场价值的资源。要对独特的文旅资源实施强有力的文化创意策划，使之形成文旅 IP 价值力。要把文旅 IP 价值资源打造为可持续良性运营的文旅 IP 价值项目或产品。要依赖文旅 IP 价值实现项目的高客源、高运营、高收益。要依托文旅 IP 价值项目或产品实现价值拓展和产品衍生。任何单纯依赖资源条件而不强力、持续注入文创和变现的文旅 IP 都是虚伪的。

大力提倡具备条件的文旅企业积极推进自创性的文旅 IP 创意活动。华侨城、华强方特、长隆、宋城、海昌等中国著名文旅企业都在行动，都在全域旅游格局下以创建中国文旅 IP 为目标迈向自创之路。自创性文旅 IP 创意具有相当大的风险和困难，而一旦成功，其对中国文旅产业及全域旅游的贡

献将是巨大的，正如美国迪士尼对美国文旅产业的贡献、哈利·波特对英国文旅产业的贡献一样。

  我衷心希望中国文旅界能够真正认识到文旅 IP 核心价值无可替代的重大意义，深入挖掘和紧紧依托每一个富有特色的 IP 文旅价值，并借此强有力地推进全域旅游的健康、快速发展。

2018 年 11 月 11 日

第二章　谈谈文旅地产的发展

度假地产：白银时代的战略机遇增长点

一、再造一、二线城市，你看清郊外度假地产的机会了吗

当下中国房地产业的重头戏是"去库存"，而大家都知道，去库存的主战场是三、四线城市，因为2010年之后的几年中，中国的房地产商们蜂拥进入三、四线城市，盖了太多的房子，卖不动了，把三、四线城市的经济也拖累了。现在，开发商们调头又杀回一、二线城市，显然，从国家经济的宏观走向看，一、二线城市具有更强的发展潜力。于是，北上广深以及较强的二线城市的土地市场又热起来了，2015年，一方面是三、四线城市拼命去库存，另一方面是一、二线城市圈地热，几乎所有的大地产商都在增加一、二线城市的土地储备，特别是那些人口、产业、资本继续涌入和增长势头较强的城市。

房地产界的一种说法是，十多年来的黄金时代过去了，现在是白银时代，意思是说，房地产还有得赚，但需要应对更多的规则约束，市场机遇也没有那么好捕捉，不像黄金时代那么好赚罢了。我觉得机遇、机会这种东西永远存在，白银时代抓住了好机会，仍然可以赚个盆满钵满，就看你的眼光了。

一、二线城市的新机会在哪里？如果仍然扣住"居住"这个房地产的特定脉络来看，我认为主要有两大提升性的居住需求，推动形成新的、具有较大增长空间的机会点：

一是提升日常居住综合服务条件的改善型居住需求。这种需求主要发生在城市市区，是市民对他们的日常住宅即第一居所的一种提升性的诉求。大都市的居民，只要经济条件成熟，都有提升住宅综合服务条件的要求，伴随着大城市楼市由增量向存量的快速过渡，这个诉求就日益鲜明。希望在房地

产领域做大住宅产业的地产商，当然要认清这个强大的需求趋势，寻求更多的发展机会。改善型居住需求包括对住宅空间和品质、居住综合配套条件以及服务软环境的需求。现在中国最大的地产商万科都不愿人家叫它房地产商，而是叫"城市综合运营商"了，就是为了迎合这种改善性居住的需求，实际它还是以盖住宅为主，只不过为了提升住宅的综合品质，而把更多精力放在了发展住宅项目周边的环境及公共服务配套上了。

二是提升居民生活品质的度假型居住需求。这种需求主要发生在城市郊外，是市民对他们的度假住宅即第二居所的一种提升性诉求。根据世界城市居民生活发展的一般规律，大城市发展到一定阶段，居民收入和生活水平提高了，必然出现休闲度假需求以及向郊外寻求度假型居住的诉求。这样，在城市相对富裕的社会阶层中，就会出现一种"5+2"的钟摆式生活方式，即五天在城里工作及居住，周末两天到郊外度假点休闲度假及居住。现代社会评判一个人、一个家庭是否进入相对宽裕的中产阶级的重要标准就是，这个人、这个家庭是否同时拥有城里的第一居所和郊外的第二居所。

第二居所一般来讲就是度假地产了。什么条件下第二居所才可能获得大发展？人均GDP达到3万~5万元人民币。现在中国的人均GDP是多少呢？将近5万元人民币，正当其时。如果单看东部发达地区，那就更高，都10万元以上了，发展度假地产的时机已经非常成熟。

实际上，蓦然回首，中国的度假地产，特别是东部发达城市周边的度假地产已经是热火朝天了。北京郊外长城、燕山脚下，一个个度假营地在开发；广州、深圳周边的海岸线上，滨海物业开发如火如荼；临近上海的江南小镇，正在形成人文度假的黄金圈。

但是，再一次涌入一、二线城市的地产商们，真正明白大城市周边度假地产概念和机会的人并不多，他们还是热衷在城市里找地，而对于地域广阔、机会多多的城市周边乡村、山水生态地带却一再忽略，令人叹息。

也难怪，毕竟他们不习惯开发生态休闲度假产业，还要和农村的农民打交道，还听说旅游度假地产的生意赚钱慢，风险大，远不如在城里直接拿地盖房子利润高。但是，现在不是白银时代吗？哪一个房地产商有这么大的本事在城里那么容易拿得到地，那么容易迅速盖房子赚大钱？到郊外开发度假地产固然是一个慢功夫，但却潜藏着巨大的发展前景，为什么不去尝试一下呢？为什么不去捕捉一下这个具有鲜明时代背景的重大机会呢？

必须明白，郊外度假用的房子与城市内部的房子的最大区别是：后者是第一居所，用于市民的基础性居住需要；前者是第二居所，用于市民在较高生活水平条件下的休闲度假需要。在经济发展水平不太高的时期，城里的居民基本上满足于在城里有一套自住的房子，几乎从来不去想还可以去郊外买上一套用于度假的房子。但是，随着收入水平和生活方式的提升，越来越多的市民希望节假日能出去到周边山水乡村生态环境里去度假。起初他们可能只是住酒店、住民房，但是，当这种郊游成为一种非常稳定的、经常性的生活方式的时候，不少市民就考虑在郊外环境良好的地方拥有一套自己的度假屋，于是，度假地产就大行其道了。这是一种全球性的趋势，在发达国家的大城市郊外，都有大量的、各种类型的度假物业存在，中国现在的度假地产算是刚刚起步，具有广阔的发展前景。

所以，我的结论出来了：大城市郊外发展度假地产产生的第二居所，与城里的第一居所没有非此即彼的竞争关系，不受第一居所过剩的影响，正当发展的机遇期，但是要掌握好度假地产第二居所用地出让及项目开发的节奏，避免度假地产的第二居所形成供不应求或供过于求这两类不良情况。

二、旅游（度假）地产已进入第三波

有人批评说，现在大城市周边的度假地产卖不动。的确有这种情况。比如，深圳东边惠州大亚湾、巽寮湾一带的滨海度假地产目前销售情况并不理想。

其实，问题不是出在度假地产的大方向上，度假地产作为未来趋势，本身前景是广阔的，但惠州滨海度假地产上得太快了，一个是产品的同质性，带来恶性竞争，另一个是开发量太多，把2018年的需求量都盖好了，当然在2015年、2016年卖不动。

所以，想介入度假地产，先要了解旅游业以及度假地产的发展背景、趋势和特征。我的观点是，现在旅游度假地产已经进入发展的第三波，你千万不要去做第一波、第二波的发展模式，惠州滨海物业就是第二波，当然不好卖！

什么是度假地产的第一波、第二波、第三波呢？

第一波，我把它称为"探索型发展模式"，具体特征如下：

（1）时间：20世纪90年代中期至21世纪前10年。
（2）由大型旅游商创立并主导实施的投资开发模式。
（3）基本定位：地产保护型旅游发展模式。
（4）"旅游主业、地产保收"是第一波模式的基础业态关系。
（5）鲜明的土地价格优惠是第一波模式成功的政策基石。
（6）旅游投入占总投资的比重偏大。

（7）房地产业主流投资力量没有进入度假地产领域。
（8）度假地产投资及收益在全国旅游业及房地产业中占比偏低。
（9）单个项目的获利总量有限，但利润空间较大。
（10）产业的战略地位尚未显现。

第二波，我把它称为"地产化发展模式"，具体特征如下：

（1）时间：2010年以来。
（2）房地产调控政策强力助推度假地产第二波形成。
（3）由大型地产商主导实施的投资开发模式。
（4）基本定位：旅游包装型地产发展模式。
（5）"旅游为名、地产为实"是第二波模式的基础业态关系。
（6）大型地产商纷纷进入度假地产领域。
（7）全国总投资额上升速度非常快。
（8）土地出让方面的政策约束力加大但仍有优惠空间。
（9）度假地产投资及收益在全国旅游业及房地产业中占比明显加大。
（10）大面积、大投入的大型项目遍布全国。
（11）旅游文化主题定位偏弱，旅游功能集合成基本格局。
（12）单个项目的获利总量大幅增加，但利润空间收窄。
（13）产业的战略地位快速上升。

第三波，我把它称为"新常态发展模式"，具体特征如下：

（1）时间：近一两年正进入模式的更迭期和纠偏期。
（2）党的十八届三中全会的发展战略引导度假地产进入第三波。
（3）由战略投资商主导实施的投资开发模式。
（4）基本定位：协调成长型的度假地产发展模式。
（5）"文旅为核、地产相随"是第三波模式的基础业态关系。
（6）政府将明显强化此类项目的公共价值诉求。
（7）旅游创新对于项目摆脱地产依赖、独立盈利的支撑作用明显加大。
（8）主题定位成为提升旅游项目文化及商业竞争力的基本依托。
（9）地产项目将受到更多的限制和约束。
（10）以传统地产思维进入，将遭遇一系列发展和收益的困境。
（11）度假、养生、养老、康疗等新兴产业将成为度假地产的支柱。
（12）产业进入国家战略的基础框架。

看清楚了吧，不是你不勤奋不厉害，而是世界变化太快。你要跟上趋势、形势，不要任性，不要投机心理太重。你没搞好度假地产投资，或者你根本就没有进入度假地产，就把问题归咎于度假地产本身，这叫庸人自扰，叫不识时务。不要还回到几年前的思维框架里寻找度假地产第一波、第二波的机会，第三波不是更好吗？当然，即便进入度假地产，也不要指望一日暴富，度假地产给你的不是这样的机会，它是资源占有型的、稳健成长型的、可持续型的、环境保护型的、人文积淀型的产业，你持有时间越长，它的回报越好。

三、进入度假地产，你需要关注什么

在当前度假地产第三波的大门口，你需要关注些什么呢？我梳理了一下，当前希望进入中国度假地产投资发展的房地产商们，大概需要关注九个方面的问题。

1. 国家战略：在新型城镇化框架内寻求项目的落脚点

去年以来，有一种说法，国家对新型城镇化问题不太关注了。这种观点是错误的。中国还有三四亿需要城镇化的农民，加上三、四线城市楼市的去库存压力问题，国家怎么能不关注这个重大战略了呢？在大城市郊外做度假地产，基本上要涉及农村及小城镇空间，有些人为了省事，总想躲过农村，找一些没有是非的土地，其实没有必要。第一，你基本上躲不过，第二，你为什么要躲呢？介入乡村小城镇发展，有那么多国家扶持性政策，为什么不考虑综合利用呢？就算你做度假地产项目过程中，帮助当地在一定程度上解决了三农问题，这既是国家要求，也是大企业家的品质体现，是积德行善，将来必有更大的回报。

2. 土地制度：在三权分置中做大、做透、做精经营权

在大城市郊外做度假地产，一定会有土地占用问题。现在国家有明文规定：三权分置，所有权是集体的（征地后所有权是国家的），承包权是农民的，经营权是投资者的。投资者不要在农民的承包权问题上太过纠结，农民的承包权事实上就是落地的所有权，你不可能改变，土地承包权也不可能流转到非农业人口手上。那怎么办呢？你就把农民土地承包权整体打包、估值入股就好了，这样，农民既能通过承包权入股获得合理的股权收益，又有机会进入项目公司挣一份工钱，何乐而不为。投资者无论是征来的地，还是租来的地，需要做的只是把你的经营权做大、做透、做精，这一块是受国家法律保护的。

3. 土地性质：导入公司型运营体制以土地性质不变应万变

度假地产的投资者往往有一种顾虑，觉得大城市郊外土地大多都是优质基本农田，性质无法更改，大大影响开发需求。这种思维就太老旧了。现

在，连农民兄弟都能在土地性质不变的前提下，经营出那么多成功的农家乐，怎么来自城里的大投资者竟然面对基本农田性质的土地就一筹莫展呢？首先，你导入了公司型运营体制，土地运营股权化了，农民成了员工，这就有了制度优势；其次，你可以改变农田种植品种，比如，原来种玉米，现在，可以种花卉、药材，可以把一般农田变为美丽的花田，可以把游客引入农业种植活动，成为乡村体验项目，可以把杂乱的乡村变为古朴情调的老乡村，等等。总之，你只需把征用的那一点土地做度假地产项目，其他一律租用，土地性质不变，就地升级，乡村田园，大有可为！

4．投资模式：在整合模式中寻求最佳的共同利益空间

度假地产怎么投资呢？大家首先看到的是华侨城、万达、恒大这些巨无霸企业高达数百亿元、占地数千亩甚至上万亩的投资开发模式。这些模式固然有它的道理，但是，还有更多的模式可以探讨，比如PPP模式。乡村及新型城镇化建设中，很多项目可以通过PPP模式，把政府力量导入进来，落实扶持政策也方便。还有就是和当地农村的合作，他们有土地、有资源、有人力，就是缺钱、缺方向、缺管理运营能力，两者一拍即合。总之，发展大城市郊外度假地产，就是要尽量实施资源、资产的大整合，不要总是想独揽一切，应该在大整合中寻求最佳的共同利益。

5．房产性质：以优境二居和特色一居差异化定位取胜

大城市郊外的度假地产，其房产性质如何定位？首先是第二居所的定位，就是和市民在城里的第一居所差异化定位，第二居所是用于度假的，且有着城里第一居所难以比拟的生态环境优势。其次，如果郊外的房子距离城区在一个小时以内的话，也会有一部分市民把这类房子当第一居所，就是天天回来住。这类居住模式，在综合配套和上班便捷性方面当然不如在城里的房子，但是，它是有特色的，比如环境优美、安静舒适、通常面积较宽敞，等等。这样定位，就能够以差异化取胜。

6．业态取向：高复合度业态有利于管控分化投资风险

我们知道，在20世纪八九十年代，有一些大城市郊外出现一些度假村，其实就是一些度假别墅，这些度假村的特点是，环境很好，业态非常简单，就是一些用于度假的房子，很少配套服务项目。现在的度假地产面临的市场需求完全不一样了，以前的度假村根本无法应对。从业态取向看，应该着眼于发展高复合度的业态组合，比如，把生态保护、农业、养生、养老、康疗、特色文化等整合导入度假地产开发中来，这样，既满足了城市居民的消费度假需求，也有利于管控和分化投资风险。

7．需求依赖：钟摆式需求为主，栖息式候鸟式需求为辅

我之所以在此强调度假地产的大城市郊外的区位属性，就是考虑到它的目标客户需求选择。海南三亚建了很多度假地产房,但是那里没有大城市,所以不是大城市郊外,那么多房子卖给谁呢?大都是北京、东北等北方地区的富裕人群过去买,但三亚毕竟太远,不可能搞"5+2",绝大部分业主一年中只能冬天过去一次,住一段时间,这是典型的候鸟式度假。房子的空置时间怎么办?如果业主愿意,可以纳入度假交换系统,专业机构帮你把空置期的房子利用起来,获得一定的收益分成。我这里讲的度假地产主要开发地是大城市郊外,它的主体度假需求来自毗邻的大城市,一般都有数百万人口以上,甚至上千万人口,市民在这里的度假区买了度假房,距离市区的家一般仅需一个小时上下,非常方便,通常每周都可能过去度假,利用率比较高,这就是钟摆式度假需求。也有少部分市民买了度假房,每天都去住,或者让老人常住,这就构成栖息式居住需求。总体看,中国的度假地产还是要以在大城市郊外发展为主,也就是说,要以钟摆式度假需求为主,以栖息式和候鸟式需求为辅,这是度假地产的内在特征和市场规律决定的。

8. 投资策略:多元化/长流程/巧启动/稳收益/互涵养

度假地产如何投资才能成功?恐怕每个投资度假地产的人都非常关心这个问题。我用五个词表达我的观点:一是多元化。即避免采取单一的、传统的"自有资金+银行贷款"的老套路,应该积极寻求多元化的投融资模式,例如战略性股权投资、职工持股、基金、融资租赁、资产证券化、挂牌新三板、众筹,等等。二是长流程。度假地产一般体量大,不要指望迅速快投快速获得收益,应该设定若干开发期,一步步稳步推进。三是巧启动。一期项目最重要,是要树品牌、出形象、探价位的投资,所以,要做得非常巧,恰到好处。投资太猛,会背上很大包袱;投资太轻,没有影响力。四是稳收益。一定要牢记,不能把在城里单独盖房子的开发模式直接移植到度假地产上来,度假地产不能讲暴利,也不能指望快速推进,一定是稳步推进,稳步收益。五是互涵养。度假地产中的地产部分,可以看作项目收益的"压舱石",而度假旅游部分则是"招牌菜",出财气、聚人气、积名气。两者相得益彰、互为涵养。开发过程也应该相互咬合推进,达到最佳收益。

9. 融资策略:快益靠债、慢益靠股、混益靠债股融合操作

度假地产的融资模式和策略应该根据实际情况实施差异化认定。比如,项目的市场基础良好,预期投资回收较快,可采用银行贷款或其他债务模式为主的模式进行融资开发;预期项目收益较慢,不确定性较大,则可采取股权融资为主的模式,通过分散股权降低融资风险;一般复合性较高的较大型项目,既有回收快的子项目,又有回收慢的子项目,应根据项目有效的投资分期安排,恰当采取债务融资和股权融资相结合、并确定两者合理比例的融

资模式。

我们已经在中国房地产白银时代的概念上面看到了地产商在传统业务领域利润空间收窄的现实，更看到房地产投资开发方向、模式以及市场消费需求模式进入更高阶段的趋势，大城市郊外的度假地产正是这种大趋势的重要表现，也是房地产白银时代的战略机遇增长点。善于捕捉机遇的投资者们，你们要不要在这个具有想象力的新领域展示一下你的视野，施展一下你的潜能？

2016 年 1 月 12 日

旅游地产：转型时刻坦然应对无须回避

最近国内的一个热点无疑是特色小镇。说它热，是因为国家高度重视，推出了 1000 个特色小镇试点，各地趋之若鹜，各类投资商摩拳擦掌、跃跃欲试。官方的解读是，特色小镇不是一般的建制性质的行政镇，而是一个特色产业集聚的空间，以特色小镇的载体形式推进产城一体化和新型城镇化。但我要说的是，事实上，特色小镇在很大程度上仍然是在中国成长了 20 年并且已经大幅度升级的旅游地产，只不过特色小镇的内涵要比以往的旅游地产项目更复杂、更综合、产业要求更高罢了。

近期到各地考察，涉及特色小镇一类的项目时，发现一个很有意思的现象，地方政府官员面对投资者开口讲的都是我们这个项目要如何"高大上"，要投资多少亿元，要成为拉动当地经济文化发展的样板工程，但是，通常只提发展产业，回避提房地产。为什么很多地方大型旅游文化类项目招商面临严峻困难？原因很多，很重要的一条原因就是，当地政府把投资者的核心盈利模式卡死了，什么盈利模式？旅游地产盈利模式。说白了，就是不让投资者盖房子。

与之伴生的另外一个有意思的现象是，那些多年来驰骋在旅游地产领域的大型房地产商面对特色小镇项目或大型文化旅游项目，也都回避提及旅游地产了。比如，中国旅游地产的创立者华侨城集团，近年来提出的发展模式是"文化+旅游+城镇化"，今年以来，在全国大举签约特色小镇项目或大型文化旅游项目，预计未来投资总额将超过 4000 亿元，但所有签约项目中，见不到长期作为基本发展模式的"旅游地产"四个字，显然是在回避"地产"概念。万达集团更是高调宣称退出房地产,王健林对外说,现在最好的投资是旅游业。但是,我注意到,万达投资几百亿元的重大旅游项目中,地产部分占比都很高,而宣传方面文旅部分则高调得多。

表面看来,政府和投资者是很默契了,大家都回避地产,大力推进文化旅游建设,但其实背后在较劲。这恰恰反映了旅游地产的独特机制,就是,旅游产业以及关联的产业链代表了政府保护生态、弘扬文化、发展地方经济的公共诉求,而开发住宅则反映了投资者对于投资收益的综合考量。这两者现在落在了特色小镇头上,缺了哪一面都不现实。政府应该清楚,特色小镇也是旅游地产,这个东西根本没有必要回避,也是回避不了的,甚至是不能人为压缩规模的。而投资者同样应该明白,如果承揽一个特色小镇项目,要比原来简单地做住宅小区复杂得多,首先是保护生态,营造良好环境,发展特色产业,包括发展特色旅游业及各类关联产业,形成人口、资金、信息等经济要素的集聚能力,与此同时为这些集聚的人口包括度假者创造配套适宜的居住条件。

回过头来看,地方政府之所以在旅游地产项目的"地产"部分遮遮掩掩甚至高调回避,也有它的理由。过去一些年来,的确有一些开发商做了"挂羊头卖狗肉"的事情,以旅游的名义向政府低价拿地,结果只是热心盖房子,把旅游及产业发展给人为地"忽略"了。我记得非常清楚,大约10年前,某市引进了国内一个大开发商,低价出让了数千亩位于一个有名的旅游度假区内的土地,希望开发商能够通过旅游地产模式推进这个很不景气的旅游度假区的再发展。结果,开发商把用地中的90%以上做了高尔夫球场及别墅区,还做了一个美轮美奂的欧陆小镇住宅区,赚了大把银子后走人了,剩下几百亩规划中的旅游用地不管了,声称"我们对旅游不是很懂"。政府没办法(当时政府太稚嫩,现在办法多了),只好把这块被遗弃的旅游用地重新转让给一家地方企业。这种情况出现得多了,会让政府对开发商产生一种不信任感,加上全国目前面临的去库存困境,就更让政府不敢在旅游度假区或特色小镇的建设用地上掉以轻心。

看看三、四线城市,地方政府这些年来,为了追求土地财政,大量出让土地,让开发商盖了太多的房子,卖不出去,成了"城市之痛",使国家不得不整出一个全国性的"去库存"战略。由于三、四线城市的去库存,引发了国家对于房地产发展的严控,各地政府几乎对房地产商噤若寒蝉。

特色小镇也罢,旅游度假区也罢,哪怕是什么"基金小镇"之类貌似很专业、很产业化的小镇,它也是小镇,更不用说那些以旅游为基础的特色小镇。凡是小镇,必然是人群集聚和居住的地方,它不是临时性的"集市"或

"墟镇"，人们做完买卖就散去了。小镇一定是长期存在的，就是一个小城市，面积怎么也要有几平方千米，人口怎么也要有几万人，否则就称不上小镇。这么多人长期集聚在这里，怎么能不住下来呢？如果要解决住的问题，恐怕不能任由进城的农民以他们在农村宅基地的方式自己盖房子吧？还得由开发商按照国家规定，以城市建设用地的规范形式盖房子。这个事情难道能回避得了吗？

我们去看看欧洲那些有名的小镇，例如瑞士的达沃斯小镇、因特拉根小镇，法国的依云小镇，意大利的托斯卡纳小镇、波西塔诺小镇，等等，哪个不是风景如画的人居天堂？旅游、产业和人居不但不矛盾，而且从来就是相得益彰的。村、镇、城，都是人类的居住方式，同时也是差异化的产业空间。所谓产城一体化，就是工作生活一体化，既要有产业发展空间，也要有居住生活空间。

现在，一些地方政府官员既想引进投资，又不想让投资者盖房子，这是一个经典的发展悖论，根本做不到。我认为，中国的旅游地产发展到今天，只是面临转型，某种意义上，可以说是方兴未艾。一种前途广大的产业、事业，竟然要被政府强行"变性"，只提搞旅游及产业，不提房地产，这肯定是一种违背规律的行为，是不可持续的，就如三、四线城市盖了太多的房子从而违背了城市发展规律一样。没有产业，只有住宅楼，那叫住宅小区。没有人居，只有产业，那叫产业园区。既有产业，又有人居，那才叫特色小镇。

现在的特色小镇，通常都要占用农村地区的土地进行开发，必然会涉及一些农村村落，涉及农民的安置，所以，特色小镇的房地产就会产生两大类，一类是用于村庄拆迁后的村民安置，另一类是在小镇发展区域内迎合旅游及其他产业发展而配建的高端度假人居。从目前来看，这两类房地产开发的资金投入一般可以占到整个特色小镇总投资的一半左右。如果加上度假酒店等租赁性居住建筑，则投资比例会更大。从发展完整意义上的特色小镇的角度看，这些建筑都是必要的，政府必须坦然应对，无须回避。

特别需要提到的是，特色小镇或其他类型的旅游度假区内的高端地产项目通常都是度假性质的物业，也就是第二居所。在大城市里的有房一族中间，有些人希望到郊外生态环境好的地方另外拥有一套用于度假的房子，形成所谓"5+2"的生活方式，这个需求潜力很大。这种第二居所是特殊类型的房地产开发，与城市型的第一居所没有矛盾，反而具有互补性。

假如政府解决了有关特色小镇及大型旅游度假区内的房地产发展的认识问题，接下来政府需要做的就是把控好产业和住宅的用地比例和投资比例。

产业用地规模和投资规模过大,影响投资者的积极性,居住用地及投资规模过大,会背离特色小镇的发展初衷,不利于小镇的健康合理发展。

转型升级中的旅游地产,遇到了特色小镇,这就创造了新型城镇化的机会,也构成了地方经济转型升级的机会和投资开发者寻求新出路的机会。大家坦然应对,无须回避,让旅游地产内生的互补优良机制在特色小镇开发建设中大显身手,造福于需要继续城市化的广大乡村,造福于需要到乡村小镇休闲度假的都市市民。

2016 年 11 月 21 日

中国旅游地产的发展历程、当前问题及未来策略

一、中国旅游地产发展的三次浪潮

中国旅游地产作为一个明确的产业业态出现,是 20 世纪 90 年代中期的事情,在过往的 20 多年中,已经出现过三次大的发展浪潮,如下所述。

(一)探索型发展模式

这次浪潮发生在 20 世纪 90 年代中期至 21 世纪前 10 年左右,是由大型旅游商创立并主导实施的投资开发模式,主要的开创者为央企华侨城集团及浙江民企宋城集团。这次旅游地产浪潮基本定位为地产保护型的旅游发展模式,"旅游主业、地产保收"是这个模式的基础业态关系。

在当时的条件下,旅游地产还处在初级发展阶段,大型旅游商的介入得到地方政府的强力扶持,这些旅游商大都获得了明显的土地价格优惠,甚至出现过零地价现象,这是第一次浪潮下特定模式成功的政策基石。

第一次浪潮中的旅游地产项目中,通常旅游部分的投入占总投资的比重偏大,最高的项目甚至占到 80% 以上。与此同时,中国房地产业的主流投资力量并没有进入旅游地产领域,旅游地产投资及收益在全国旅游业及房地产业中占比普遍偏低,单个旅游地产项目的获利总量有限,但利润空间较大。

在第一次浪潮中,尽管少数大型旅游商的投资动作不小,也产生了一定的社会影响,但总体看来,无论在产业操作层面,还是在国家政策层面,旅

游地产的产业战略地位尚未显现。

（二）地产化发展模式

2010 年是中国旅游地产产业的一个分水岭，这一年，由于国家对住宅房地产实施了严格的调控政策，导致大批房地产商转而寻求新的投资机会。这时候，他们发现了城市郊外地带的旅游地产可以规避政策调控。于是，大量房地产投资强力进入旅游地产，极大地助推了旅游地产的第二次浪潮，形成了由大型地产商主导实施的投资开发模式。第二次浪潮的基本定位是旅游包装型的地产发展模式，"旅游为名、地产为实"是第二次浪潮模式的基础业态关系。

这次浪潮中，大型地产商纷纷进入旅游地产领域，全国旅游地产总投资额上升速度非常快，达到了每年数千亿元甚至上万亿元的投资规模，一些大地产商，如万达的旅游地产项目，一个项目的投资总额就可以达到数百亿元。

从政府的土地出让政策看，显然政府看到了房地产商以旅游名义拿地的动机，于是，加大了对土地出让的约束力，但由于旅游业投资的正面影响，使得各地在旅游地产政策上仍然有一定的优惠空间。

第二次浪潮的迅猛推进使得旅游地产投资及收益在全国旅游业及房地产业中的占比明显加大，大面积、大投入的大型项目遍布全国，常常能看到一个项目占地达到数平方千米甚至十几、几十平方千米。但是，这次浪潮中的项目，其旅游文化主题定位明显偏弱，更多的是一些常态化的旅游功能的空间集合。从经济效益看，单个项目的获利总量大幅增加，但利润空间收窄了。

大批房地产商的介入使得旅游地产的产业战略地位得到快速上升。

（三）新常态发展模式

以房地产商为主力的旅游地产第二次浪潮由于房地产痕迹太重，使得这一波的发展未能延续很长时间。近两年来，国家鼓励和保护实体经济的发展，对房地产引发的"脱实向虚"现象进行了更加严厉的约束，导致旅游地产迅速进入新常态发展的第三次浪潮，形成由战略投资商主导实施的投资开发模式，基本定位是协调成长型的旅游地产发展模式，"文旅为核、地产相随"成为这次浪潮模式的基础业态关系。

我们注意到，这次浪潮中，政府正在明显强化此类项目的公共价值诉求，旅游创新对于项目摆脱地产依赖、独立盈利的支撑作用也在明显加大。

从旅游地产项目的自身发展看，主题定位成为提升旅游项目文化及商业竞争力的基本依托，地产项目将受到更多的限制和约束，以传统地产思维进入这个产业将遭遇一系列的发展和收益的困境。

这次浪潮的另一个鲜明政策导向是，度假、养生、养老、康疗等新兴产业将成为旅游地产的重点方向，将引导旅游地产实现跨越式发展。旅游地产更多将嵌入特色小镇、美丽乡村建设中去，这个产业也借此进入了国家战略的基础框架。

二、当前中国旅游地产存在的主要问题

尽管旅游地产进入第三次浪潮后，重新获得了发展的巨大机遇和成长空间，但是，仍然面临一系列的困难和问题，概括起来，有如下八大主要问题。

1. 政策的不确定性和不稳定性问题

旅游地产的产业发展首先要面对的是政策问题。现在，房地产受到很大制约，很多房地产项目只能通过产业地产、商业地产、旅游地产等复合型产业链来寻求发展。然而，在各地大力推进旅游业发展过程中，似乎政府更多关注的是旅游业本身的发展，对投资商在旅游项目中植入房地产项目通常都比较敏感，甚至明确拒绝。这就使得旅游地产的发展在政策层面出现不确定性和不稳定性的问题。

事实上，任何一个较大型的旅游项目，例如一个度假区，一个特色小镇，只有旅游项目、没有居住项目，无论从投资收益的角度看，还是从项目的合理性、完整性角度看，都是不合适的。人居是自然会存在的，强行限制人居项目，最后连旅游项目也难以发展。

2. 土地利用面临多重困境的问题

旅游地产项目通常占地很大，从几百亩到数万亩，且大多数在城市外围的乡村或生态环境地带，于是土地禁区出现了：一是往往涉及大量耕地，而耕地是被国家政策"18亿亩红线"禁止的；二是往往涉及生态保护区，例如一级水源保护地、国家森林公园等，这也是被国家政策禁止的。在这些难以利用的土地面前，旅游地产的发展往往处在进退两难的状态。

3. 当地居民的利益平衡问题

旅游地产项目在推进时面临的一个重大问题是与项目地居民的利益平衡。比如，一个项目用地5000亩，可能涉及3个村庄、3000个农民，这就是三农问题。政府和投资者必须率先解决这3个村庄和3000个农民的生存、

安置、福利、就业等一系列问题，处理不好，会引发很大的负面社会效果。

4. 某些类型的项目存在政策限制的问题

旅游地产在过往发展中出现过一些重要的产业类型受到政策限制的问题。例如高尔夫项目，在以往十几年中一直被严格限制，但现实中投资者又对此趋之若鹜，导致违法开发成风，而前年的禁令又导致一批投资商已经建成的高尔夫项目被取缔，造成重大的经济损失。像这种政策限制问题今后还会出现。

5. 项目定位和发展方向的选择问题

目前国内的旅游地产项目存在一个普遍的问题，就是项目的定位不太清晰，缺乏明确的文化主题，只是一些功能的组合。这样，就会出现发展方向的模糊不清，导致项目陷入可持续性成长的困境。

6. 产业结构和盈利模式的选择问题

一个旅游地产项目中，除了地产部分的盈利模式比较简单和明确以外，旅游部分的产业构成复杂，选择什么样的旅游项目进入非常重要，关乎整个项目的盈利前景和可持续发展问题。毕竟地产部分是短期性获利，而长期稳定的收益还是要靠旅游部分，因此，旅游项目的合理选择非常重要。

7. 市场需求的培育和引导问题

旅游地产项目的开发和经营是供给侧的行动，并不是有供给就一定会有需求满足。在现实中，大量存在的问题是，项目推向市场了，需求上不去，长此以往，导致供给收缩，最后终止运营。因此，旅游地产项目也不能盲目上马，必须在产前、产中和产后进行合理的市场培育和需求引导，形成与项目的良性对接。

8. 企业缺乏经验缺乏人才的问题

现在旅游地产项目大量推出，许多原来根本不做这项业务的企业也纷纷加盟，导致专业人才匮乏。很多企业只好强行跨界操作，导致的问题是，违反旅游地产的发展规律、发展方向偏离、投资运营成本大幅上升、经营绩效不佳，等等。

三、未来中国旅游地产的创新策略

已经进入第三次浪潮的中国旅游地产，必须适应当前国家宏观经济发展的战略需要，实施一系列创新，才能维护产业的健康快速发展。下面我从八个方面探讨一下旅游地产的创新策略。

1. 国家战略：在新型城镇化框架内寻求项目的落脚点

当前，从国家战略层面看，显然特色小镇是热点，国家在未来几年内将推出1000个特色小镇试点，估计未来全国会出现上万个各种类型的特色小镇。业界估计，未来的特色小镇中，旅游小镇可能占到70%，这就为旅游地产项目的发展找到了一个巨量的特色发展空间。然而，一个特色小镇的内涵非常丰富，远远超过传统意义上的旅游地产项目，因此，旅游地产项目应该紧紧抓住当前全国特色小镇的开发机遇，尽可能合理嵌入特色小镇的发展中去，以自身的优势支撑特色小镇的成长，同时也得到特色小镇的政策支持，得以合理发展。

2. 土地制度：在三权分置中做大、做透、做精经营权

广大乡村地区是旅游地产项目的主战场。现在国家政策鼓励发展农村旅游，特别是提出"三权分置"的政策，即农村土地的所有权、承包权和经营权的分置，把农村土地从既有的承包权中解放出来，以经营权的产权设置方式把土地分流到社会资本手里，可以大大激活农村土地的价值。旅游地产项目应该在坚持遵守国家农村土地法律法规和符合相关政策的前提下，充分利用国家赋予的土地经营权，合理布局和推进旅游地产项目的开发和运营。

3. 投资模式：在PPP模式中寻求最佳的共同利益空间

旅游地产有多种投资模式，由于旅游业的公共价值偏高，使得目前热络的PPP模式开始有选择地进入旅游地产领域。应该全面梳理旅游地产项目中的公共利益部分，对这部分投资采用PPP模式可能是一种改革和良性发展。关键是要在PPP模式的导入过程中寻求最佳的政府、投资者、社会三者的公共利益空间，以求这种创新型合作的可持续发展。

4. 房产性质：以优境二居和特色一居的差异化定位取胜

旅游地产项目中的居住产品本质上也是用来居住的产品，因此符合国家强调的"房子是用来住的"这个政策导向。但是，它又不是通常意义上的位于城市内部的、作为市民第一居所的常态化住房，旅游地产的房子通常被称为"第二居所"，也就是用于度假的房子。这样，旅游地产的住房将通过以优越的环境条件形成的第二居所实现差异化发展。也有这样的情况，有些旅游地产项目距离城市不远，一些人愿意每天回到这样的房子里常态化居住，这就形成第一居所格局，但是，这样的第一居所拥有优美、安静的环境而不同于城里的房子，因此也形成鲜明的特色，凸显出其独特的价值和成长空间。

5. 业态取向：高复合度业态有利于调控分化投资风险

现在的旅游地产项目，其业态越来越复杂，休闲、娱乐、养生、养老、健康、农业等都融合进来了。这种高复合度业态模式的最大好处是，可以规避投资和市场风险，所谓"东方不亮西方亮"，"不把鸡蛋放在一个篮子

里"。某个时候哪个产业市场行情好，就重点发展哪个产业，实施错位、错时发展。

6. 需求依赖：都市客源和名景客源双重依赖至少一重

旅游地产项目的需求依赖主要有两大类：一类是都市客源依赖，即主要依靠邻近的大城市的居民的消费行为，这意味着项目用地选择需尽量靠近一个大城市或一个城市圈。另外一类是名景客源依赖，即主要依靠项目邻近的大型、有名的旅游景区，以景区分流的客源形成主导性需求。这类旅游地产项目通常属于高端度假型地产，前景广阔，但数量不会很大。

7. 投资策略：大投资/长流程/重启动/巧开发/互涵养

未来的旅游地产项目投资已经明显呈现出五大特点：一是以大投资为主导，一个项目总投资可以达到数百亿元规模，可见大投资商的机会更多；二是项目周期长，通常至少五年时间，甚至十年八年；三是特别重视项目的启动，也就是首期投资，选择如何启动投资往往决定了整个项目成长的稳定性和合理性；四是项目开发模式非常重要，应该采取旅游部分和地产部分频密交互递进的开发模式，以保障投资和收益的平衡；五是形成旅游项目与地产项目相互涵养的良性发展格局。旅游地产项目应该在上述五大特点的基础上积极寻求合理的创新和突破。

8. 融资策略：快益靠债、慢益靠股、混益靠债股融合操作

旅游地产项目一般投资规模都很大，少则十来亿元，多则上百亿元，所以，融资问题很重要。按照一般经验，如果确认一个项目能够较快取得收益，则可以寻求银行贷款等债务融资模式。如果判断项目的盈利速度较慢，则尽量实施股权融资模式，包括实质性股权入股、战略性投资入股、专业基金入股等。如果项目长、中、短期收益均衡存在，则可以采取债、股融合操作的融资模式。总之，融资方面也要不断进行策略性创新，以保障投资安全。

2017 年 4 月 29 日

中国文旅地产的八大困境及对策

春节过得真快，转眼大家又要撸起袖子上阵了。回望过去一年，随着特色文旅小镇、田园综合体等新型重大类项目的快速扩张，文旅地产似乎又找到了新的出路，各路诸侯又跃跃欲试了。但是我们注意到，尽管文旅地产仍然有着巨大的发展前景，但似乎又充满诸多困境。我在这里提出中国文旅地产的八大困境，并提出相应的对策。开年就提困境，似乎不好，但忠言逆耳，有助于今年可能的数千亿元、上万亿元文旅项目的合理投资开发。

一、负面声名之困

去年，在特色小镇等重大政策导向的文旅项目发展中，政策都特别强调要"去地产化"，对房地产严防死守，仿佛房地产业就是专门要给特色小镇项目砸锅似的。这也难怪，这些年来，房地产业一直处在风口浪尖上，不断高企的房价的确让政策和市场对房地产诟病连连，负面声名多多。"去地产化"的政策导向显然对特色小镇、田园综合体等大型项目造成很大压力。

但是，我必须强调，去地产化是完全错误的。特色小镇之所以不同于文旅园区，就在于它是"三生"融合模式，即生态、生产、生活三合一，其中"生活"就是讲有人住，有人消费。住在哪里？当然是住在房子里。按照政策布局，通常一个特色小镇人口在3万左右，按3口之家的标准，就要有1万套住房。何况，还有商业地产、工业地产等。因此，应该正确对待文旅项目中的地产板块的重要价值，不能望文生义，从概念出发约束文旅地产的发展。

二、角色定位之困

文旅地产既然是客观存在，且长期具有重大的发展支撑作用，就应该有明确的角色定位。无论是特色文旅小镇，还是田园综合体，文旅地产都有着不可或缺的地位，但一定是以主导产业为依托，不能用文旅地产替代主导型、特色型产业的发展。因此，我认为，文旅地产的基本定位应该是"产业主导，地产配置"。

三、需求对接之困

特色文旅小镇及田园综合体的文旅地产项目的需求主要有三大类：一是本地农村人口的流入，二是外部迁入的职业人口，三是文旅度假旅居人口。对于一个特色文旅小镇来说，吸引更多的旅居人口购房或租赁式居住是文旅地产发展的本来要义，形成规模化的"第二居所"阵营。现在的问题是，目前国内文旅项目中的第二居所开发与现实需求之间还存在较大的对接困难，海南以及大陆南方地区由于全年气候适宜，开发第二居所，发展候鸟式、钟摆式旅居已成规模，但更多的大城市周边文旅片区开发的第二居所尚未形成气候，旅居消费模式仍需培育。要通过综合配套、精准营销等策略强化需求对接，化解第二居所发展困境。

四、业态供给之困

文旅地产的业态及产品供应多年来一直是以常规度假酒店、度假村、民间旅馆为主角，缺乏丰富多彩的业态供给模式。近年来民宿、小木屋等形式发展得很快，但多数流于表象，没有深入表达民宿应有的主题文化内涵，帐篷营、房车方面，更是"听得楼梯响，鲜见人下来"。至于文旅地产的重头戏——旅居项目，发展很不平衡，海南发展过量，已经严重影响滨海生态环境，而内地城市的郊野旅居项目发展缓慢。文旅地产业态供给需要因城施策，做好平衡发展，尽量通过文旅小镇、田园综合体等大型文旅项目实施，避免供需关系失衡。

五、产业互补之困

文旅地产的重要价值在于，在城镇化浪潮仍然处在高潮之际，在文旅产业处在大发展之际，文旅地产的投资与消费转换速度较快，理论上讲，属于较快回笼资金的投资模式，对于效益产生偏慢的一般文旅项目来说，具有通过回笼快速补充建设资金的重要功能。然而，如果文旅地产定位不当，或遭遇政策管控，就可能降低资金回笼速度，同时降低对文旅产业补充资金的能力。反之，发展缓慢的文旅产业也难以对文旅地产的价格形成有效支撑。

文旅产业和文旅地产之间的产业互补关系非常重要，必须合理确定投资比例和投资节奏，通过营造最佳的产业互补条件，产生最佳的产业互补效果。

六、资金融通之困

目前，中国文旅产业每年的资金需求量都超过上万亿元。想闯进文旅产业的企业非常多，但是，不少企业只是想跑马占地，并没有足够的资金投入，也没有更好的资金融通渠道。这使得一大批项目成了"空架子"，欲罢不能。究其原因，与资金融通渠道不畅、融资模式不灵有直接关系。很多企业习惯了自有资金+银行贷款，不懂得充分利用直接资本市场融资，比如战略投资、财务投资、企业债券、专项基金、资产证券化、新三板、股市 IPO、PPP 等。文旅地产属于重资产项目，资金需求量很大，必须积极拓展融资渠道，包括利用 REITz 基金等手段，高效推进文旅地产的开发。

七、综合效益之困

尽管文旅地产具有快速回笼资金的一般价值，但现实中不一定都是这样，从综合效益的角度看，它和文旅产业及其他配套服务业必须合理配置才能产生良好的效益。

八、持续发展之困

文旅地产的一个重大短板是，它通常与文旅产业不在一个周期通道里，文旅地产往往更快结束周期，一般在 3～5 年内结束，回笼资金涵养文旅产业的影响力有限。如果文旅产业成本较高，短期内难以形成良性盈利模式，而文旅地产的回笼资金补充功能又无法继续相随，整个文旅项目就会出现可持续发展难以为继的问题。因此，应该尽量延长文旅地产的开发期，使之与文旅产业的开发流程尽量实现良性对接，同时加快文旅产业与市场的对接，力争较快实现自我盈利能力，从而减轻对文旅地产的依赖。

在特色文旅小镇、田园综合体等新型文旅产业大平台快速发展的机遇之下，文旅地产仍然具有广阔的发展前景。希望所有介入此类项目投资开发的企业都能利用好文旅地产的天然优势，做好投资结构平衡，实现综合效益的稳定增长。

2018 年 2 月 25 日

由主题公园与房地产的切割政策看旅游地产的发展前景

我今天讲座的题目是：由主题公园与房地产的切割政策看旅游地产的发展前景。为什么要讲这个问题呢？因为我们知道，国家最近对主题公园和房地产有新的政策,这关乎有关行业下一步如何操作的问题,所以我就专门从这个角度和大家交流分享一下。

一、特别政策:严控主题公园周边房地产开发

1. 关于主题公园与房地产切割的特别政策

主题公园与房地产切割的特殊政策,这到底是一个什么政策?我们知道,2018年3月9日,国家发改委等五个部门联合印发了《关于规范主题公园建设发展的指导意见》(以下简称《指导意见》),这个文件一共是五大项、十七条,其中最引人关注的是"有关主题公园和房地产切割"的四处表述。这四处的表述分别是这样的:

第一,"总体要求"中的第二条"基本原则"有一处表述是"防止变形走样、借主题公园大搞房地产开发"。

第二,"科学规划"中的第六条"合理规划布局",表述是"在主题公园周边地区,合理规划酒店、餐饮、购物、娱乐、交通等服务设施建设,控制与主题公园无关的住宅、写字楼等项目。在主题公园园区内,要合理配套商业设施用地面积,不得擅自改变园区土地用途,严禁进行住宅、酒店、写字楼、大型购物中心等房地产开发"。

第三,"严格规范"中的第十条"严控房地产倾向",表述是"各地区要严格控制主题公园周边的房地产开发,从严限制主题公园周边住宅用地比例和建设规模,不得通过调整规划为主题公园项目配套房地产开发用地。主题公园周边的酒店、餐饮、购物、住宅等房地产开发项目,必须单独供地、单独审批,不得与主题公园捆绑供地、捆绑审批,也不得通过在招拍挂制度中设置条件,变相将主题公园与周边房地产捆绑开发。对拟新增立项的主题公园项目要科学论证评估,严格把关审查,防范'假公园真地产'项目"。

第四,"组织实施"中的第十五条"加强组织领导",表述是"要严肃组织查处违反土地用途和建设方案要求、利用主题公园土地开发房地产的行为,防止主题公园房地产化"。

以上四条就是3月9日五部委联合发布的关于"主题公园与房地产切割的特别政策"的指导意见。

2. 对指导意见的看法

对于这个指导意见的出台,我有以下几个看法:

第一,这个指导意见的出台,表明主题公园和房地产捆绑式发展的旅游地产模式,目前来看已经走到"尽头"了。过去十几二十年来,很多主题公

园都捆绑式发展，而且这个势头非常迅猛，这个政策就是明确宣布"不能这样搞了"。

第二，我觉得从全国主题公园发展的现实状况来看，真正有价值、有品牌的主题公园要正常发展，主要还是要依靠自身的不断创新、特色经营、精品服务，不需要依赖房地产。而那些缺乏创新、无心专业化经营和服务的所谓"主题公园"，他们没有盈利空间，甚至面临亏损，不得不依赖房地产填补收益。

第三，凡是依赖房地产的主题公园项目，在房地产项目销售结束后，基本会陷入亏损困境直到关门歇业，这种情况在过去非常多，需要我们高度关注。

第四，主题公园与房地产的切割政策，并不意味着持续了20多年的传统旅游地产模式已经终结，该政策指的仅仅是切割主题公园的旅游业态，但是旅游地产范围很广，这个切割政策还没有、也不可能延伸到特色小镇、度假区等其他类型旅游项目上。在这个问题上，我们还需要保持清醒的判断，不能让这样一个特殊的政策影响到大家对旅游地产的总体判断。

二、中国旅游地产曾经的辉煌

一直以来，我游走于旅游业和房地产业之间，参与过很多旅游地产项目的策划和规划，接下来我就谈谈中国旅游地产曾经经历过的辉煌。

1. 旅游地产的缘起

我还是从国外的旅游地产发展讲起。在全球其他国家特别是发达国家，旅游地产是一个很普遍的现象，应该说是西方工业化、城市化的延伸性产物。随着西方国家两百多年工业化的发展，逐步推动了城市开始集聚化发展。但在这集聚化发展过程中，逆城市化现象开始出现，就是很多人在城市待久了，周末就希望跑到外面的海边、山地、森林等生态、人文资源好的地方休闲度假，于是庞大的旅游地产消费需求产生了。比如欧洲经典的旅游休闲度假地方有阿尔卑斯、地中海等。在此基础上，依托这些著名的休闲度假地，出现了大量的度假型的酒店、公寓、别墅等，更多的人会在节假日前来休闲住宿甚至是买房，这样就形成了西方的旅游地产。

当然，我们也看到国外的旅游地产，应该说欧洲是发源地，但在"二战"之后进入了和平年代，全球旅游地产就出现了大发展，从欧洲到美国等全球其他国家。应该说，旅游地产是"由点到面""由资源旅游空间到多元旅游空间"的拓展，比如美国的迪士尼乐园，在这个主题公园周边有着不同形式、多种类型的投资主体，他们很多都开发了旅游地产项目。

2. 中国旅游地产发端于华侨城主题乐园

中国的旅游地产发展，按照现在的历史总结来看，发端于华侨城的主题乐园。我们都知道，20世纪90年代初，华侨城的锦绣中华、中国民俗文化村、世界之窗、欢乐谷等主题乐园，一个接一个开始发展起来。到90年代中期，华侨城推出世界之窗产品，当时在国内就非常火爆。华侨城趁着这个趋势，在这个基础上继续扩张，在长沙推出了世界之窗这个产品。

华侨城在20世纪90年代前期做主题公园，就是单纯地做主题公园和旅游产业，并没有什么旅游地产的概念。但是到90年代中期，长沙世界之窗推出以后就出现了"水土不服"的问题，就是深圳世界之窗很火爆，而长沙世界之窗就没有达到预期的效果，甚至很长时间处于亏损状态。当时华侨城也是非常头疼，并且寻找解决办法。后来华侨城发现一个现象，就是有些房地产商在世界之窗周围盖了房子，而且这些房子都卖得很好。

当时华侨城很惊讶，主题公园经营不理想，怎么周边的房子销售那么好？所以华侨城做了一个详细调查，发现住户购买主题公园旁边的房子，主要是靠近世界之窗会显得很有文化品位，而且氛围很热闹，不少人就喜欢这种氛围，所以世界之窗周边的房子很好销售。这就给了华侨城很大的启发：如果单做主题公园不能获得很好的经济回报，自己为什么不在主题公园周边建房子？至少可以弥补主题公园的损失。

后来，华侨城在开发主题公园或旅游度假区的过程中，就争取拿到土地来盖房子，地产的收益可以弥补文化旅游项目暂时的收益困境。因为旅游项目是一个慢收益项目，不可能像房地产那么快回收资金，而且中国正处于急速的城市化进程中，房地产市场拥有巨大的需求。所以华侨城经过调研和实践，就慢慢形成把房地产作为旅游慢收益的补充的投入产出关系。从那时开始，中国的主题公园和住宅之间，就有了主题公园和地产之间的捆绑式的发展模式。

自此以后，华侨城拉开了旅游地产的序幕，并且在这20多年来，旅游地产模式也成了华侨城的核心竞争力。不仅仅是华侨城，自从华侨城的旅游地产模式之后，很快弥漫到全国很多旅游项目上来，大量的房地产企业和旅游企业都开始采取这种旅游地产模式。

3. 华侨城旅游地产的崛起之路

华侨城总部在深圳，占地面积4.8平方千米，当时这块地是政府批给华侨城的，由国务院侨办主办的企业。华侨城起步之初是做工业，当时华侨城拿到的地是工业用地，但华侨城总部在发展过程中，旅游业做得非常出色，所以就开始由工业向旅游业转变。华侨城位于城市中间,所以华侨城的旅游项目是从城市型开始的。

华侨城在发展过程中,有一个重要人物起到很关键的作用,他就是新加坡著名的设计师孟大强先生,他颠覆性的规划理念和设计奠定了华侨城高品质的环境和居住形象。在孟大强先生的规划下,华侨城的整个片区连居住、休闲和主题公园,巧妙地有机结合在一起,其中的道路体系、服务体系做得非常景观化和舒适,代表了当时国内高水平的城市规划设计。我们注意到,华侨城陆续推出了非常有品质和特色的文化旅游项目,结合高端小区设计,勾勒出了华侨城高尚的人居形象。到目前为止,华侨城片区依然是深圳豪宅最密集的地区,也是生活环境最好的片区,为华侨城的城市型旅游地产奠定了重要基础。

华侨城本部前期旅游地产的实践,为华侨城创造了丰厚的回报,也形成了华侨城旅游地产的开发模式,成为华侨城长期的核心竞争力。总体来讲,华侨城的旅游项目深度打造文化形象和品牌形象,而房地产项目能够快速回笼资金。华侨城的旅游和地产两者形成了鲜明的优势互补格局,这既满足了"政府提高城市文化价值和形象"的目的,也完成了"开发商追求投资收益"的目的,双方的需求都在旅游地产项目里得到了完美整合。

而且,华侨城的旅游地产模式赢得了政府的高度信任,所以华侨城品牌以地产商的名义得到了各地政府的大力扶持。尤其在20世纪90年代后期到21世纪最初几年,差不多10年的时间是华侨城旅游地产高速扩张的时代,应该说这是"一路绿灯",各地政府给华侨城大力度的政策优惠和关照,这段时间是华侨城做旅游地产的黄金时代。

4. 华侨城城市型旅游地产模式——欢乐谷模式

华侨城两大旅游地产模式之一,就是城市型的旅游地产模式,其代表是欢乐谷的主题公园模式。华侨城的欢乐谷起步于深圳,后来逐步延伸到北京、上海、成都等国内多个大城市。这种城市型模式的大型主题公园,一般位于城市内部或者城市的边缘地带,通常项目占地在100～200公顷之间,容积率低于一般的城市小区。这种旅游地产模式的城市住宅区具有明显的城市休闲娱乐功能和价值,以城市型的主题公园为主题,周边配套建设一些公寓小区,无法像城市周边度假区那样建设低密度的别墅。这种旅游地产模式对周边的综合配套设施要求比较高,尽管这是旅游地产项目,但要求按照城市住宅来配置,所以项目对学校、医疗、教育、商业等都有要求。

5. 华侨城郊野型旅游地产模式——东部华侨城模式

华侨城旅游地产的第二种模式叫郊野型模式,以深圳的东部华侨城为模板。华侨城当初做了多个主题公园后，明显感觉到在城市中间一直缺少一个生态型的旅游度假区。华侨城就开始寻找深圳的郊野地块，最后找到了地段非常好的深圳大梅沙与三洲田片区，在这个 9 平方千米的地方开始做山地生态型的旅游度假区项目。后来，华侨城的郊野型项目开始延伸到云南、江苏、武汉等地，这两年就延伸到全国更多地方。

这种生态型旅游项目一般处于城市外围的郊野地带，大概距离城市半小时到一小时的车程。华侨城早年做旅游项目的标准是不能低于 500 万人口的大城市，因为他们认为主题公园适合高密度消费人流，如果离大城市太远，可能对主题公园或旅游度假区的发展不利。所以，华侨城建设这样的生态型旅游度假区时，基本上控制在半小时到一小时车程的距离，东部华侨城离市区就是半小时的车程。同时，华侨城要求生态环境好，比如有山有水有河流，这样要求的话，东部华侨城的面积就比城市的主题公园面积大得多。

全国其他地方的生态型旅游项目面积比较大，基本上是数百公顷到 1000 公顷，容积率明显低于城市型的主题公园项目。这种生态型的大型旅游度假区，还有明显的郊野休闲度假功能和价值，以生态度假旅游为主题，辅之以别墅等度假养生型高端住宅区。像这种生态型旅游项目，在城市型主题公园周边，肯定没有条件做地产，更不用说建低密度的别墅，东部华侨城超过 80% 是别墅，还有一小部分度假公寓。生态型旅游度假区不会按照城市模式做综合配套要求，不会要求在房子周边配套建幼儿园、医疗、商业等，但也会有一些初级配套以及简单的小型医疗等。严格来说，城市综合配套不是生态型旅游度假区的标配，而且住户也不会提出这些要求，所以生态型旅游地产距离城市的距离在一个小时内，其中的别墅和高端公寓依然可以成为人们的第二居所。

东部华侨城整体投资 100 多亿元，这个项目的投资结构倾向于文旅类，因为文化旅游类的投资占据总投资 80% 以上，地产的投资仅占不到 20%，但实际收益上，东部华侨城的文旅和地产刚好反过来，地产收益占到 80%，文旅类收益仅占 20%，这种特殊结构是华侨城最初创造生态旅游度假区的探索，我认为以后再也不会出现这个比例的旅游地产项目。目前来看，华侨城的旅游地产结构都转变过来了，目前对地产的投资基本超过一半，甚至高达 60%～70%。

6. 中国旅游地产的大扩张

在华侨城旅游地产模式的基础上，全国各地旅游地产开始出现大扩张，时间主要是从 2010 年开始。在 2010 年以前，国家调控还没有"风暴式"地出现，所以当时国内的地产商主要精力还是集中在城市内开发大型房地产产品，没有心思做旅游地产，甚至他们对旅游地产没有任何概念。但是 2010 年以后，国家的调控政策明显加强，2010 年当年的调控就导致国内很多地产商开始寻找新的出路，地产商的投资开始从一、二线城市转向三、四线城市，造成三、四线城市房地产大发展，导致后来不少三、四线城市出现供过于求的格局。另外，由于城市郊外的休闲地带有大量机会做旅游地产，所以 2010 年以后中国旅游地产出现大发展，加之受国家房地产调整政策影响，很多房地产商是被迫进入旅游地产领域。

这时候的旅游地产已经不是早期的"地产服务文旅"，比如华侨城最初不是为了主业做地产，而是希望地产快速回笼资金，从而反哺旅游业。在华侨城旅游地产模式之后，2010 年开始，大规模的地产商开始进入旅游地产领域，而这个时候不再是地产"服务"旅游，而是旅游"包装"地产了，由此开始也成为旅游地产领域的主流业态。我认为，这个时候的旅游地产业态已经"走偏"了，成了以旅游为名的地产模式，这改变了整个旅游地产方向。的确，这个时候的旅游地产确实极大拉升了产业扩张空间，因为大型地产商以不同方式迅速进入地产领域。大家耳熟能详的有：雅居乐的海南清水湾项目、万达的长白山项目、万达的西双版纳项目、万科的浙江良渚文化村、金融街的广东巽寮湾滨海旅游度假区、碧桂园的惠东十里银滩项目等，这些都是地产商的旅游地产经典项目。

在这个阶段，全国旅游地产总投资额上升速度非常快，旅游地产项目每年的投资额高达数千亿元。这些年来，政府对于这种地产商大规模拿地，相比华侨城最初的年代，在政策上已经不断加强了约束力。但我们可以发现，对于一些经济实力较弱的地方，像广东惠东就大量出让旅游地产用地，因为地方政府经济实力弱，所以他们还是非常愿意吸引地产商拿地做旅游地产项目，2010 年以后这种现象尤为明显。

这个阶段，旅游地产的投资和收益在全国旅游业及房地产业的占比明显加大，大面积、大投入的大型项目遍布全国，诸如万达、万科、恒大等地产商主导的项目，投资额常常高达二三百亿元。但这些由地产商主导的大型旅游地产项目中，他们的旅游文化主题定位偏弱，文旅的创新能力不足，更多是旅游功能集合的格局，比如是温泉、酒店、别墅等功能的集合。这些旅游地产项目的模式大同小异，这说明这些地产商实际无心恋战于旅游业，他们其实就是以旅游为名去拿地盖房子，目标都很明确。去年以来地产界的绿城集团建设的小镇实则也是地产小镇，后来国家对特色小镇的地产化倾向也加大了管制。这些地产商就是明显地以旅游的名义推进地产发展，这对旅游业造成了很大影响。

当然，旅游地产的产业规模巨大，投资总量和项目规模都创造了中国旅游业之最。所以从这点来看，旅游业的产业战略地位，总体上得到了比较大幅度的提升，这是我们不能否认的。

7. 目前为止中国旅游地产的四大模式

到目前为止，我们所看到的中国旅游地产主要有四大模式：

第一种是"主题公园+地产"模式。典型代表是运营商开发的华侨城等主题公园，但后来由于其他地产模式的介入，导致主题公园不堪重负，所以国家政策已经叫停了这种模式。

第二种是"知名景区+地产"模式。目前来看，大型房地产商介入开发居多，因为知名景区本身就有卖门票的号召力，地产商拿到地后不需要大投入开发旅游，而是可以直接盖房子，大大省下了旅游项目支出。这种模式会由于旅游业开发不到位，直接影响到地产业的市场行情，比如万达长白山旅游区。

第三种是"文旅小镇+地产"模式。这种模式的投资者多元化，所以文旅和地产的投资占比不同。如果是地产商投资建设的项目，那房地产占的比例就偏高；如果是旅游商投资的项目，它的旅游占比就偏高。这两年多来，国家要推1000个特色小镇，其中至少30%是文旅小镇，而文旅小镇通常也有地产，所以国家对特色小镇的地产倾向还是比较警惕。但国家对特色小镇还没有限制做地产，只是说不能单一做地产，从实际经营的情况来看，地产商的项目中地产占比还是更高。北京的古北水镇属于旅游精品小镇，其实也有房地产项目存在。

第四种是"度假区+地产"模式。这种模式的投资也是多元化的，地产投资者投资的项目，地产占比偏高；度假区投资的项目中，度假区的占比就偏高。我们现在看到南方大部分度假区地产项目，比如海南、广东等地的滨海度假区项目是热门，目前以地产商投资为主，如雅居乐的海南清水湾项目、碧桂园的广东大亚湾项目等，都是"度假区+地产"模式的典型。

三、当前中国旅游地产面临的困境

1. 当前房地产的高压式调控已经波及旅游地产领域

大家应该首先看到一个大趋势，国家的宏观调控很严，尤其是房地产调控。旅游地产毕竟是地产的一种形式，在这个宏观调控大环境下，旅游地产也没办法回避。所以我们看到部分旅游地产过热的地区，他的产业发展势头受到明显遏制，比如海南。我们知道，当年海南提出国际旅游岛政策后，海南的滨海旅游地产也过热发展，如今已经造成了滨海资源的失衡利用和环境的破坏。

在这次国际旅游岛之后，海南各个沿海城市大规模出让土地，提供滨海用地给房地产商开发度假地产，包括大家熟悉的三亚市。应该说到目前，海南剩下的沿海土地已经非常少，环岛沿海各个城市的土地大部分已被地产商占领，在这种格局下，政府在政策上开始严格管控了。

最近，自由贸易港政策提出后，海南实施全岛限购，在这种楼市冻结的格局下，旅游地产遭遇了严重低潮。最新的旅游地产高压政策，就是国家不久前出台的关于切割主题公园和房地产的政策，我认为，这个政策完全是中断了旅游业中的"主题公园+地产"模式。

2. 土地利用面临多重困境的问题

目前来看，国家原有的土地优惠政策已经大大压缩。我们知道，在早年华侨城最热闹的年代，以及地产商介入旅游地产领域的初期，推出大面积土地，以旅游名义开发房地产的做法，各地政府还是比较支持的，但如今这种方式已经慢慢被取消。另外，农村地区的土地利用成本也逐年上升，因为近年来文旅小镇发展迅速，很多旅游项目都向农村地区扩展，特别是大城市周边农村的土地成本上升更快，这就给利用农村土地来做旅游地产的地产商带来了很大压力。

当然，农村地区还有一个明显限制就是，旅游地产项目的建设用地面积，受到耕地保护等方面的限制，这个冲突现象非常普遍。我在全国各地做项目，每次涉及农村地区土地就面临这个问题，因为农村耕地是不能动的。但旅游项目要涵盖进来，就会有很多政策限制，所以有时候我们不得不采取迂回或是中间路线的办法来解决问题，但显然这方面的困难越来越大。所以我觉得做旅游地产，无论是到农村还是按照原有的通道，土地方面的政策限制已经越来越多。

3. 旅游地产项目大多缺乏基于文旅产业的创新

旅游地产项目大多数缺乏基于文旅产业的创新，这也是旅游地产根本的弊病，文旅产业创新动力不足。大多数的旅游地产项目，他们把收益的重心放在房地产的住宅部分，对文旅部分的创新缺乏重视。而大多数旅游地产项目投资开发时，也缺乏明确的文化主题定位，就是我们所讲的IP。不少项目的主导方向都是没有或很弱的，更多的是功能集合，所以这样的项目可替代性太强，克隆复制的雷同概率大。所以缺乏旅游创新，这是过往旅游地产面临的根本性问题。

国内的旅游地产项目是不是就完全没有创新？其实有些项目还是在努

力，争取做出创新的，但通常由于有大量的地产项目来给他们提供经济收益，所以凡是地产分量重的这些旅游地产项目，通常旅游项目的创新能量、力度和积极性都不太高，创新的价值也比较肤浅，缺乏文化深度和特色，很容易趋于同质性。这是我们所知道的，旅游项目非常大的一个毛病，就是旅游创新严重缺乏。

4. 近年来大型文旅项目普遍发生与特定政策冲突的情况

近年来，大型文旅项目普遍发生与特色政策冲突的情况，应该说这个问题是比较突出的，比如说大家耳熟能详的高尔夫项目。高尔夫项目通常在休闲度假项目里比较多，在那些年里面开发得很多，但其中十个项目可能仅有一个是国家批准的，其他项目都是违规操作。前两年，高尔夫项目遭遇了严格禁令，连带的别墅项目也受到很大的限制。

但这对国家的旅游业发展以及生态休闲环境来说是一件好事。客观上来讲，出台这些禁令限令政策背后的原因，很大部分是由于旅游地产项目对环境造成了破坏，所以国家出台政策进行限制。比如云南洱海旁边有一个度假地产项目，的确对洱海的生态环境造成了很大的压力，所以当地政府就出台限令，这也造成了政企关系的紧张。

5. 多数旅游地产项目存在产业配置和盈利模式的不当选择问题

地产和旅游部分项目本应该是一种长期和短期收益互补平衡的搭配关系，但在实际投资中，我们发现两方往往缺乏合理配置，它们之间的比例是多少才合适？像我在前面讲到的东部华侨城的旅游地产是8∶2的比例关系，这就对后期旅游部分的资金回收造成麻烦，因为地产部分比例少，资金回收非常慢，结果导致项目很长时间内处于亏损状态。经历了漫长的逐步盈利的过程，可以说东部华侨城在地产项目销售结束后旅游项目的经营压力是很大的。

除了产业投资结构配置不当的问题，还有一个开发流程配置的问题。什么叫开发流程配置问题？比如一个大项目投资几十亿元甚至上百亿元，它一定是分期先后开发的。那么问题来了，项目第一期应该开发什么，每一期开发应该配套什么？很多人在投资旅游地产项目时，中间的搭配出现很大问题。比如第一期不该开发的项目，最后投资了很多钱去建设这些项目，结果影响到后来的收益了。所以每期中间的比例配置都应该形成开发流程的合理配置，这对旅游地产项目开发非常重要。

6. 旅游地产项目的开发供给与市场需求衔接上存在问题

我们知道，旅游地产的居住本质是休闲度假的第二居所。在我们国家，度假区休闲居住需求目前还处在起步阶段，大多数人只是在城里买套房，还没想到在郊外买一套度假屋。那目前的问题来了，旅游度假区的第二居所在部分热点地区的阶段性供应太快，比如广东大亚湾高达几千万平方米的开发量，超过了当年的实际需求，这样就会出现阶段性的供过于求，这些房子就卖得比较困难，包括云南、广东等地方都存在这样的问题。

第二个衔接问题就是，部分旅游地产项目选择远离大城市的偏远地区来投资。华侨城当初投资定位在 500 万人口大城市，我认为这是非常有道理的。因为对旅游地产项目而言，当需求还没有跟上的时候，地产商选择开车需 3～4 小时以外的地区来开发，这就很可能出现市场需求衔接问题。当然，如果项目地有比如黄山这样重量级的旅游资源，在这周边盖房子也许还有需求。但如果没有这种旅游资源，而是需要自己开发创新，那这个项目的风险就非常大，可能导致市场需求脱节。因为这些地方根本没有购房居住的需求。

7. 华侨城三位前高管对旅游地产困境的看法

最近，我和华侨城的三位前高管，就旅游地产困境和发展问题分别做了沟通，我想在这里把这三位前领导的观点给大家讲一讲。

第一位是华侨城控股公司的前高管。他表示："华侨城在国内最早开发旅游地产，原来发展得很好，可惜后来很多地产商进入，以文旅的名义拿地，然后只盖房子却把文旅项目晾在一边。这类问题在国内并不少，这样的话政府就不再支持旅游地产了。但旅游地产还是有前景的，主要是需求是客观存在的。问题出现在什么地方？这个需求很不平衡，文旅项目中的度假住宅利用率很低，又没有很好的办法来解决，这一点应该认真研究和解决。"

第二位高管是华侨城欢乐谷的前高管。这位高管说："主题公园是为人们提供欢乐体验、欢乐氛围的寓教于乐场所，主题公园本身与酒店、地产等没有直接关系，不过在开发过程中，为了平衡投资收益，需要对这些产业进行必要的配置。主题公园能否取得很好的发展，从本质上看，还是要看自身的市场需求，看市场对它欢迎的程度。只要主题公园受社会大众认可，可以释放人的压力和带来欢乐，那市场就会接纳它，有生命力的主题公园和其他产业没有直接关系。"

第三位是东部华侨城的前高管。这位高管如今在某大型生态旅游区担任高管，所以他的观点就直接谈他现在就职的旅游区。他介绍："我们的文旅项目建筑面积是 50 多万平方米，地产项目的建筑面积是 100 多万平方米，所以地产项目收益占据 80% 以上，文旅项目收益就低很多。但地产项目对整个文旅项目起到非常重要的平衡作用，我们的工作重心也在文旅项目上，而且文旅项目资源丰富，游客很满意。在这种格局下，我认为旅游地产仍然具有很大的前景，但这些年来很多地产商进入文旅领域，他们打着文旅的幌子，走的却完全是地产的路。如今政府打压这种不正常现象是对的，市场需要规范。"

四、关于中国旅游地产前景的八个研判

1. 旅游地产刚起步不久，未来前景广阔

我对旅游地产的一个综合研判是：旅游地产刚起步不久，未来前景广阔。我认为，中国旅游地产尽管处于起步期，依然有着不少问题和困难，包括政府的限制、管控等内部问题，这是非常明确且没有必要回避的。但我们必须看到，旅游地产的发展和壮大是时代的产物，中国经济发展到今天，人均GDP已经达到9000美元，按照国际标准中国已经进入到休闲度假时代。

在休闲度假时代，无论是旅游还是地产，一定要有休闲度假产品来满足人的需要，这是一个时代的产物，是不以人的意志为转移的。过去20多年的发展经验表明，旅游业和地产业之间有着非常强的互动、互补、共生的关系，只要旅游地产配置合理和良性运作，就具有可持续性发展的广阔空间。综上而言，我的第一个研判是：中国旅游产业前景十分广阔。

2. 旅游地产未来的发展将更加理性、稳健

我认为旅游地产未来发展会更加理性和稳健。过去这些年，旅游地产掺杂了太多不良的操作模式和思维，导致现在看到旅游地产出现困难。过去20多年来，中国房地产出现了严重的投机、爆炒、房价暴涨的现象，给国民经济发展带来威胁。所以国家对房地产发展多次采取严格的调控政策，并且波及了旅游地产。作为新生事物，旅游地产本不应受到政策打压，但旅游地产毕竟是地产的一部分，就必然受到政策的波及和影响。

我认为中国地产在未来相当长的时间内，仍然会受到政策的约束和调控。在旅游地产领域，国家将通过一系列政策措施，把房地产部分纳入为文旅产业发展保驾护航的轨道上。所以旅游地产的未来方向是，通过政策管控，让房地产服务文旅，而不是像2010年后地产商打着旅游旗号拿地盖房子的模式，国家也不会再允许这种地产模式存在，地产应该为文旅项目更好地发展保驾护航。与之相适应，未来旅游地产项目中的地产投资活动将变得很"低调"，不再像过去那样炒作房地产，而是变得更加理性和稳健。尽管地产变得更"低调"，但在收益上仍无法改变其扮演"主力军"的角色。

3. 主题公园与房地产的切割政策不会影响旅游地产的整体发展

国家关于主题公园与房地产的剥离切割政策，是针对主题公园投资者实施的产业配置的约束，事实上并不会影响同区域其他项目的开发。比如美国

的迪士尼是专做主题公园的，但这并不影响它进入中国上海后，政府批准其项目用地中配置房地产部分，包括酒店、商业、住宅等。现在地产部分与主题公园建设被切割开了，但仍然难以限制其他地产商在附近地带盖房子。

另外，这个政策更不是否定旅游地产的客观存在，主题公园以外的其他旅游项目中，旅游地产项目仍然会以多种形式存在，并且将向高端度假地产方向发展，诸如江河湖海度假区、温泉度假区、文旅小镇、乡村田园度假区等，这些地方都非常适合旅游地产切入。其中最引人关注、潜力最大的发展空间，就是大城市周边0.5～1小时车程的环城地带，这些地方是旅游地产的黄金圈。在这个黄金圈上，如果有便捷的交通、通畅的通信、优美的生态资源和深厚的人文资源等，必将形成大城市外围独具魅力的规模化文旅休闲度假目的地。

4. 未来旅游地产的发展将受到政策和市场双重引导

目前，旅游地产发展中存在两种极端的观点和行为：第一种来自旅游地产的投资界，特别是地产商，他们固执地利用文旅产业平台来操作房地产，这是他们非常熟悉的领域。客观上，他们给旅游地产的健康发展带来了负面影响，现在很多限制就是由于这种错误的投资行为导致的。第二种极端的观点来自社会舆论，有些人固执地认为，搞旅游地产就是"假文旅真地产"，应该坚决取缔或严格限制。我觉得这两种观点和倾向都是有失偏颇的。

我认为，我们不能把旅游地产等同于一般地产，旅游地产既有作为居住商业功能载体的房地产业态，同时还是作为文化旅游、主题游乐、休闲度假功能载体的文旅业态，这两大业态是相互支撑和相互促进的关系。未来的旅游地产将在政策和市场的双重引导下合理稳健推进，我觉得这是应该遵循的大方向。

5. 旅游地产的发展将以度假型第二居所为核心价值点

旅游地产项目中的房地产部分，应该作为居住消费的第二居所出现，这种居住形式适合国民经济及城市化发展的更高阶段，更是人类物质和精神生活迈向更高阶段的伴生物。中国已经进入到休闲度假时代，人的消费达到更高阶段，就需要更高的居住形态，这也必然产生越来越多第二居所的度假消费需求。

未来城市的高品质生活有个重要标志，不仅在城市市区拥有一套舒适的第一居所，而且还要在城市周边生态环境良好、人文底蕴深厚的度假地，拥有一套优美的第二居所。我认为，在中国进入休闲度假的时代，城里的第一居所和郊外的第二居所可能慢慢成为高端生活的标配，这种标配人居将逐步成为城市人的高端刚性需求，不是我们想象的奢侈需求。

6. 旅游地产将在多元业态互动整合中发展

我认为，未来的旅游地产将在多元业态互动整合中发展。我们知道，旅游地产商在开发建设大型旅游度假区过程中，旅游地产业态将会更加丰富，包括游乐类、休闲类、度假类、养生类、养老类、康养类、商业类、居住类等，这些业态类型丰富且优势互补，未来将会形成多种业态互相整合发展的趋势。

7. 旅游地产项目未来将更多地通过创新模式寻求发展

旅游地产具有广阔发展前景的同时，地产部分的发展又会受到严格的政策管控和限制，这必然驱使旅游业内部创新，因为旅游业不创新，地产部分就会被限制得比较多。这样的话，地产部分带来的创收速度也会受到影响，这就迫使旅游部分必须想办法创新，让旅游能够快速发展和产生更多收益。所以，未来的旅游项目就需要有更多深度的创意，找到自己的 IP，建立自己的品牌，才能在地产收益减弱的情况下寻找到自身突破的内在路径。

在这种发展格局之下，意味着未来国内大批缺乏创新和底蕴的旅游项目，在地产项目受到政策严格限制之后，可能面临大规模收缩，甚至是剔除旅游部分，否则就要亏本。因为那些旅游项目太缺乏创新，也没有创新能力。而少部分真正具有创新底蕴的旅游项目，在投资保障下将得到重视和发展，迈向规模化、品牌化发展的方向。

8. 旅游地产将通过更广的投融资渠道获得发展

旅游地产项目中的地产部分受到政策挤压后，因为地产部分的重要作用是回笼资金和涵养文化旅游，同时地产也有着融资的需求。在地产受到挤压后，文旅项目的发展资金将普遍面临困难，不少大型文旅项目策划越做越大，投资额几十亿元甚至上百亿元的项目比比皆是。但如果没有地产的支撑，或者缺少地产支撑，文旅项目的钱从哪里来？我前面说过可以通过文旅创新，但文旅创新是个"慢功夫"，且风险较大。

地产受限制和自我创新困难的双重障碍迫使旅游投资者在更广的投融资领域寻找支撑，以替代地产回笼资金的方式。这些投融资渠道包括：通过嫁接大型专项基金发展，寻求大型战略投资者，寻求发行债券，通过大规模资产证券化，通过融资租赁方式降低投资运营成本，按照资本市场要求启动 IPO 融资发展，等等。

以上是我从国家对主题公园和地产切割政策引发的对中国旅游地产未来发展走势的综合研判。我的观点不一定正确，仅供参考，希望大家互相交流，听到更多更好的意见。

2018 年 6 月 9 日

第三章　各地文旅产业发展态势

关于阿拉善旅游发展的几点思考

应内蒙古阿拉善旅游局的邀请，我于2015年5月18日至20日对阿拉善旅游进行了考察。此行考察了广宗寺（南寺）、福因寺（北寺）、腾格里沙漠月亮湖景区、定远营、阿拉善博物馆等项目，只能算走马观花，阿拉善更加壮观的巴丹吉林沙漠、额济纳胡杨林、居延海等，因时间关系无法考察，只能留到今后了。尽管行色匆匆，浮光掠影，但阿拉善仍然给我留下深刻印象，下面就是一些初步的感想和思考。

第一，阿拉善是"现实强资源、潜在强需求"的旅游发展格局，需要三条线同时强力升级。强资源自不待说，从全球看是第一个沙漠世界地质公园，这块牌很强，但现实需求没上来，去年游客总量也不过330多万人次。事实上，很多人知道阿拉善，但印象中那地方是荒漠，有沙尘暴，很遥远，不好去，也就不去了。这说明，潜在需求很大。阿拉善未来要做的是，三条线同时强力升级：第一条是重点资源的强力包装整合，制造全球高端旅游产品；第二条是强力提升可进入性，包括航空、高铁、高速公路，这些是国家行为，也许我们一时难以做到，但不能等，尽力申请，能要到多少算多少；第三条是强化对外品牌推广，首先是加大盟财政经费的支出，从现在的年1000万元提升到3000万元，以后逐年增加，其次是拓展推广渠道，不能只利用中央电视台，这条通道实际效果在递减，应尽量加大网络推广，这种现代渠道的实际影响力日益强大。

第二，旅游形象语应整合。过去阿拉善讲"中国秘境"，现在是"苍天圣地"。我觉得旅游的灵魂就是"神秘性"，因为神秘，所以想去看，因为神秘，所以想去体验。阿拉善可以说是中国最后的神秘宝地了，为什么要丢掉"中国秘境"呢？我认为，应该把旅游形象语改为"中国秘境，大漠苍天"。让阿拉善永远在世人心中保持神秘感，人们就永远想来阿拉善探秘。雄浑沙漠是阿拉善旅游的底盘，几乎所有的重大项目都和沙漠有关，在旅游形象语中最好出现沙漠字眼,用"大漠"是形象的,再融入已有的"苍天",就恰当了。

第三,改变对传统资源的评价方向。目前阿拉善在全国最熟知的基本印象并不是巴丹吉林沙漠、额济纳胡杨林等,而是沙尘暴!阿拉善被称为中国沙尘暴的故乡。以往阿拉善人总觉得沙尘暴是负面形象,总是想回避这个现象,其实根本没有这个必要。从科学角度看,沙尘暴是有其巨大生态价值的,任何人希图改变沙尘暴,都是违反科学、违反自然规律的愚蠢行为。我认为,阿拉善恰恰应该公正对待沙尘暴,既然是沙尘暴的故乡,何不把它作为旅游观光体验的重要内容?完全可以把沙尘暴作为沙漠世界地质公园的重点开发项目,让全世界的人都来观赏、体验,和沙尘暴对话。

第四,当前的重点是抓几个重大项目的策划。阿拉善已经做过几次旅游规划了,表面上的情况、资源情况、总体战略及布局都很清楚了,不要总在表面上徘徊,要深入下去。怎么深入?不能眉毛胡子一把抓,也没有那么多精力、财力、人手和时间,我认为,对于盟里来说,关键是抓几个核心项目,要全力抓,一抓到底,只要抓到位,阿拉善旅游就起来了。其他中小型项目让各旗、镇、村、企业、个体去抓。盟里抓哪几个呢?我觉得较远的、名气较大的肯定是巴丹吉林沙漠、额济纳胡杨林、居延海,但是,离巴彦浩特较近的地方也同样能开发几个重要的项目,其中,腾格里沙漠应该有代表性项目,现在的月亮湖应该属于此类,但感觉内涵和分量不够,还须大力创新;还有贺兰山、两个大峡谷;我最看好的还有一个项目,那就是广宗寺,下面一点单独讲。

第五,把广宗寺开发为巴彦浩特片区、阿拉善东部最重要的项目。阿拉善在文化宗教方面属于藏传佛教区,有寺庙十多处,较大的如南寺、北寺等。而流淌在这些寺庙和广大的阿拉善地区的最令人关注的藏传佛教历史文化是六世达赖仓央嘉措的故事。他在阿拉善地区待了30多年,圆寂于阿拉善,其中,广宗寺(南寺)最重要。一方面,这座历史上恢宏的寺庙是仓央嘉措亲自设计的;另一方面,这里曾经珍藏着仓央嘉措的肉身,"文革"期间其肉身被烧后,目前仍珍藏了他的骨灰。仓央嘉措是藏传佛教史上最杰出的文化使者和诗人,其众多诗词在中国广为流传,特别受到年轻人的喜爱。这样一位藏传佛教的核心人物和文学巨人在阿拉善特别是在南寺有如此厚重的积淀,完全有理由按照仓央嘉措当时设计的蓝图,把南寺打造为国内堪比大昭寺、塔尔寺、拉卜楞寺的著名藏传佛教寺院,至少要恢复到"文革"前的规模和水平。

第六,所有重点项目,不仅要建成优质的观光点,更要深度打造为主题突出的度假体验型项目。用更多特色型的居住方式把游客留下来，如蒙古包、帐篷、木屋、集装箱、树屋、岩居、船屋、房车等。以这些多姿多彩的居住业态为基础，形成多个沙漠和贺兰山腹地的特色型度假体验小镇，使之成为阿拉善大旅游的多元要素空间载体。

第七，以开放的姿态吸引更多的外部民间资本进入阿拉善进行重大旅游项目的投资开发，包括多级资本市场融资、嫁接国内大型旅游基金、推进众筹融资模式等。

第八，积极推进智慧旅游发展，在资源利用、项目投资运营管理、旅游服务、市场营销等一系列领域导入大数据、云计算、移动互联网、智能化管理等现代科技手段和策略。

我希望有机会再赴阿拉善，深度参与一些重大项目的策划规划和投资开发顾问活动。我相信，阿拉善的旅游业未来几年将有非常大的增长，如果运作到位，2020年游客量冲到1000万人次、旅游收入冲到80亿～100亿元并不只是梦想。祝阿拉善旅游发展得更好！

2015 年 5 月 25 日

永川旅游要争主动、靠市场

重庆市永川区过去20年来，经济建设和城市建设突飞猛进，旅游业也获得较快发展。但与周边县区相比，仍然有很多不足。我认为，永川旅游要顺应当前全国旅游发展的战略走势，积极争取主动，依托市场，真正迈出跨越式发展的步伐。

永川旅游争主动，就要扩优避劣，除旧图新，敢于挑战。我从以下六点做分析。

第一，成渝旅游市场崛起，居于成渝之间的永川优势凸显。永川的突出优势是位于成都和重庆主城之间，这两大城市的旅游需求都能辐射到永川。成渝地区正在成为中国经济发展的第四轴心和发动机，这里有天府之国的文化根基，本土居民具有传统休闲消费习惯。成渝作为西南地区经济发展高地，数千万基础客源休闲度假需求强劲。成渝都市圈的休闲度假消费需求正在进入常态化。风靡全国的农家乐就是由成渝走向全国的。永川居于成渝中间地带，拥有吸纳成渝都市圈休闲客源的独特优势。

第二，政策鼓励下重庆各区县旅游发展势头迅猛。重庆的旅游宣传主导语是"重庆，非去不可"，作为城市旅游营销的成功用语，近年来在全国影响深远。重庆市政府对全市及各区县旅游的差异化发展高度重视，各区县均强力推进休闲度假旅游业的发展，出现了不少成功案例，如沙坪坝歌乐山国际慢城、万达文旅城，等等。永川的茶山竹海、黄瓜山等旅游景区景点基础也很好，需要更多的政策鼓励。

第三，永川旅游的基础条件和需求正在发生重大改善。永川在重庆主城一小时黄金圈，是休闲度假最佳空间距离，永川密集的高铁高速大交通格局对旅游发展极为重要。城市快速发展促使北部箕山和南部黄瓜山生态休闲价值日益凸显，越来越多的生态休闲需求和居住需求在向两山地区渗透，永川南北两大生态旅游区对城市基础设施的共享需求日益迫切。永川城市管理服务软环境也越来越适应旅游投资便捷进入了。

第四，永川固有旅游资源整体特色不足意味着旅游创新潜力巨大。永川自然人文旅游资源缺乏稀缺性乃至唯一性价值，旅游资源的先天不足促使永川必须依托后天的旅游创新发展产业。而多年来推出的旅游产品在市场上缺乏稳定性、扩张性和可持续性。旅游创新要讲资源基础、市场依托、超前价值和更新属性，永川旅游创新的重点方向在于高端特色型的休闲度假领域。

第五，永川要大力推进北部箕山片区和南部黄瓜山片区旅游的差异化发展。永川旅游发展空间非常明确：北看箕山，南看黄瓜山。21世纪以来两山旅游均有长足发展，但仍未走出初级发展通道。2014年的茶山竹海及乐和乐都旅游区规划力图实现两山发展突破，两年来的事实表明，这种空间捆绑式的规划和操作并不理想。两山的旅游资源和发展模式都有很大差别，差异化发展才是王道，永川应以更大视野和魄力，强力推进两山分别进行各具特色的旅游规划和开发。

第六，永川要建立成渝都市圈中间地带最有特色和吸引力的度假基地。成渝都市圈的第一需求动力是成渝两大主城消费群，成渝之间的中小城市城区是成渝双向需求共享的优势供应带。在吸纳成渝市场需求方面，永川目前处于相对靠前的位置。永川两山旅游的关键是如何让更多游客前来、住下来、多住几天甚至常住，要让成渝都市圈的游客认同永川就是中间地带最有特色和吸引力的度假基地。

永川旅游靠市场，就是让市场化真正成为推进永川旅游业走向强大的基础力量。对此我有如下三点分析。

其一，什么是永川旅游发展需要的市场化？市场化是和政府行政机制相对应的一种发展动力机制，是永川旅游发展中的一种基础性的推进机制，其最大特点是直接根据旅游供需关系来确定发展模式。市场化明确追求发展三效（效率、效能及效益）的最大化。政府的任务不是替代市场化，而是服务和管控市场化的协调发展。永川旅游多年来政府管控远大于市场化，这势必影响旅游发展的效率和效益。永川必须放手让市场战略投资力量扮演主角实现旅游发展的实质性突破。

其二，永川旅游市场动能迅速显化，应保护、鼓励和大力扶持。永川旅游发展中的市场化内生动力正在迅速爆发，近年来永川南部片区旅游产业的市场化发展动能尤为强劲，永川应根据最新的市场发展态势尽快调整滞后的永川旅游规划，应及时总结南部片区旅游市场化发展的经验，出台相关政策给予更大的政策扶持，鼓励和扶持民营企业大力开展旅游创新，努力培育几家有规模有影响有品牌的旅游企业。

其三，旅游地产是市场化推进永川南部片区全域旅游发展的重要平衡模式。旅游地产是国内所有重大旅游项目必然采取的开发模式，旅游提升项目公共利益价值，地产形成快速回笼资金能力，两者互为支撑。永川南部片区是以生态休闲旅游为本底的产城一体化融合区，目前已经有一批较大型项目在开发中，相信在特色化旅游和旅游地产模式下，南部黄瓜山片区必将成为永川经济的新亮点。

2016 年 7 月 8 日

何处最岭南？当属西樵山

我从北方南下广东已经整整 25 年了。既然来到这个孕育岭南文化的地方，就自然对这种特殊的文化产生了兴趣，但坦率地讲，我一直没有真正去深入理解什么是岭南文化的灵魂。近日因参加佛山南海西樵山的一个论坛演讲，就去查资料，翻开资料刚要看，一行醒目的字就映入眼帘："文翰西樵最岭南。"岭南这么大，凭什么你西樵山"最岭南"？于是开始仔细研读这座仅仅海拔 346 米高、却被列入广东四大名山的理学名山，不学不知道，一学吓一跳，原来这看上去并不起眼的西樵山竟然深藏着如此丰富的文化底蕴，我一下子从多年有关"岭南文化"的迷惑中间醒悟过来了，可以说，西樵山让我真正明白了什么是岭南文化的精髓！

我还是先列出几个显赫的人名吧，这可都是西樵山文化的价值所在：陈白沙，王阳明学的先导者、岭南理学第一人；康有为，清末戊戌变法领袖；戴鸿慈，中国近代首位司法部长；詹天佑，中国近代工程之父；黄飞鸿，中华南派武术洪拳宗师；叶问，中华咏春拳宗师；陈启沅，中国民族工业先驱……还有很多，实在无法都列出来了。

与那些博大精深的中原文化、三秦文化、齐鲁文化、三晋文化、燕京文化、江南文化、湖湘文化、川渝文化等相比，岭南文化的成型相对较晚。以中华文化发源地的视角看，中原、内陆、黄河、长江才是农耕时代的中华故土，靠海的地方都是荒野边境，而岭南一带正是由于靠海，过去被称为"南蛮"之地，是非常边缘的地方，是"天高皇帝远"的地方，早期历史上的各朝各代从来不把岭南这荒蛮之地当回事。直到宋代以后，由于多次大移民，北方移民带来了劳动人口和先进的农耕技术及生产方式，加上后来陆续发展起来的海洋贸易，这个南蛮之地才真正兴旺起来。明清之后，随着对外通商、海上贸易的日渐重要，昔日这个边陲之地的岭南，其文化在传统的、以陆地文化为核心价值的中华文化中形成崛起之势。

显然，单讲农耕文化无法解读岭南文化，单讲海洋文化也无法解读岭南文化。岭南文化的经济和产业根基在于这二者的有机结合，即：在农耕文化和海洋文化的长期融合中，海上贸易和对外交往培育了岭南地区人民的开放性格和价值取向，形成了岭南地区独特的人文价值观，这种独特的人文价值观就是我们所说的"岭南文化"的精髓，而岭南文化精神价值观的集大成地就在南海的西樵山。

为什么是西樵山？因为岭南文化需要一种理论上的价值解读，明清以来最重要的理论解读任务就落在了西樵山，那里建立了众多的理学书院，专门讲解中国先秦儒学、程朱理学、陆王理学，特别是结合岭南实际的岭南理学。而就是这个在西樵山上各个书院大行其道的岭南理学最受欢迎，影响最大，可以说，西樵山颠覆了中国的传统理学。明清时期的西樵山承载了中国日渐南移的理学风潮，最重要的是，在这里，由于受到岭南地区特有的渔农产业和海上贸易的务实价值观侵染，原有的体现国家至理哲学的孔孟儒学、程朱理学和陆王理学，传承到西樵山时，形成了非常接地气的岭南理学模式，我把它称为"商政理学"。可以说，西樵山上的商政理学是真正解读独特的岭南文化的一把钥匙。西樵山之所以被称为"理学名山"，功盖于此。

所谓"商政理学"，是说作为精神文化的理学在岭南地区对农商和政治形成了直接的影响，成为影响岭南商政实际的应用哲学，也构成了独特的岭南理学。从农商角度看，明代海上贸易活跃已经凸显广东的商业文化价值和地位，而岭南理学特别强调"格物致知""知行合一"，讲求探索农商以及海上贸易的规律，强调"诚意正心""修己治人"，讲求商业诚信，先管好自己冉去管理社会。在岭南，在广东，在南海，在西樵，内敛的儒商已经变得十分开放，用一般意义上的"儒商"已经很难解读他们了，我把岭南地区这种将开放的商政理学价值带入农商以及海上贸易活动中去的商人称为"理商"。

明代正德、嘉靖年间，西樵山上形成了名扬内外的"三公四院"，即由湛若水、霍韬和方献夫三位著名的岭南理学大师创办的大科书院、云谷书院、石泉书院和四峰书院等四大书院，成为弘扬岭南理学和岭南文化的核心场所，这三公本人家庭都与当时岭南地区特有的农商贸易产业有着根深蒂固的关系，所以他们宣讲的理学带有浓郁的岭南理商文化特色。

从政治角度看，就更加清晰了。有一个现象，从清代到民国，中国政治文化的重心似乎南移到广东来了。无论戊戌变法的康有为、梁启超，还是辛亥革命的孙中山，无不出自广东。大家可能不知道，康有为也是西樵山的理学书院培养出来的。清乾隆五十四年，也就是1789年，西樵山成立了著名的三湖书院，那一年，在欧洲发生了震惊世界的法国大革命，那是法国资产阶级推翻封建贵族王朝统治的一场革命，而中国广东西樵山上同时出现的三湖书院也具有了这样的萌芽政治意识，开始培育开明政治精神。很多年后，康有为来到三湖书院学习，并且把在此学到的商政理学和维新思想贯彻到后来的戊戌变法中去，由此，西樵山又成为"戊戌摇篮"。我们知道，西方近代发生了基督教伦理与资本主义精神的融合，推动了近代以来资本主义的发展；而岭南西樵山的理学实践表明，中国也曾发生过商政理学与资本主义精神的融合，推动了近代以来中国早期资本主义的发展。

由此看来，西樵山可谓"山不在高，有仙则名"。西樵山承载了丰厚的岭南文化，包括商政理学、农耕文化、海洋文化、贸易文化、近代政治、广东特色等内容，可以说，西樵山是承载岭南文化的核心支撑点和解读岭南文化的最佳切入点。

稍有遗憾的是，多年来西樵山在发展中未能充分凸显它应有的独特价值和地位。未来无论是发展旅游业，还是拓展其他领域，西樵山都应该紧紧抓住其曾经敢于颠覆中国传统理学、成就独特的岭南"理学名山"的传统优势，以商政理学价值观重新提炼西樵山文化主题，让"岭南首山，理学名山，理商樵山"成为西樵山新的品牌形象。应该制定以商政理学为文化主题的西樵山发展战略及总体规划，全力打造国内独一无二的商政理学文化旅游度假区，以当代改革先锋之魄力，做明代学者方豪所说的"天下之西樵"，以岭南五百年海洋文明的底蕴，继续做"珠江文明的灯塔"，以理学名山

"文脉""商脉"相结合的特性整合西樵山各类文旅资源，实现综合效益大幅提升，助推西樵山的再次腾飞。

也许，我需要经常去西樵山上走一走，看一看，就是想追逐一下那些创立了岭南商政理学的先哲们的脚步，领略一下"得风气之先"的广东迈向改革开放先锋地带的历史源头的风采，汲取一点岭南文化和商政理学的精华，作为一个文化人和新岭南人，我觉得这实在是一种文化享受。这样，我也如东坡先生所说"不辞长作岭南人"了。

2016年11月7日

从神圣的蓝毗尼出发，追寻中华佛文化的弘扬之路

一、佛源，佛缘

多年来，不断有机会参与主持一些和佛教文化有关的旅游开发项目的策划工作，其间陆续阅读了一些佛教文化的书籍和资料，这些阅读对我的策划工作有很大的帮助。然而，已经存在了两千多年的佛教文化浩如烟海，博大精深，一直以来感觉都是处在雾里看花的状态。佛教文化的精髓到底是什么？似乎总是隔着一层膜。我想到，当年东晋法显、盛唐玄奘为什么要不辞辛苦迁往西天取经？除了求得真经著述之外，很重要的原因在于，在佛教发源地亲身感受一下佛陀在两千多年前诞生、成长、寻道、成道、布道直至涅槃的卓绝生命历程。我不是佛教徒，当然用不着去求真经著述，但是，如果有机会像法显、玄奘那样踏上西行之路，去佛祖释迦牟尼出生的蓝毗尼花园以及佛祖成道圆觉的那棵神圣的菩提树下亲自体验一下，一定会有助于加深我对佛教文化的理解，有助于我把佛教文化旅游项目做得更好。

机会来了。去年11月，我开始主持国内一个著名佛教文化旅游区的总体策划方案编制工作。新年伊始，我随当地政府组织的考察团前往佛祖释迦牟尼诞生地和故里所在国——尼泊尔进行了为期五天的考察。当然，我们不用像法显、玄奘那样历经千难万险，翻越葱岭高山，耗费那么长的时间，现代航空交通手段仅用两个多小时就轻松地让我们抵达了航程目的地——尼泊尔首都加德满都。在途中，我们还穿越了世界屋脊喜马拉雅山上空，通过机

舱窗口远眺了雄伟的珠穆朗玛峰，而这种震撼体验是法显、玄奘们无法企及的，让人深感世事沧桑，斗转星移。

这次考察，按照行程安排，未能去成位于印度菩提迦耶佛祖成道时的菩提树下，但是去了佛祖诞生地蓝毗尼花园、佛祖故里、佛祖成道后首次返乡与父母妻儿相见的遗址地、佛祖涅槃后安放了八分之一舍利子的最大安放地覆土古塔遗址，等等。想想全球亿万僧侣信徒终其一生都没有机会亲往拜谒佛祖诞生地及故里，我一个佛门之外的人却实现了，也就很满足了。在这次具有特别意义的考察中，我通过现场体验和情境化的感悟，对佛教文化有了更进一步的理解。

蓝毗尼花园，这个在佛教徒心中的圣地，面积达7平方千米，已经被联合国教科文组织确定为世界文化遗产。目前，十多个国家在那里修建具有各国风格的佛寺庙宇，其中包括中国已经投资建成的中华寺。当然，蓝毗尼的最大号召力就是佛祖诞生地，那个诞生的具体地点已经以释迦牟尼母亲的名义盖起了摩耶夫人庙，拜谒、参观的人络绎不绝。那里还有摩耶夫人在诞下释迦牟尼之前洗浴的圣池、阿育王柱、佛塔遗址等古迹。不断有僧众信徒在蓝毗尼花园的高大树冠下席地而坐，跟随法师诵经习法，以求在这神圣的佛祖诞生地得到佛祖的庇护，追寻佛的真谛。

在蓝毗尼花园，我深切地感受到了那种强大的佛教文化气场，它让我一个佛门之外的普通人也想闭目合十，打坐体验。我虽然不是在诵经，但我的确是在佛源之地感受佛缘，一种源于佛祖诞生的神圣情景在我脑海里久久荡漾。

二、佛义，佛异

在几天的考察中，我一直在思考一个问题：佛教文化存在的价值到底是什么？成道后的释迦牟尼一生都在做一件伟大的事情，那就是普度众生。然而两千多年后，我在他的家乡尼泊尔看到的情景是，经济发展仍然十分落后，民众的生活仍然贫困，尼泊尔仍然是一个在全球发展中比较落后的国家。再环顾一下四周那些国民多信奉佛教的东南亚、南亚国家，似乎落后者居多。与此同时，东亚日本、韩国、新加坡等国家，信奉佛教的人也不少，这些国家却都比较发达。中国的佛教文化自汉代以来，起起落落，目前进入新的快速发展时期，佛教事业得到国家的大力保护和扶持。与此同时，过去30多年的改革开放，也大幅提升了国民的富裕程度，现在中国东部和南部地区的经济发展水平大都超越"四小龙"了。

可见，佛教文化的弘传并不直接与民众及国家的富裕程度存在关系。无论贫富，都会有大德高僧的存在，都会有善行超度和因果法则的存在。

此次考察，我最大的认知深化是，那些南传佛教国家与中国这个汉传佛教国家以及日本、韩国这些东亚国家之间，在"此生修行，来世好报"的佛教理念上出现了一种明显的历史性分歧。南传佛教国家，还有藏传佛教的中国西藏等地，历史上深受佛教来世论的影响，淡看今生，厚待来世，人们现实生活的进取心比较淡然，宁愿守身修行，不愿落入"俗套"，宁愿过清淡日子，不愿破坏佛教传统规程。而中国在弘扬佛教文化来世基本理念的同时，一百多年来以各种方式受到本国现世传统儒道文化以及西方工业文明及其精神文化的影响，更加看重今世的发展和进步。中国在盛唐时期出现的以"禅"为体的佛教中国化，其本质是佛教精神价值的现世化和民间化，在这种具有强烈反差的来世现世理念引导下，中国等东亚国家与南亚、东南亚国家就出现了比较大的发展分化。

我想我们不必过于追问佛教所言的"来世"是不是真实存在，而是要领悟佛教一贯引导人们积德行善、恪守因果规律的实践价值。从佛教文化所弘传的这个意义上看，一个城市，一个地区，一个国家，其实都是由具体的人来领导和管理的，这些人管理着几万、几十万、几百万甚至亿万人，他们更应该有慈悲的情怀和行善的蓝图，因为他们的社会责任更大，因果法则对他们的约束力更大。由此可以得出一个结论：发展得好不好、民众生活有没有充分改善的地方，不在于那里是否存在一种类似佛教文化的精神力量，而在于当地的领袖有没有坚定地、有效地贯彻一种类似佛教文化一样的精神力量，有没有去如实推进善行之举，让当地取得良好的发展，让民众的生活明显改善。

三、佛由、佛游

我是一个文化旅游项目的策划工作者，也许我今生都无法认知和达致佛教来世论传递的崇高境界，我唯有默默守候今世。在这个纷繁复杂的当今世界，我能做的就是，为渴望幸福生活的人们创意一个个值得前往的文化旅游项目，让人们在工作之余能够徜徉在这些文化旅游地，放松身心，感受和体验生活的美好。我想，这也是佛陀的本愿吧。

让人欣慰的是，在中国，在佛教文化传播的任何一个地方，佛从来不寂寞，甚至已经成为一种独特的理由，一种人生中不可缺失的精神理由。多年来，逐渐富裕起来的人们开始更多地追求精神世界的丰沛和充实，于是，佛教文化的每一处圣地都变成了旅游者的胜地，千千万万的人们，信佛的、不信佛的，都会自发地前往那些大大小小的佛庙、寺院从事拜谒、做法事、祈福等活动，以求精神升华、人生平安。每年大年初一，到当地佛寺烧头炷香已经成为一种具有典范文化意义的民俗活动。在中国，从四大菩萨道场到五大佛教石窟，从南海观音到法门寺佛指舍利塔圣地，到处都是人潮涌动，佛教文化旅游已经成为一种时尚、一种渴望、一种生活、一种源于文化底蕴的追求。

当我在蓝毗尼花园和佛祖故里看到朝拜和旅游的人们那虔诚而淡定的面容，谨慎而坚定的步履，执着而从容的心态，我就明白了佛的力量。这是一种文化的定力，一种精神的召唤，一种价值的回归，当人们的步履踏入佛教文化圣地那一刻，他们已经与佛祖的普度众生一脉相承，必然把自己导入人类从善如流的修炼历程中去。让人人都能恪守社会精神价值，规范行为准则，佛教文化推崇这种人生目标，国家和社会管理者自然会尊重佛教文化。

就让我们从神圣的蓝毗尼出发，去不断追寻中华佛文化的弘扬之路吧，路漫漫其修远兮，吾将上下而求索！

2017 年 1 月 8 日

侯马如何建设中国手艺小镇？

一、侯马为什么要紧紧抓住特色小镇建设的重大机遇

在侯马 2600 多年的城市发展历史上曾有过三次重大历史机遇：

第一次，侯马建都。

公元前 585 年，晋景公以新田"土厚水深，居之不疾，有汾、浍以流其恶，且民从教，十世之利"，将晋国都城自今翼城县境迁至新田（今侯马市区），称为新绛。春秋五霸之首，晋国之都。至公元前 376 年，韩、赵、魏三分其地，静公废为庶人，晋国绝祀，共历 13 公，209 年。

晋国国都给侯马留下的是王者风范。

第二次，侯马设驿。

明洪武八年（1375 年），绛州金台驿迁此，设侯马驿，北接平阳府，直

达幽燕，南出铁岭关，通往秦、豫、蜀、楚，为北方最大的驿站之一。因配备马匹多，过往的朝政要员多在此食宿等候，换乘马匹，故称侯马。从此拉开侯马大交通序幕。

侯马设驿给侯马留下的是五省通衢。

第三次，大市之梦。

1956年10月成立侯马市筹备处，1957年12月撤销。1958年8月曲沃、新绛、汾城三县合并为侯马市，属晋南专区，1962年因国民经济暂时困难，侯马市下马缓建。1963年5月，恢复曲沃县，县政府驻侯马。1971年7月，国务院批准析出曲沃县5个公社恢复侯马市，属临汾地区。1971年8月1日，侯马市与曲沃县分署办公，曲沃县址迁回新城。2000年11月1日，临汾撤地设市，县级侯马市改由山西省直辖、地级临汾市代管。

大市之梦给侯马留下的是大城架构。

两千多年来的三次重大机遇一直深刻影响着侯马人的言行和期待，这就是：让侯马强大起来！

而侯马的现实是：县级市，220平方千米，30万人口，100多亿元GDP。20世纪八九十年代义乌在学侯马，现在义乌很强大，侯马仍然很弱小。

有着王者血统、强大交通系统和大城市架构的侯马，一直在等待机会再次强大起来。这次国家特色小镇战略来了，侯马当然不能错过！

对于侯马这样的中小城市来说，特色小镇建设是国家多年来明确推出的唯一一次重大发展机会，未来很长时间内可能都不会再有来自国家层面的其他重大的发展机会。从侯马自身的发展看，错失这次特色小镇发展的重大机遇，将重回传统的、无特色的、被动的发展通道，继续原有的被长期边缘化的尴尬处境。

当前，周边地区乃至全国都在大力推进特色小镇建设，目前实际在申报的特色小镇已经过千个，侯马不能坐以待毙。目前是推进特色小镇发展的最佳时间窗口，必须全力投入、集中投入战略考量、时间、精力和适当财力，高效推进侯马的中国手艺小镇建设。

目前的主要问题是，如何让侯马的广大干部充分认识到建设特色小镇的重大意义，具体到侯马来说就是建设中国手艺小镇的重大意义，现在的关键是大家必须要有充分的信心，坚定不移地推进这项重大事业的发展。

二、为什么说中国手艺小镇是侯马崛起的一次重要机会

侯马开发中国手艺小镇就是搭上国家特色小镇战略的顺风车，是侯马特

色化城市发展的绝佳机会。未来几年，住建部1000个特色小镇，发改委千企千镇，都是重大的政策红利。

侯马最大的优势就是大交通、大物流、大商贸平台的优势，侯马一直在寻求最大限度利用这个优势的发展模式，例如曾经尝试发展过的小商品模式、一般工业品模式、重型产业链产品模式等，但都不太理想，至今大交通系统的产能和流量远远不足，急需寻找到最佳发展模式，最大限度激活大交通系统，为侯马带来巨大红利。中国手艺小镇就是这样的能够最大限度发挥侯马优势的产业模式和平台。

大力推进中国手艺小镇的建设，能给侯马带来一举两得的重大效果：一方面通过手艺小镇激活侯马优势的历史文化主题，通过开放式、集约化地发展手艺文化产业、民俗文化产业、文旅产业、健康养生产业等现代消费型产业，大力提升侯马的城市化发展水平。另一方面，以新型产业和能量充分激活和填充沉淀已久的侯马庞大的大交通、大物流、大商贸系统，让侯马真正实现以点带面，形成向周边地区、向全国、向"一带一路"国际空间深度、向全方位拓展和辐射的宏伟局面，从而让侯马真正壮大起来，强大起来，让侯马应该有的中心价值真正体现出来。

从国内外的对比看，中国手艺小镇也是侯马不可替代的发展机会，全国目前还没有这样的小镇，所以，建设中国手艺小镇对侯马来说，就是一场深刻的革命，是革侯马的传统发展模式之命，是革侯马落后发展观点之命。

三、中国手艺小镇到底是什么

概括起来说，我给侯马所要建设的中国手艺小镇的定位是：

（1）从战略目标看，是世界文创东方盛地，中国手艺第一名城。中国手艺小镇是全国唯一的以本土手艺文化、民俗文化为基础、以国内外全手艺文化、民俗文化及全产业链为主题的国家级主题文旅产业中心城镇。

（2）是侯马大力推进新经济、实现跨越式发展的核心项目。

（3）是侯马实现"强大侯马"历史夙愿的关键战略。

（4）是重现国都繁华、大驿通衢的一次重大机遇。

（5）是让外界重新认识、评估侯马价值的绝佳机会。

（6）是侯马以文化兴市、以旅游旺市的超级实践。

（7）是侯马推进以人为本的新型城镇化的大胆尝试。

（8）是侯马未来产业结构调整的重点方向和新的经济增长点。

（9）是侯马全体市民可以多样化参与的城市生活体验。

（10）是中外客商和游客可以尽情领略中国传统文化的重要平台。

四、侯马在中国手艺小镇发展上已经做了哪些重要的工作

侯马市委、市政府对建设中国手艺小镇高度重视，顺势而为，提出了开发中国手艺小镇的战略决策和推进策略。执行层面动作快，已经通过省里和国家发改委协调，列入了千企千镇计划，已经和一批国家级机构签订合作协议，注册了相关域名。已经采纳了我们提出的"手艺侯马，工匠中国"的侯马城市新形象定位。

目前，侯马正在编制中国手艺小镇策划方案及可行性研究报告。我们在原有有关小镇功能区定位的基础上，进一步提出了中国手艺小镇"一大街区，七大基地"的七星伴月大格局，一大街区就是中国手艺风情街，七大基地就是锦茂国际文创基地、新田府邸非遗文化基地、晋园文化艺术品展示交易基地、方略国际文化产品进出口加工自贸基地、通盛文创健康养生基地、中国手艺技术培训教育基地、生态温泉旅游度假基地。这是小镇基本的产业布局和功能组团架构。

未来在此基础上，产业链还将延伸到侯马广大的腹地。而通过侯马的大交通、大物流、大商贸通道，更将延伸到周边地区、全国、"一带一路"国际大通道中。

五、关于中国手艺小镇，下一步侯马应该怎么做

政府是整个项目的引领者，必须在政府各个层面、各个部门内部形成高度统一的认识，并据此强化小镇建设指挥部组织系统，形成可行的、可靠的、接地气的行动计划。

要尽快拿出一个完整的、高水平的中国手艺小镇的战略规划蓝图，据此进行深度规划和设计对接、政策投放对接、投融资对接、启动操作对接、开发运营对接，等等。

要继续在临汾市、山西省、国家层面争取相关的政策和人脉的深度支持，甚至要在国际上寻求相关国际组织的支持，并争取建立长期合作关系。

考虑到中国手艺小镇的意义重大、内容深刻、建设周期长，需要市政府建立一个涵盖各个领域的专家顾问队伍，为小镇建设不断提供智力支持。

要采取适当策略，率先开展必要的前期推广宣传，这个不能等，比如，目前急需推出中国国际手艺博览会、中国手艺国际高峰论坛等大型、高端活动平台，为侯马中国手艺小镇大力造势、铺垫。同时，积极创办中国手艺联盟，形成侯马在手艺文化和产业领域的中心地位。

对中国手艺小镇特别是作为小镇核心的风情街区所在的地段及周边地区进行大规模的环境整治和必要的空间梳理，为下一步小镇的无障碍建设腾挪空间。同时，对列入小镇的七大基地的投资建设情况开展调研，有效引导这些已有投资逐步纳入小镇统一架构和主题发展方向上来。

组织专门力量，全面搜集侯马及晋南地区手艺文化的基础资料，调查侯马及晋南地区手艺产业的发展现状，同时全方位了解侯马及晋南地区的民俗风情资料，为小镇的投资开发做好摸清家底的准备工作。

多渠道建立合理的、符合侯马建设中国手艺小镇战略需要的投融资模式，让真正能够为小镇建设做出实际贡献的、有价值的、规模化的资金进入侯马，成功推进小镇的投资开发。

一个未来实现文化立市的大侯马、一个美好的中国手艺小镇的繁荣前景正在不断呈现在大家面前。尽管仍然面临诸多重大的困难、问题和障碍，但是，面对困境、挑战和威胁，侯马没有任何选择，只能义无反顾、坚定地走下去。要对中国手艺小镇的发展前景充满信心，大家共同努力，通过中国手艺小镇的建设，共同开创侯马经济、文化、社会发展的全新局面，真正实现强大侯马的战略目标！

2017 年 6 月 21 日

广东如何成功推进特色文旅小镇建设？

当前，全国特色小镇建设进入高潮期。经济排名居于全国前列的广东，在这次全国发展特色小镇的热潮下，如何既顺应大趋势，又扎扎实实迈出成功步伐？本文就广东推进特色文旅小镇的问题提出五点初步思考，供大家参考。

一、坚持固有的理性、务实精神是广东发展特色文旅小镇的价值所在

时下的全国特色小镇开发热来得有点猛，各地纷纷上报名额，抢夺资

源，若干大投资商甚至声称要开发 100 个特色小镇。如此"大跃进"的动向不免令人担心，毕竟建设特色小镇是一场比眼光、比耐力、比智慧、比实力的长期较量，来不得半点虚伪和花腔。我估计，三年之后，目前的特色小镇投资热将会趋于平稳，那些扎猛入水的投资者将有一大批出现困局，甚至考虑退出特色小镇开发的江湖。

广东自古以来就是一块特殊的土地，它一直距离国都较远，相对来讲，受到国家庇荫和约束的情况都比较少，长期以来形成了理性思考、独立自强、求真务实的广东精神。我认为，在发展特色文旅小镇过程中，广东一定要继续弘扬固有的理性、务实精神，既要顺应国家特色小镇发展战略、趋势和速度的基本诉求，又要稳扎稳打，坚持效能、效率和效益的有机整合，坚持可持续发展的基本方向，坚持品牌化、品质化、市场化的开发策略，不为一时一事的风潮所动，以科学的、符合市场实际的姿态和行动有序推进特色文旅小镇的投资开发。只有这样，广东才能在这一轮特色小镇开发热潮中脱颖而出，成为真正的大赢家。

二、充分依赖本土资源特点是广东发展特色文旅小镇的根基所在

开发特色文旅小镇，必须从发掘本土特色资源出发。广东地处岭南，从中华人文历史大脉络看，缺乏黄河、长江流域那种厚重的数千年主流历史文化的沉积，但是也有自己独特的地域文化风貌、风情资源。总结一下，大概有如下几点：

一是古南越国文化。始建于公元前两百多年的古南越国虽然不在中原主流历史文化范畴内，属地方割据政权，但仍然有广域的疆土，深厚的历史文化积累，是广东本土文化的根基。

二是移民文化。千年以来，北方民众受战争、饥荒等困扰，不断向南方地区移民，历经六次大的移民潮，众多北方人移民来到广东，形成客家人这样的独特族群，也相应产生了众多有关移民的人文历史故事。

三是岭南渔农文化。广东地处气候湿润的亚热带沿海地区，省内多数地区全年不冻，孵化出了独具特色的渔农文化，特别是桑基鱼塘这样的生态链农业系统是广东渔农文化对中国农耕文化的巨大贡献。

四是海洋文化。广东近代以来名人辈出，梁启超、康有为、孙中山等，都在中国近现代史上留下浓墨重彩。这都与广东开放的海洋文化不无关系，这是比陆地农耕文化更加开放、更加现代、和当代国际商贸紧密相连的

文化。

还有一些值得提炼的广东本土文化资源，这些资源都具有独特的历史价值和隽永的人文情怀，都是广东建设特色文旅小镇中应该依赖并率先利用的独特资源。

三、文化主题提炼是广东发展特色文旅小镇的灵魂所在

每一个特色文旅小镇都应该有一个鲜明的文化主题，这些文化主题构成小镇的人文灵魂、核心价值和产业支撑。上面谈到资源基础，但资源并不一定能直接成为文化主题，例如，乡村是一种明确的人文资源，很多地方推广了乡村小镇、田园小镇、农业小镇等，但是，乡村也好，农业也好，田园也好，它无法成为开发一个特色文旅小镇的文化主题，因为这种资源形态的同质性太强，特色性太差，替代性太高，其结果就是一大堆毫无特色的乡村田园内容的小镇在彼此之间的散漫竞争中，不断消耗能量，降低品质，抵消影响，最终大家都过得艰难，都在苟延残喘。

文化主题提炼，关键在特色，在差异化，甚至在唯一性。例如，深圳沙井地区自古以来出产一种叫作"沙井蚝"的美食，已经形成影响四方的"蚝文化"。现在，当地推出了"沙井金蚝文化小镇"，这中间，"沙井蚝"就是这个小镇的文化主题，是周边农村无法替代的。这样，金蚝小镇以"沙井蚝"作为文化主题品牌，形成社会影响力，在此基础上再发展其他产业，就能使得小镇形成既有文化特色引导、又有产业持续成长的良好格局。

四、激活有效、规模、品质需求是广东发展特色文旅小镇的目的所在

国家发展特色文旅小镇的目的就是要满足日益增长的、庞大的休闲度假需求。然而我们看到，国内一些正在上马的文旅小镇，为了赶潮流，仓促上阵，缺乏系统的市场调研，缺乏应有的主题定位，缺乏适当的规模，缺乏项目必需的品质，其结果必然无法真正激活潜在的、有效的需求，为未来小镇的运营发展和合理的盈利留下明显隐患。

广东既然把求真务实作为立省之本，在特色文旅小镇投资开发建设上就要强调落地、回报，就要真正激活有效需求、规模需求和品质需求。要坚持需求导向，以满足广大消费者的现实需求为目的，进行文旅小镇的总体定位

和策划,从而保证小镇项目投资的可行性和安全性。

五、持续创新是广东发展特色文旅小镇的命脉所在

特色文旅小镇都是大投资、长期投资工程,通常涉及数十亿元甚至超过百亿元的投资规模,完全建成要 8～10 年时间。如何保证广东特色文旅小镇的可持续发展?总部位于广东的央企华侨城、民企长隆集团的成功经验表明,必须对每一个特色文旅小镇实施不间断的持续创新,才能保证项目持续的活力、动力和影响力,那些以为一次投入、终身享用的想法是非常幼稚的。

长隆集团是中国文旅界品质经营的典范企业,长隆长期扎根广州,坚持创新发展,树立了最佳的行业品牌。在此基础上,长隆并没有急于向更多的地区进行盲目扩张,而是仅仅选择了邻近的珠海,依托珠海的滨海区位优势和毗邻东方娱乐之都澳门的优势,大胆进行创新发展,旗下的海洋王国去年游客量 750 万人次,创下中国景区之最。

华侨城是中国旅游业的顶级品牌,目前名列亚洲第一、全球第四。多年来,华侨城坚持创新发展,其文旅产品模式经历了第一代的锦绣中华民俗村(主题观光)、第二代的世界之窗(主题体验)、第三代的欢乐谷(都市娱乐)、第四代的东部华侨城(郊野度假)、第五代的欢乐海岸(都市休闲),目前正在大力推进第六代产品模式——特色文旅小镇的创新发展。例如,近期在全力投资的深圳甘坑客家小镇项目,首次导入了富有客家文化特色的 IP 品牌——小凉帽(凉帽宝宝),举办了大规模的小凉帽国际绘本大赛,使凉帽宝宝成了甘坑客家小镇的吉祥物和形象代言者,未来前景十分广阔。

由上述可见,广东如果要保证特色文旅小镇的可持续性发展,就必须对每一个小镇实施持续创新,这是未来特色文旅小镇的命脉所在。小创新维持长期追兵态势,中创新保持均衡竞争态势,大创新造就行业领军态势。

根据过去 30 多年发展的经验,我们有充分的理由相信,广东在推进特色文旅小镇发展中,一定会崛起一批文化特色鲜明、市场前景良好、在全国有影响的品牌型小镇。

2017 年 7 月 16 日

创想北纬：追寻另一个呼伦贝尔

夏末秋初，我应邀来到向往已久的内蒙古呼伦贝尔大草原腹地额尔古纳，参加一场有关亚洲北纬度假圈旅游发展的高峰论坛，下面的文字是根据我在论坛上所做演讲整理的。

北国风光，千里草色，万里高原。那个曾经醉倒多少膜拜之徒和不速之客的呼伦贝尔，在年轮常变之中，其大草原的招牌定义似乎亘古不变。我们真切地感到，一旦离开大草原概念，似乎无从解读呼伦贝尔，没有大草原这块金字招牌，仿佛也找不出让人来呼伦贝尔的理由。

而如今的现实却在直率地颠覆着我们的常规认知。当我们自信地以呼伦贝尔大草原的招牌吸引世界目光的时候，越来越多的问号抛向呼伦贝尔：除了大草原，你还能拿什么吸引世界，我的呼伦贝尔？

几乎是头一次，我们的焦点从定格的大草原移入自己震荡的心灵。因为，我们惊讶地发现，一直以来固化的并不是呼伦贝尔，而是我们的心灵，我们的视野，我们的想象力。当我们再一次伫立在呼伦贝尔广阔的大草原，把心灵放飞在呼伦贝尔湛蓝的天空，穿越在呼伦贝尔千百年来的历史通道，我们清晰地意识到，我们正在发现另一个呼伦贝尔！

为什么这里不长参天大树，不植粮菜农作，只长青青野草？为什么这里没有生成农耕民族，而是崛起草原民族、马背民族？为什么吐谷浑的马队能横穿草原，由辽东腹地西进西北高原建立自己的独立王国？为什么成吉思汗的铁蹄能够横扫亚欧大陆？

让我们进入太空向蓝色星球扫描。蓦然回首，我们看到了北半球苍劲厚重的蒙古高原，在北纬40～50度宽幅地带，常年降雨量只有400毫米以下！这分明是大自然的神力造化，北纬线在这里犹如一把环刀，在地球上切割出农耕和游牧两大文明！

于是，在北部中国的超级版图上，出现了科尔沁、锡林郭勒、辉腾锡勒，更出现了威震世界、广袤无比的呼伦贝尔！

美丽草原的呼伦贝尔是用眼睛识别出来的，地域差异的呼伦贝尔是用地理历史比较出来的，而百般梦幻的呼伦贝尔是用心灵体验创想出来的！草原本色是呼伦贝尔的美丽衣裙，游牧文明是呼伦贝尔的性格特征，梦幻之魅是呼伦贝尔的灵魂底蕴。

在充满创想的北纬线下，正在升腾着的是梦境的呼伦贝尔：冰川火山交融造就的阿尔山是一本亿万年的梦幻史卷；中俄蒙三国交界的满洲里永远在用梦幻的异国情调刺激你的感官；额尔古纳母亲河的涓涓流水如梦如幻、永不停息地滋润着蒙古族人民的心灵；还有湿地梦想，森林梦游，史诗梦境；而最神奇的梦幻之举来自旷世无比的一代天骄，呼伦贝尔因成吉思汗在此诞生而威名中外！

在中国北纬50度的神奇地带，我们跃入梦幻，我们激活创想，在大草原的绿衣之上，在大草原的灵魂之中。我们正在从四个维度发现另一个呼伦贝尔：

其一，深的维度。沿着草原观光纵深而下，是无尽的草原游牧品味的休闲、体验。

其二，外的维度。草原之外，还有更多的自然恩赐：森林、湿地、河流、湖泊……

其三，上的维度。大自然的草原之上，是极为丰富的草原文化和游牧民族文化。

其四，高的维度。用创新、创意、创想激活"呼伦贝尔"概念蕴藏的无限能量。

于是，创想北纬之下，壮美草原之上，我们不仅发现了另一个不再单纯以大草原招牌自傲、自持的呼伦贝尔，而且在全力追寻这充满魅力、想象力和创造力的另一个呼伦贝尔！

2017年9月5日

粤港澳大湾区格局下的乡村特色旅游之路

这是我在2017年8月22日于深圳会展中心举办的第二届乡博会上的演讲速记稿。

一、大湾区背景下的城乡关系走向

乡村是一个让人产生乡愁的地方，我们离乡村越来越远。但是乡愁一直在我们心中徘徊，是一种难以割舍的情节。现在规划发展粤港澳大湾区，是要让城市群发展起来。在这样的一个大背景下,粤港澳地区的乡村发展必然要受到大湾区城市群发展的深刻影响。

粤港澳大湾区的乡村旅游,就要看这个大背景下乡村和城市会发生哪些变化,首先要看清背景。大湾区的城市和乡村,未来将步港澳的后尘,适度接受国际化的洗礼。香港也有很多乡村,以前在英国人管制之下,已经逐步与香港的大都会联结在一起,有很多的生活方式和生产关系都和都市是密切相关的,不是想象中的乡村感觉。在这种格局下,粤港澳大湾区很大程度上就是广东要和港澳实行更加开放的整合,让大湾区进一步国际化。这样,珠三角已经不是对标长三角、京津冀,而是对标纽约湾区、东京湾区、旧金山湾区。中国经济发展到今天,已经不能够按照过去30多年的模式走,要走新路。

粤港澳大湾区有一个成熟的国际金融中心——香港。我们背靠港澳,走向国际,让人民币国际化,中央率先把任务交给粤港澳大湾区,意味着我们拉开的序幕是国际化的序幕。所以现在乡村的文旅发展,乡村面对的形势一定是和城市同步发展,在粤港澳大湾区的11个城市,将来要应对新的全球化国际化的挑战,这里的乡村也要有国际视野。

大湾区是11个城市形成的集群,再把周边城市都带起来。通过集聚化发展,形成高密型的都市圈,像这样的都市圈和城市群在全世界都是没有的,像香港、深圳、广州这3个城市,各个城市之间的距离只有100多千米,这么小的范围内集聚了3个巨无霸世界国际大都市,除了粤港澳大湾区,全世界其他地方都没有,纽约没有,东京没有,旧金山也没有,只有我们有,所以我们敢拍着胸脯说再过五至八年我们可以成为世界第一湾区。从1980年到现在的37年里,深圳经济增长了2万倍,1980年深圳的GDP 1亿元,现在2万亿元。这个速度非常快。大湾区这种高密度都市圈已经成为世界现象,全世界都关注这个地方。在这样的情况下,我们看到的是大湾区乡村受到高度城市化的剧烈影响,它形成了显著不同的城乡关系。大湾区的乡村就不能像其他地区一样,一个村落还想保持乡村的独特性,不受城市的影响,不受城市产业的辐射,这种情况在大湾区的核心区域非常难保留下来,这是一个基本的表现。

大湾区的中心地区,会有少数的特色乡村,还保留非常有特点的东西。比如香港的南丫岛、深圳的凤凰古村等,这样的乡村有特色,有独特的历史人文资源,或是拥有独特的自然生态,能得到重点保护。从文旅产业的角度对资源进行保护,这些特色乡村就成为城市圈里面可以探望乡愁的怀旧地,它和城市形成一个城乡产业互补的格局。这个互补现在看起来越来越少,越来越珍贵，越来越稀缺，这是一个大的方向。

大湾区城市人口有几千万，这几千万人的菜、蛋、奶、肉等农产品首先靠周边地区的农村来提供，所以必须要有一个更大的圈层。外环要形成一个优质精品农业产品的供应基地。周边广大地区需要用农业主导的方式来开发旅游资源。大湾区的外环，将会涌现一些地域广大而特色突出的岭南农业文化乡村，岭南文化和长江流域文化、北方各种文化有很大差别，是一个特色的文化分支。在中国文化发展中具有重要战略意义，特别是近现代以来岭南地区独特的价值，孙中山、梁启超、康有为都在这里，这个文化非常独特。这些方面决定城乡关系，我们怎么去做乡村旅游的发展，我觉得要弄明白城乡关系，我们才能够更加理想地推进它的发展。

二、大湾区时代的乡村特色旅游市场动向

大湾区时代，乡村特色旅游的市场有什么动向？出现什么样的趋势？首先是，随着这个粤港澳大湾区都市圈的发展，都市化的比例越来越高。深圳市已经没有农村人口，广州70%是城市人口，那么城市群的快速扩展导致传统乡村快速减少，这样经典乡村显得更加珍贵。现在大湾区核心圈里很难看到一个完整的，哪怕20世纪50年代的老一点的村落。我们的确是进入了工业文明，比如说深圳市，深圳市强调城中村的保护。城中村是什么，深圳市的城中村就是工业村，城中村就是伴随着过去三四十年大工业的发展的配套的居住区，它已经不是农业时代的城中村了，农业时代的城中村大量被剥离，工业时代的村落也是大量被摧毁。因为我们大踏步地进入信息时代，人类有这个问题，总是对正在衰落的时代的文化不太在意，一旦摧毁到剩下不到10%的时候，我们才开始回过头来关心它、保护它。深圳内部也争论城中村的问题，其实我认为要选择性地保护，把一部分农业时代的老村落和工业时代的城中村完整保留下来是很重要的，很有价值的。

现在还有一个动向，大湾区进入高度国际化的通道，那么就使得乡村旅游不是一个封闭的模式，他的供需两侧都更加具有开放性。深圳市有两千多万人口，绝大部分是外地移民，这些人具有天然的开放性，能通过"杂交"的方式使你更快发展。它的弱势是对本土文化的不认同，比如龙岗区那么多传统的客家围屋，为什么深圳人对它那么冷落呢？因为那不是他们的家园，他们来自湖南、湖北、山东、江苏、新疆、东北等那些没有客家围屋的地方。客家是当地的子民千百年来移民出来的，当然对它有感情，我们和它没有感情，所以说这是一个开放的乡村，我们不得不接受这样一个开放的现代

化洗礼。我们的下一代已经融入了这个地方的血液,已经有了在这个土地上关联密切的文化现象,不像我们现在从外地来了以后,融入当地文化还是很困难,比如我来了27年,我还没有感到我那么需要客家文化,其实我是一千年来第六轮大移民的新客家,凡是移过来的都是客家人。所以我们不得不看到两端的开放性,这个需求的开放性,既然有这么一个潜力,那我们供给方面也要有开放性,就是无论你的村落是古村落还是现代村落,将来它都有相当强的开放性、国际化影响之下的发展模式,这个和内地很边远的村落的发展模式是完全不同的,我们有开放的背景。

大湾区仍然是全国移民最多的地区,移民与本土乡村文化仍然需要融合。目前来讲,不光是深圳,包括广州、东莞、惠州、佛山、珠海等,在全国来讲移民规模也是最大的。而且前瞻未来20年,粤港澳大湾区仍然是全中国移民最活跃的地区,这两年的数据也证实了这一点。我们刚刚看到一个数据,今年上半年全国移民活跃指数最高的城市就是深圳。仍然有那么多人对这个城市充满想象力,无论是内地的移民还是很多海外的游子,回国首先来深圳,但是你移来了以后和本土的文化至少有10年的磨合期。乡村是一种文化和生活的方式,所以我们大湾区的乡村没有办法逃离现实,现实就是大量的移民必须相互地接受改造,乡村要接受新移民的挑剔,移民也要接受本土文化千年的沉淀,谁都不能排斥谁。

过去的三四十年,就是改革开放之后,我们获得珠三角发展的机会。这个地方发展成为全中国发展最好的地区,这个是值得我们高兴的。但是伴随着三四十年的工业化,对我们周边乡村的负面影响很大,有的是完全被侵吞掉了,有的是被破坏了。因此我们现在做乡村旅游、古村与新乡村的发展,需要把传统文化拯救出来。我们希望复兴乡村,再一次看到传统的岭南乡村品位,几千年的乡村文化应该是非常深厚的,我们希望看到它,但是复兴乡村的任务非常艰巨,可以说三四十年的工业化正在吞掉几千年的农业化,而未来几年的信息化都可以吞掉三四十年的工业化,人类的历史就是这样发展的。

再看另外的一个趋势,大湾区内乡村的传统文化受现代化的影响,特色流失严重,急需保护传承。传统文化,其实更多的是农业时代的文化,这个文化特色流失特别严重。为什么陕西袁家村能做好,袁家村就是把周边十里八乡的关中文化特色都拉到一个村里。周边还有成百个乡村,但只有它做起来了。所以说乡村旅游往往有一个情况,成就一个死掉一百个,这是因为这一百个没有像袁家村一样认真地寻找和集中显现自己的IP,让袁家村把IP抽走了。所以我觉得现在的乡村如果发展旅游,保护传统的核心是挖掘保护自己的 IP，在这个基础上再投资发展，而不是前面的几步没有走，就像建楼一样，一、二、三楼都没有建好，我就建四、五楼，可能吗？所以，我觉得这个问题特别关键，我希望大家高度关注。如果你下一步准备做文化旅游，就要把这个好好地琢磨一下，它留了什么东西，为什么留，我们能不能深化这个留下来的东西，能不能找出一个核心，让特色再发挥出来。

我们来看看大湾区城市居民下乡休闲度假的需求。就像深圳人一样，随着时代的发展，现在深圳市的第一代乃至第二代人都已经功成名就，房子有了，车子有了，存款有了，孩子也大学毕业了，他们开始想周末开车到周边玩一玩。去哪里？到那些没有看过的乡村，他们突然发现，这个地方很好玩啊，以后就成习惯了。越来越多的城市市民有了这个习惯后，规模化的乡村旅游就形成了。

三、大湾区格局下的乡村特色旅游之路

我们知道粤港澳大湾区的城乡关系，我们也大致看到了粤港澳大湾区的乡村旅游发展的动向，到底怎么做呢？我的观点就是，一定要找准特点。我总结了七个特点。

第一，要构建城乡之间极度反差的休闲度假空间，打破平庸，打破同质性。比如，大鹏所城是深圳唯一的国宝级文保单位，这就是独特性。但是十里八乡二十个村子，都是几亩田和破寨子，以及一片山林，怎么差异化？你试试看，去村里待几天，天天和村民待在一起，到田间地头跑一跑，到祠堂里看一看，到村里最热闹的地方走一走，看看能不能找到 IP？找到之后，你在原有的乡村基础上，把深度的文化挖掘出来，最后发现这个村子和别的村子都不一样，这叫极度反差。极度反差的核心是村子之间的竞争，所以理论上存在所有的乡村都可以成为乡村旅游点的可能性，但实际操作难度大，绝大部分村落不愿意且不能够做到深度挖掘，没有办法做到极度反差。如果我要到乡村旅游，我周末开车两个小时到乡村旅游，我一定不只是去吃农家菜就结束了，要找到那个特色鲜明的村子，要下功夫，我要享受一个具有独特价值的乡村。

第二，回到广东省地方特点，营造岭南渔农文化、沙田基塘田园综合体，基塘是利用沙土将水一块一块围合起来，形成一片一片的水域。有花基、草基、桑基，周围是桑树，桑树的树叶掉在水里，鱼吃了以后，它的粪便成为桑树的肥料，养了桑蚕，桑蚕产业得到发展，这就是循环经济。几千年来的农民都是这样，我们岭南地区的农民自古以来就是通过沙田基

塘的模式维护了一个非常庞大的农业时代的循环经济。整个岭南地区的沙田基塘是一个非常庞大的独特的水乡田园系统，在世界农业发展史上也是一个非常有价值的农业生态。我们可以围绕珠三角湾区做不同风格的基塘文化旅游。

第三，对于珠三角或者是粤港澳大湾区来讲，主要的人群文化背景是广府和客家。这么一个大的背景，乡村发展肯定不能忽略文化，我们希望完整复兴一批具有广府、客家特色的传统乡村，恢复农业时代的广府、客家文化的村落文化。

第四，就是我们国家一再强调的，建设特色小镇。国家现在建一千个特色小镇，每个小镇本身就是一个小城市，其实中国人所界定的小镇在国外就是一个规模不小的城市，欧洲很多国家的小城市就只有几千人。我们国家提出建一批特色文旅小镇，我觉得在大湾区，我们要建设若干个具有独特乡土文化主题的特色小镇，要按照两个方面打造，一个是文旅小镇，一个是产业小镇。比如某一个物流产业，或者一个互联网产业等，本身并没有文旅产业价值，就是打造产业小镇。而像浙江乌镇，北京的古北水镇，这些就是典型的文旅小镇，文旅就是让人休闲吃喝玩乐的地方，在大湾区做特色小镇，要有非常浓郁的岭南文化的乡土气息，这是一个战略使命，也是一个大的方向。

第五，广东有漫长的海岸线。中华文明是沿着黄河长江发源的，那是文明的主轴线，所以当时农业最发达的地方是在河边。但是随着历史的推进，特别是到宋代大规模的移民南下，全世界已进入到大航海时代，世界的经济已经从"黄色文明"进入到"蓝色文明"的时候，我们看到临海的广东省的价值就体现出来了。所以，广东省在整个中国历史上应该是越来越重要，到了近现代，整个革命时代变迁的发源地就是广东省。我们要利用广东省有特色的东西，打造以海湾、海岛、海景、海防文化为背景的乡村文旅产业。

海洋是广东省也是珠三角粤港澳大湾区不可剥离的重要资源平台，基于这个平台，粤港澳大湾区过去也沿着海岸线做了很多文旅项目，但是要让它和本土文化乡村连在一起开发。我们下一步就是要把两大优势岭南文化和海洋文化结合在一起，做一些在全中国乃至全世界都非常有特色的海湾、海景、海防的乡村体验区，这也是我们发展的重要方向。

第六，我们有全世界人喜爱的粤菜文化，可以依托粤菜文化打造粤派美食乡村。

第七，除了粤派岭南文化乡村底蕴以外，我们当代人，面临信息时代，一方面我们传承保护文化，但是不要一味停留在传统文化层面，还是要鼓励开发无限创意性的特色乡村。我们创造一个新的乡村文化，让一千年以后的晚辈们去欣赏和继承。

2017 年 9 月 12 日

未来山西旅游最易形成的突破口在太行山上

山西省省长楼阳生在 2017 年全省旅游发展大会上提出要打造黄河、长城、太行山三大旅游板块，以期加快构建山西文化旅游发展大格局升级版。近日，我参加了山西举办的一个有关这个议题的研讨会，我觉得，这些年来，山西的路子走得不理想，和产业转型升级不到位直接相关。山西必须从地下煤炭经济走上来，走到地上的绿色经济、文化旅游经济中去，这可能是山西实现"弯道超车"的唯一出路了。现在，山西省提出了这个战略思路，可行吗？我在研讨会上做了如下分析。

一、黄河、长城、太行山三大板块对山西意味着什么

把黄河、长城、太行山确定为山西旅游未来新的三大战略板块，我觉得用"板块"一词不太确切，因为不同于五台山、云冈石窟、平遥古城的点状，黄河、长城、太行山从物象角度看都是线状的，当然，如果从黄河文化、长城文化、太行山文化的视角看，它们都有很大的腹地，也算是板块论的依据，但线状的物象是基础。有意思的是，绵延数千里的黄河、长城、太行山环环相扣，完美构成山西边界的围合物，也正是黄河、长城、太行山这三大线形资源体精准划出了山西的边界。

从黄河看，其西岸为陕西，南岸乃河南，黄河构成山西西部和西南部的天然屏障；从长城看，其扼守山西北部全境，成为历史上中原农耕民族抵御北部游牧民族的千年堡垒；从太行山看，其居于山西东部和东南部，是中国最大的山地与平原腹地的分水岭。黄河、长城、太行山各以独特险境屏守山西，一方面呵护着山西的安全，另一方面也构筑了山西长期以来的闭塞格局。当然，黄河、长城、太行山更以极其厚重的自然和人文历史积累成为中

华民族的三大丰碑。

二、黄河、长城、太行山三大板块中，太行山最易形成旅游突破

尽管黄河、长城、太行山都是漫长带状空间，但它们之间的差异性却很大。黄河总长5464千米，其长度是中国第二、世界第五，共有9个省区分享它的旅游价值；长城历代总长10千米，更是分布于16个省市区，遗产达4万多处。可见，黄河、长城资源的共享程度特别高，同质现象特别重，这种情况显然加大了山西以一省之力对此实施旅游突破的成本和难度。

我们再来看太行山，其总长仅数百千米（我搜索到的数据不同，多数讲400多千米，但我从地图上大致量了一下，从山西西南角的太行山支脉中条山到北京的太行八陉之一军都陉，距离不低于700千米，所以不确定，只好用"数百千米"形容），分属4个省市，主要是晋冀豫3省，其中山西为主体。从资源的独特性看，太行山的山西属性更强，更易探求差异化和特色性；从资源市场的空间距离看，太行山与京津冀及东向南向大市场均有距离和交通优势；从资源区位看，黄河和长城主体均在山西边界，而太行山大部分渗入山西腹地；从资源的物象形态看，长城宽数米，黄河宽数百米，太行山则宽数百里；从中华地脉看，太行山是昆仑山、秦岭、太行山、大兴安岭这条蜿蜒贯穿中国北部的华夏北脉的中脉；从自然地理关系看，太行山是华北平原和黄土高原的切割式分水岭；从文化的渗透性看，太行山文化历史久远，广域分布，形态各异，丰富多彩。因此，尽管三大板块均有厚重历史文化，但从未来山西旅游发展的现实条件看，太行山最易形成旅游的战略突破。

三、山西在太行山概念上的优势和困境

可以肯定地说，山西是太行山的绝对主体，其拥有的太行山属地约占全山面积的80%。山西太行山由于古地质年代剧烈抬升形成的狭长深切断裂带在全球都是罕见景观；太行山腹地广阔，中条山、太岳山、五台山等重要山体都是太行山支脉；从山西太行山广义地域角度看，其面积占到山西省总面积的近40%；山西11个城市中，有8个城市不同程度被太行山所覆盖；佛教圣地五台山北台海拔3061.1米，按照国际地质标准，是太行山脉唯一超过3000米的高山和"华北屋脊"；山西北部佛教文化、中部

晋商文化和南部寻根文化均与太行山深切交集，都是未来发展太行山旅游的重要依托。

然而，令人遗憾的是，山西的太行山价值、品牌和对外影响力从古至今却一直弱于河北、河南。比如，愚公移山的著名典故学生时代就可以从课本上读到，却因"太行、王屋二山"把太行山品牌留在了河南；太行山的著名八陉竟然有七个不在山西（有人有异议，但这的确是我查资料看到的）；在网上我还看到一个流行的说法，说太行山最高峰是河北2882米的小五台山，当然，只要明白山西五台山也是太行山支脉的基本知识，上述说法自然就不成立了；还有，网上有关太行山旅游景点的介绍，80%是河北的和河南的，比如焦作云台山、林州红旗渠、辉县挂壁郭亮村经过河南省的大力推广，都成为当今太行山旅游热点。我一直不明白，占有最大太行山地盘的山西为什么不去积极宣传推广太行山旅游？

四、如何推进山西太行山旅游的异军突起

山西的确到了急需对全省旅游来一次深刻的战略考量的时候了。我认为，在这一轮力推黄河、长城、太行山三大新旅游板块的过程中，不妨导入一种恰当的发展流程策略，不一定大面积全面启动，而是选择某一方向启动，再延伸到其他方向。我认为三大新板块中，从太行山率先启动，实施重点突破，相对难度小，效果好，可能是最现实的抓手和路径。

山西如果要推进太行山旅游的发展，如何操作呢？

第一，必须深刻认识太行山在山西旅游发展中的独特价值和地位，对山西来讲，观念更新不容易，这一点十分重要。

第二，要对山西太行山区的整体范围、自然和文化资源进行全面摸底，要做到心中有数。

第三，要用全域旅游战略指导编制"山西太行山旅游发展总体规划"。

第四，要对外强力打造"中华故里　山西太行"整体品牌形象和价值，打造奇峻太行、寻根太行、晋商太行、佛学太行、红色太行等品牌游线。

第五，要做大做强五台山、大寨、太行山大峡谷、皇城相府、八路军总部等传统品牌；同时弘扬独特的关隘文化，把娘子关、虹梯关、壶关、天井关等建成著名关口胜地。

第六，打造一批富有山西太行特色的文旅小镇和山地田园综合体，要有步骤地在山西太行山腹地创新开发一批太行文脉和地方风情主题的新型度假目的地。

第七，要创造山西太行山内部旅游资源、品牌、市场、利益的高度共享机制；同时，与山西汾河谷地、吕梁山地联手打造山西全境精品旅游品牌游线，甚至在条件成熟的时候，可以考虑和河北、河南、北京联手进行大太行山旅游的整体联动发展。

第八，要构建空、铁、陆一体化的大型旅游交通网络，引导外部客源多渠道便捷地进入山西太行。总之，要力争让"山西太行山"品牌成为未来中国旅游业长期高度关注的旅游度假目的地。

山西太行，高原雄起，中华故里，八面风情！

2017 年 11 月 21 日

珠海：走自己的特色之路才有未来

2018 年 12 月 11 日，我作为粤港澳大湾区文化旅游产业研究院首席专家，参加了该院组织的在珠海的一次座谈会，与珠海市委书记郭永航等市领导共同探讨珠海打造世界旅游休闲湾区的前景。本文根据我在座谈会上的发言整理而成。

珠海这座城市在改革开放 40 年的历程中是非常不容易的。因为当年是和深圳一道成为经济特区的，起步的时候，珠海的经济实力不比深圳差，所以珠海在 20 世纪八九十年代一直是和深圳铆着劲竞争式地发展。然而，后来越发展差距越大，现在深圳的经济总量已经两万多亿元了，珠海刚刚两千多亿元，几乎是十倍的差距，这时候珠海还讲竞争显然是力不从心了。

其实，珠海只需要一个心态的改变，不要走和深圳一样的发展道路。我在广东 28 年了，多次去珠海，每次过来就觉得好轻松、好休闲、好浪漫，不愧是"浪漫之城"。珠海让我的身心放松了，节奏放慢了，这种"闲"和"慢"不是很好吗？这不是珠三角的很多忙忙碌碌的人总在追求的感受吗？世界上还有一个"国际慢城协会"呢，专门推动以"慢生活"为主题的城市生活方式，珠海的城市品格非常适合做一个国际慢城，让忙碌的深圳人、广州人以及其他各地的人都能来慢城珠海休闲度假，这多好！

珠海过去很多年里陷在一个中国式的增长困局里，似乎一定要做大才算成功，一直绞尽脑汁往这个方面想，例如当年不切实际地建大机场，结果根本没有那么多客源，机场处于半荒废状态，幸亏后来办了一个航展，算是挽回点面子。当然后来珠海的发展应该是越来越符合实际了。

珠海到底应该如何发展呢？我觉得珠海一定要找准自己的独特价值、唯一性特征或者突出优势，依托这个优势来走出特色之路。首先还是毗邻澳门这个特点和优势，这是珠海不同于国内任何一个城市的特征。一个小小的澳门，30多平方千米、60多万人口，竟然主要依赖博彩业和文旅业成为全球著名的博彩娱乐休闲之都，创造了人均GDP 12.2万多美元的世界第二的高水平。珠海如果真的和澳门的文旅休闲产业实现无缝对接，将会极大地提升珠海的城市价值和地位，这是其他城市完全无法做到的，因为"毗邻"的优势是独一无二的。坦率地讲，过去40年，珠海利用这个"毗邻"优势远远不到位。

其次，珠海的滨海资源非常丰富，特别是作为"百岛之城"，在全国也是非常罕见的。事实上，珠海的海岛有260多个，加上漫长的海岸线和各类丰富的海洋资源和人文资源，珠海可以做很多海洋休闲的大文章。但是，至今为止，珠海的滨海、海岛旅游做得很初级，现在到了充分利用海洋资源发展自己的时候了。

还有，珠海在城市经济总量上虽然无法和深圳、广州比，甚至无法和佛山、东莞等城市比，但是，人均GDP方面珠海仍然有自己的优势，达到14万元，仅次于深穗，名列广东各市第三。可见珠海经济发展的品质还是比较高的。当然，无论是深圳、广州还是珠海，在人均GDP方面都与澳门有着五六倍的差距，珠海毗邻澳门，还是应检讨一下，差距究竟在哪里，未来要努力拉近这个距离。

很多人都说珠海的人口少，缺少吸引力。的确，一个城市，没有足够的人口，很难有好的发展，特别是文旅型的城市，要的就是人流量。但是，这两年珠海发生了一件事，足以证明珠海可以非常吸引人，有些地方的人流量可以很大很大！长隆在珠海开发了一个主题公园，叫海洋王国，只经过短短两三年的发展，去年全年的游客量就达到900多万！这是什么概念？是国内单个主题公园游客量最高纪录。赫赫有名的华侨城在全国有几十个主题公园旅游区，其单个主题公园的游客量最多也就是400万，远远低于海洋王国。我估计今年海洋王国的游客量可能突破1000万，这是国内最接近国际高水平主题公园游客量的水平了。东京迪士尼年游客量常年保持在1500万以上，最高达到将近2000万人次。从这个意义上看，珠海在主题公园的发展上已经创造了国内之最，足以让其他城市和旅游业界羡慕不已。然而，珠海似乎并没有充分意识到这个特殊的成绩对于这座城市的重要意义，没有做更多的宣传，外界知晓度不高。我觉得海洋王国很可能是珠海依托文旅产业形成跨越式发展的重大机遇和起步动作，将拉开珠海文旅产业大发展的序幕，希望珠海认真关注这个现象，并抓住机遇。

珠海未来的路其实已经呈现出来了，那就是：与澳门联手打造"澳珠世界休闲湾区"。近日中央提出粤港澳大湾区的四个核心城市：香港、澳门、广州、深圳。其他三个都是千万上下人口、两万亿以上GDP的国际化大城市，唯有澳门太小，做核心城市有点勉为其难。之所以仍然把澳门列入核心城市，一是澳门作为特别行政区的独立价值，二是它的国际地位。如何弥补澳门狭小的短板呢？唯有把珠海纳入这个核心城市框架，两地联手构建澳珠城市共同体。其实，两地近年来已经有不少联动，如澳门大学2014年迁入位于横琴岛的新校区，再如，澳门在横琴自由贸易区的投资发展。我认为，珠海和澳门的合作步伐还可以迈得更大一些，例如，是否可以考虑把澳门模式整体引入横琴岛，让横琴岛成为澳门的"飞地"，这样可以全方位推进自由贸易和国际投资，会大大促进横琴岛的发展，也将使珠海更快地推进国际化建设。

一个海洋王国的成功已经充分证明，珠海旅游充满希望。我觉得珠海可以总结经验，大力引进国内外大型文旅企业进入，把珠海打造成中国的奥兰多、拉斯维加斯，那时候，珠海和澳门就真正成为最引人关注的世界级文旅休闲湾区了。

文旅和会展不分家。珠海曾经成功举办了中国国际航空航天博览会，但这属于国内主办的展会。未来面对国际化的趋势，珠海要积极与国际组织联手，寻求举办大型国际性固定展会，就如拉斯维加斯国际消费类电子产品展览会那样，成为世界级盛会。

我知道珠海人一直有一个想法，就是把金融业发展起来，因为这是现代服务业的龙头。我想这是完全可以做到的。但珠海无须走珠江口东岸香港、深圳那样的综合性金融中心的套路，珠海适宜发展特色金融。既然珠海的未来是以文旅产业为主导，那就把金融的重心放在文旅消费金融领域，力争把珠海发展成全球文旅消费的金融中心城市。这方面也应该与澳门联手推进，毕竟澳门与欧洲关系相对紧密，可以通过澳门增强珠海作为全球文旅消费金融中心的潜力和动力。

当然，让珠海文旅产业获得大发展的一个超级机会是港珠澳大桥的开通，还有未来的深中通道以及正在提上议事日程的深珠通道。这些重大跨海工程使得珠三角两岸"天堑变通途"，直接把东岸巨大的人流、物流、资金流、信息流引过珠海来，使得珠海的未来不可限量。

即便如此，我仍然要提醒珠海，再大的发展机遇，也不要忘记自己的特色之路，就是要在世界的东方发展一个独具特色的国际慢城，一个充满欢愉和闲情的世界文旅湾区。只要做到这一点，珠海就必然成功，必然让世界感动，必然在全球城市新一轮发展中成为典范！

2018 年 12 月 13 日

第四章　深圳休闲度假产业发展动向

猴年观察：深圳东的海岸，度假业的机会

猴年的春节和往年一样，所有人都把忙碌了一年的辛苦和烦恼丢到爪哇国去，从四面八方聚回来的家人贴好对联，备好花炮，端上年夜饭，齐齐守岁，举杯畅饮，开怀倾诉。

对于我来讲，今年的春节又和往年不太一样，因为今年我和大海有一个约会，我要把过年这件大事放在离家大约一个小时车程的深圳以东惠州的海岸线上，切身体会一下南国滨海度假生活的感受。

实际上，我有一个给自己拟定的"任务"：观察一下滨海度假地产的现状，据此对它的发展前景做一个基于实地观察的分析。

连日的阴雨天气在大年二十九放晴了，蓝天白云，风和日丽，行走在前往惠州海滨的高速路上，心情真的很爽。一个小时后，我来到此行的目的地——深圳以东、位于惠州的一个大型滨海高端度假社区。这里沙滩绵长，海蓝浪平，大海在明媚的阳光照耀下显得格外豪爽多情。我注意观察了一下，来这里度假居住的客源中，80%以上是深圳人，可见这种滨海型的度假对于深圳人的吸引力有多强。

这个春节有多少人来这里过年呢？大年三十晚上，我站在这个度假社区的洋房和公寓中认真数了一下，大约有15%的房子的窗户是亮灯的。这个数字不多，但是，考虑到这个度假社区还在开发过程中，首期入伙不到一年，能有这个春节入住率应该不错了。

春节第一天，晴空万里。长长的沙滩上，前来休闲度假的人络绎不绝，在南国温暖的海岸线上，人们悠然自得地漫步、嬉戏，一派祥和，他们大多数都是从深圳过来的，此外还有一小部分人是从邻近的惠州、广州、东莞等地驾车前来的。这让我马上想到，这个地方被称为中国八大最美的海岸之一，为什么呢？其实，最大的好在于它的性价比。相比南边的热带海南岛，那里固然在冬天仍然温暖如春，海岸线景色优美，但是，它的海岸线离大都

市太遥远，缺乏足够稳定的常态化客源；而深圳以东的惠州海岸线既有并不逊色于三亚的"三S"（阳光、沙滩、海水），同时又拥有三亚没有的大都市环境；相比北边的北国海岸线，尽管那里很多海岸线都靠近大都市，比如毗邻北京的北戴河，海岸城市大连、青岛，但是那里冬天冰天雪地，非常寒冷，海边刺骨的北风从海上吹过，让人无法赏心悦目，而深圳以东的惠州海岸线仍是南国，完全没有北方海岸线那样的寒冷无助，同时又是位于大都市周边，客源有充分保证。

正是这样优越的性价比，让一大批房地产商纷纷加盟深圳以东惠州海岸线的度假地产开发，在一百多公里的海岸线上，在过去数年内，陆续开发了并且持续开发数千万平方米的度假地产项目。这个量大不大？看起来很大，其实也不算大。以珠三角东岸几大城市几千万人口及一两千万个家庭计算，深圳以东惠州海岸线上的一百多万套度假屋，平均十多个家庭拥有一套，这还不算外地人的加盟，所以不算多。只是这几年开发速度快了一点，当下的在售量比较大，会有一些度假房需要慢慢消化。

现在惠州海岸线上的度假地产项目不管是大盘还是小盘，都有一个通病，那就是产业的复合度不够，综合配套能力远远不够。讲的是度假地产，实际上地产分量偏重，度假产业偏轻，很多项目缺少滨海休闲度假项目，也缺少旅游服务配套项目。其实，这种开发模式是很短视的。俗话说，磨刀不误砍柴工，度假地产的最大特点就是度假和地产相互依存。由于有旅游度假项目，使得度假社区有了文化价值和旅游功能，有了保持活力的基础依托，为地产项目的价格提升提供了旅游文化环境基础；由于有地产项目，使得度假社区有了稳定的人气资源，有了城镇化的社区格局，有了复合产业链的延伸平台，使旅游度假区不至于成为单纯的景点布局。当我漫步在这风景瑰丽的海岸线上，享受阳光海岸的闲适生活时，我想到了深圳市区的深圳湾，那里的海实在和这里没法相比，但那是都市海岸，拥有大都市的综合配套，而这里是生态海岸、休闲海岸、度假海岸，不必也不可能实施都市型的生活配套，但做一点必要的基础性配套还是非常需要的，但现在深圳以东惠州海岸线上一个达到滨海小城镇水平配套的地方都还没有，这个课一定要补上、补好。

再回到海边来看。现在应该是海滨度假房的销售淡季，但是，新春之际，在海岸边上流连的人群中间，已经有一些人不仅仅是来休闲度假了，他们在四处打听这里度假屋的销售情况以及价格，我看到了一个度假公寓的业主正在和一个客户洽谈度假屋转让的事宜，由于价格合理，他们成交了，草签了意向书，待春节一过，就去正式过户。我问那个客户，他说他是加拿大华人，在这里就是想买一套海景房。他说，在加拿大美国这些国家，很多人家都在海边有房子，这是非常正常的事情，他们把滨海度假看作一件日常生活的事情，没什么大惊小怪的。他赞叹地说，这里的海景非常漂亮，离深圳市区又这么近，海景房景观很好，全海景，很吸引他。我想，这也算是国际层面的评价了吧，毕竟他久在异国生活，想必他的评价比较客观。

我一直在推广一个理念，海洋人。我们知道，深圳绝大部分市民不是在海边长大的，很多都是来自内地甚至深山，我们太习惯自己从小形成的内陆文化，加上大家来深圳都是为了打拼挣钱，很多人来了深圳多年，一年中都难得到海边来休闲几次，更谈不上在海边拥有一套属于自己的房子。我的观点是，一个人如果在深圳待了五年以上，都没有对海洋产生依恋，一年中都很少到海边走走看看，心中根本不把海当回事，那我会觉得他很难被称为一个真正意义上的深圳人。说你来了就是深圳人，那是安抚你，你死活不认同深圳的海洋属性，不从海洋城市角度理解这座城市，怎么说你是一个真正意义上的深圳人呢？

我做过一个大致的分析，两三百年来，世界工业革命已经把人类居住重心拉到海边。世界60%的人口居住在临海100千米的区域。中国沿海12个省区基本上都是环境条件好、经济发达、人口承载力高的地区。从人均海洋面积看，世界沿海国家平均0.026平方千米，中国平均0.0029平方千米，与我国相邻的海洋国家的平均数都超过中国的10倍。中国海岸线3.2万千米，大陆海岸线1.8万千米，而菲律宾3.6万千米，日本3万千米。我国人均海岸线2.3厘米，人均大陆海岸线1.3厘米。大陆适宜居住的海岸线实际上只有1800千米，占1/10。大陆海岸线人均可居住海岸线仅1.3毫米。大陆海岸线最适宜人居度假的优质沙滩岸线更是稀缺，按照从主要滨海城市搜集的优质沙滩岸线长度，按照300多千米计算，人均仅0.26毫米。可见，在中国，优质度假人居海岸线的资源稀缺性日益凸显，从某种意义上说，拥有一套舒适的海景房等于代表成千上万中国人守护及享受海洋。

午后的海边，气温竟然上升到23℃，我看见海边有几个十几岁的孩子都把衣服脱掉了，跃跃欲试想下海游泳。这种情景，恐怕现在处在冰天雪地里的北方的人看到后，会非常的羡慕和嫉妒吧！没办法，上苍赐予了气候，人类造就了都市，这两个一结合，也便成就了这里特殊的度假社区生活，在这新春佳节的时刻，还能出现如此温暖的镜头。

中国的度假时代刚刚来临。新春时刻，我到深圳以东惠州海岸线的度假体验让我对滨海度假产业有了更加真实的感受。从国际上看，滨海度假产业是一个长盛不衰的行业、产业，但要做好，还是要下足功夫，不能急于求成,毕竟中国的度假产业还刚刚起步。你只需要记住,现在,"5+2"正在变为一种常态化,周末很多人希望离开都市,到郊外去休憩两天,在深圳这样靠海的城市,去海边度假就是不二的选择。既然如此,当然有很多机会,就看你如何把握了。一年有52个周末,就是52个机会,加上黄金周、小长假,滨海度假会越来越丰富。希望大家抓好机会,在深圳周边的滨海岸线上发展自己,丰富自己。

今天是大年初二,最后还是要给大家拜个年,祝大家猴年快乐,事业大顺!

2016年2月9日

260千米黄金海岸,深圳旅游头号资源全线开发序幕正在拉开

近日,我作为评审组长参加了深圳市文体旅游局举行的关于深圳市"十三五"旅游规划论证会。我的感觉是:深圳旅游业终于要有大事发生了,什么大事?260千米黄金海岸,深圳旅游头号资源全线开发序幕正在拉开!

说到海洋、海岸资源,别说深圳,就是国家也是近几年才真正意识到海的极端重要价值。一个南海,众多岛屿被周边小国占去了大半,长期以来也是不作为,无所作为,任由其折腾,直到近年,才想起来保护,大规模"造岛",有点"中国南海"主人的姿态了。深圳也是这样,顶着滨海城市的牌子,一直不重视海洋资源的综合高效利用,一直不把重心往海岸、海里放。有人说,深圳不是一直在填海吗?是的,过去几十年,深圳已经填了100多平方千米海,未来还计划填55平方千米,但是,填海恰恰是陆地重心论的表现,是剥夺、藐视海洋,让海洋变成陆地,再通过土地开发来发展城市。

深圳对于海洋的迟钝,从根本上讲,是这个城市的移民特性决定的。现在的深圳有2000多万人口,绝大部分是内陆移民,这些人过去常年生活在陆地、山区,对海洋没有什么概念和感情,也不太懂得如何亲近海洋、保护海洋以及合理利用海洋。许多人忙上一整年,都想不起来到海边走一走,想不起来自己是生活在一个真正的滨海城市里。指望这样的血管里流淌着内陆黄土性质血液的人来规划开发海洋、海岸资源,实在是勉为其难了。

让我们欣慰的是,深圳终于迸发出海洋情节了。近年来,深圳市政府站

在国际海洋文明的高度，提出了大力发展湾区经济的战略，无论是被列入国家战略的前海蛇口自贸区，还是被认定为中国最美的八大海岸之一的大鹏半岛，都进入了城市重点发展的视野，这次的"十三五"旅游规划也充分体现了深圳海洋城市的基本特色。

深圳的海岸线总长260多千米，分为东部岸线和西部岸线。东部岸线长约160千米，分布着大亚湾和大鹏湾，是深圳生态的重心所在以及最美的郊野度假型海岸线；西部岸线长约100千米，分布着深圳湾、前海湾、大空港海湾，是深圳经济的重心所在以及都市休闲型海岸线。

说实话，深圳自2009年东部华侨城全面开业后，就再也没有像样的重大旅游项目产生了。整整七年，就靠华侨城苦苦支撑，深圳市政府在干什么呢？维持。反正依靠深圳这个城市的影响力，用不着造那么多新项目，用不着花那么多钱做宣传。与此同时，对岸的珠海在发生什么？长隆的海洋王国一举成功，平均日客流量达到一两万人次，年游客量700多万人次，直接对标东京迪士尼了。而深圳却在那里原地踏步，自甘落后。曾经有领导说，大鹏半岛的开发，如果我们没想到好办法，就不动它，不能犯错误。可是，深圳30多年的改革开放，如果怕犯错误，哪里有今天的深圳？这些年，惠州大亚湾一带投入了1000多亿元，100多千米海岸线布局了十几个大型旅游地产项目，尽管开发水平诟病不少，但发展起来了，品牌效应出来了，深圳人开车经过大鹏半岛，直奔惠东去了。而深圳的滨海开发，基本上停留在梅沙阶段，一到周末，大梅沙就"煮饺子"了。

从20世纪80年代开始，深圳旅游业也作了不少文章，像当年的"五湖四海"，后来的华侨城主题公园系列，还有观澜高尔夫，等等。但是，深圳一直没有认清楚滨海城市的本质。拥有260多千米长的海岸线，几十个优质沙滩，背后是一个超级大都市的消费支撑，这在中国简直是绝无仅有。

深圳的海洋资源、海岸资源、湾区资源的利用到底前景如何？我们先说说东部岸线。深圳的东部岸线风景秀丽，又紧邻大都市，可惜多年来未能得到开发。现在好了，深圳已经确立东进战略，旅游业发展的重中之重就是东部大鹏半岛，自盐田和梅沙开始，下沙、南澳、西冲、桔钓沙、杨梅坑、坝光等，160千米的东部蔚蓝海岸悉数进入特色发展阶段，也许我们能够想象，一个国际性的滨海旅游度假目的地将在不久的将来全面展示在我们面前。

实际上，对于东部岸线和大鹏半岛的发展，政府过去一些年也是在逐步推进的。比如，成立了大鹏新区，多次做了有关大鹏半岛的旅游规划，一些基础设施也在建设，也有一些旅游项目在起步，比如，一个民间版的民宿度假点——较场尾，这几年发展得不错，政府随即给予了政策扶持。现在，东进战略来了，这可是影响深圳东部发展的重大战略，按照这个战略部署，将有1万多亿元投资进入，东部岸线和大鹏半岛多年以来消极保护、发展缓慢的格局有望发生重大改变，必将在保护性开发中极大地受益。

西部100千米岸线是另外一种发展格局。这里是珠江入海口东岸，是三十多年来深圳城市发展的重心地带，是深圳经济的命脉地带，也是国家政策高度重视和扶持的重点地带。深圳市政府强调发展的湾区经济，重心就是在西部岸线。我不妨把西部岸线分几个板块来讲。

第一，是深圳湾板块，或者叫后海板块。这里可是深圳都市发展的轴心地带，是深圳经济最火爆的两个城区——福田区和南山区的接驳地带。海湾对面的香港米埔湿地公园、元朗、天水围、屯门清晰可见。这里有世界罕见的都市红树林自然保护区，有后海超级总部基地，有被称为中国硅谷的大沙河创新走廊，有深圳目前价格最高的后海高端居住区，有直通深港的壮观的深圳湾大桥和深圳湾口岸。可以说，深圳湾板块是深圳都市经济和消费的最具代表性的板块。从旅游角度看，深圳湾板块是被深港两个国际性城市围合成的一个都市海洋公园，这里有环绕深圳湾的美丽绿道和市政公园，有都市休闲型的欢乐海岸，有后海围湖公园，最适合被看作国家旅游局当下力推的全域旅游的标志性示范地区。

第二，是蛇口半岛板块。这个板块对于深圳来说，其重要性可以说无地可比了，因为这里坐落着国家批准的前海蛇口自贸区，由于承载着国家使命，自然受到国内外的格外青睐，一个小小前海，不过15平方千米，却在短短几年内注册了数万家企业，注册资本已经超过4万亿元，相当于深圳去年本外币存款额的三分之二。从旅游发展的角度看，更是有三大巨无霸项目。第一个是已经成型的海上世界，现在，深圳晚上最热闹、最夺眼球的地方恐怕就是海上世界了。第二个是正在大张旗鼓推进的太子湾邮轮母港，这可是国家旅游业的战略性项目，一直有几个大的滨海城市在争夺邮轮母港的落地权，现在深圳已经动手了，不久就会成为现实（按：太子湾油轮母港，位于深圳市南山区南海大道最南处，已于2016年10月30日正式启用）。到时候，深圳的国际旅游地位、城市开放价值会由此得到更大的提升。第三个可能人们不太清楚，那就是赤湾，过去这里一直是港口性质，一般市民不会去，所以，成了蛇口半岛上一块神秘的地方。现在，自贸区成立了，原有的港口航运产业将大幅收缩，腾挪出来的海岸空间将用来大力发展滨海国际文化旅游产业，某种意义上说，由于赤湾在半岛上的"极地"位置，有可能成为未来深圳都市滨海文化旅游的最佳空间。

第三，是宝中板块。宝安中心区应该说是原特区外发展最快的片区，由于毗邻前海，常常被认定为前海的扩容部分，加上多年的商务商业居住产业的开发，片区已经相当成熟，在前海政策的辐射下，未来将成为深圳滨海都市休闲生活的经典区域，人们看好宝中板块，从房价的一路飙升就明白了。

第四，是大空港板块。这个片区现在日益引起重视，是因为三大原因：一是深圳航空港实现了 24 小时开放，未来国际航线将大幅增加，深圳的国际地位将进一步提升；二是航空港南边就是正在加紧施工的深中通道，这条通道一旦开通，将改写深圳和中山两座城市的交往历史，也将改变珠三角的城际关系；三是航空港的北边将兴建全球最大的会展中心，这将深刻改变这个片区的产业功能，大幅提升片区商务中心地位。围绕这三大动作，大空港板块的旅游产业也将得到快速发展，片区内的海上田园将改造成为更加符合这个板块需要的高端休闲胜地。

第五，是沙井板块。沙井历史上就是人文荟萃的宝地，有著名的沙井老街留存。由于这里是珠江入海口的发端地带，又同时临近广州南沙自贸区和深圳前海蛇口自贸区，所以区位优势明显，未来将发展为独具魅力的临海滨江新城，是深圳西部岸线的北端明珠。

海洋、海岸线、海湾区，这些都是深圳最富价值的城市资源，合理高效开发滨海湾区资源，对于深圳来说，是一篇超级大文章，是世界级的文章。放眼当今世界，凡是重大的国际经济、文化乃至政治事件，大都来自世界重要的海岸、海湾地带城市和国家。深圳必当以海岸线及湾区的开发为引导，加入全球海洋发达城市的俱乐部中去，在亚太乃至全球发展中扮演更加重要的角色。深圳别无选择。

260 千米黄金海岸，深圳旅游头号资源全线开发序幕已经拉开！

2016 年 5 月 10 日

在深圳，最熟悉的陌生地就是中央山

前几天，我因为要找一个地方，在网上打开深圳地图。这张图我已经看了 26 年，应该是再熟悉不过了，东西狭长的地形，中间南部接壤香港，东面南部对接大鹏湾和大亚湾，西面南部对接深圳湾，东北面是惠州，北面是东莞，西面是珠江入海口。虽然说熟悉，但是，每次读这张地图，我总是能有一些新的收获，获得新的知识和信息。

也就是深圳这区区 1900 多平方千米的地方，已经成为全国地均产出经济价值最高的城市。作为全国的经济中心城市，作为珠三角日益崛起的核心城市，深圳已经显示出"全境中心化"的趋势，近年来，深圳各个片区都在强调自己的中心地位问题，最近不是又搞出一个"东部中心"吗？

每当我打开深圳地图时，我就喜欢仔细研读每个片区的区位优势和价值。这次看地图，我不经意间突然发现，就在城市的中央地带，一片与城市呈现同样布局的东西狭长的绿色山带显得那么耀眼，为什么？因为这个山带已经被整个城市的重点发展组团完整地围住了，就在城市中央地带！说它是中心的中心真不为过。事实上，我们中间的许多人几乎每天都要从它身边走过，或从它中间开凿的隧道通过，或远眺过它的雄姿，然而，我们竟然对它如此陌生，叫不出它的全名，连地图上也没有标出它的名字，我们多数人没有踏足过它的广阔腹地，甚至我们从来没有认真思考过这条如此居中的超级山带和我们的生活有什么关系。

这是城市规划的忽略吗？这是城市发展的缺失吗？这是城市生态的无奈吗？这是市民的冷漠吗？为什么居于如此中央的位置，如此庞大的身躯，如此重要的城市生态资源价值，却被这个年轻城市如此高调地忽略？它到底出了什么问题？它到底有什么特别的价值？

我有点坐不住了，赶紧在地图上量一量这中央山带的空间尺度。不量不知道，一量吓一跳，这条绿色山带东西长约 15 千米，南北最宽处 5 千米多，最窄处不到 1 千米，平均宽度大约 2.5 千米，总面积大约 35 平方千米！想想看，在深圳 30 多年发展中主要的城市功能落脚的中央地带，横卧着一条大约 35 平方千米的绿色山带，东临清平高速，南接泥岗路和北环大道，西靠沙河西路，北临南坪快速路，四周是高度发展的城市片区：山带的东南方是深圳老中心罗湖区，正南边是赫赫有名的福田区，包括福田中心区，西南边是深圳文化旅游产业的骄傲——位于南山区的华侨城片区以及延伸出去的前后海和蛇口半岛，西边紧邻深圳硅谷——大沙河创新走廊，西北边是大学城、南方科技大学等教育高度密集的西丽片区，正北面是当下超热的深圳高铁门户、城市新中心区——龙华新区，东北面的龙岗坂田同样热络，因为这里坐落着国际巨头华为、富士康等著名企业，东面则是深圳人口密度最高、被称为"罗湖北"的龙岗布吉地区。可以说，登临此山，放眼八方，深圳最辉煌的发展成就尽收眼底！

看到这条居于城市中央地带的狭长山带，就让我想到如今被人热炒的一些"中心"地带，在这条中央山带面前，有谁还敢说"我是中心"？比如，过去福田作为城市中心，把龙华称为"福田北"，如今龙华发展势头很猛，

115

被作为城市新中心,近日龙华出让土地又现"地王",有人调侃说福田成了"龙华南"。其实,福田和龙华各自位于中央山带的南面和北面,最恰当的说法应该是:福田位于中央山带以南,龙华位于中央山带以北,这种情况下,中央山带才是真正的中心地带。

世界上有山的城市比比皆是,居于城市中央的山也有不少,但是,像深圳中央山带如此居中、如此磅礴、如此厚重,周边的城市中心地带如此密集,实在是稀缺、珍贵!纽约的中央公园是人造的,深圳的中央山带是天然的,况且,深圳的中央山带面积是纽约中央公园的七八倍!

可是,位于深圳中央地带的如此重要的山带,真的连一个全名都没有!我姑且叫它"中央山"吧!这个名字反映其真实地位,且好记。深圳中央山其实从西到东有很多局部小名字,概括起来主要有三个,西部叫塘朗山,最高海拔430米,中部叫梅林山,最高海拔396米,东部叫银湖山,最高海拔445米。山不算高,但放在城市中央地带,山势绵延,沟谷纵横,郁郁葱葱,仍然非常显眼。但是,我们知道,中央山过去恰恰位于最初的特区内外分界线上,这个定位让它一直处于边缘化位置上,甚至是严控地位上,得不到应有的保护和发展。尽管特区内外已经一体化了,但是中央山却仍然难以"扶正",一直没有一个完整的山地保护和生态发展规划,远望过去,山头上布满高压电杆,山上局部片区有一定的开发,有少量公园,如银湖度假区、梅林公园,也有少量山地住宅项目。近年来,为了疏通城市南北的交通,先后开凿了塘朗山隧道、福龙路隧道、新彩通道以及正在开凿的坂银通道,其他就乏善可陈,通往山上的道路非常少,基本处于无人区状态,深圳市民很难进入中央山腹地,也自然无法对其产生深度的喜好和感情。

我认为,深圳市政府应该重新认识中央山在深圳版图中的地位和价值,应该对中央山进行全面的城市价值定位和全方位规划,在深度保护中央山生态的前提下,彻底结束中央山与城市的隔离状态,把它与周边城市功能进行合理融合,让中央山发挥巨大的城市中枢生态功能和经济文化功能。比如,丰富和改善中央山植被系统,让中央山成为深圳最佳位置的城市绿肺和城市绿色景观空间;在现有隧道基础上,继续规划若干条新通道,以有效缓解深圳城市南北交通压力以及强化城市南北交通通行能力;建设深圳中央山城市公园,使其成为市民最亲近的养生和休闲宝地;修建环山绿道系统和山地路网系统,让市民从各个位置非常方便地能够进入中央山观景、锻炼、休闲、度假;对山地原有的功能进行重新梳理,剥离不合时宜的产业,强化中央山的复合型、高端型城市中心功能。希望通过政府和全体市民的努力,把中央山变成深圳城市最大的绿色花园,变成深圳的中央区位价值所在地,变成中国的城市名山。

深圳中央山，我们对于你的陌生，完全不是你的错，而是我们的错。你在深圳人的心目中必将熟悉起来，伟岸起来，亲密起来，成为市民须臾不可离开的风水宝地，成为大家心中可望可及的生态生活胜地，甚至成为新时期深圳全新的城市文化精神象征。

2016 年 6 月 10 日

再谈深圳中央山

前天晚上，一个微信群里几个朋友约我吃饭，席间送给我一本由群里几位群友在新浪微博上发表观点的书。这个群很厉害，都是一些在房地产界有底气的人士，多数有很成功的房地产投资经历和经验。这是他们多年征战楼市的佳作，我自然要好好拜读。

我为什么提这件事呢？是因为他们赠我书的时候，在扉页上写了几个特别的字：登上中央山，一览众城小。这几个字还真是把深圳中央山的伟岸写出来了。我的好友，多年来一直致力于研究深圳本土生态、人文的学者和文化出版界大咖南兆旭先生看到我的文章，立即发来几张他登临中央山顶、放眼深圳主城区的照片，那种气势，那种感觉，真的是不用再登莲花山了。朋友说，他们读了我前几个月发表的那篇关于中央山的文章，觉得讲得很好，记住了。我也很开心，毕竟自己提出的思路得到了大家的认同。

半年前的 2016 年 6 月 10 日，我在我的公众号上发表了一篇题为《在深圳，最熟悉的陌生地就是中央山》的文章。所谓"中央山"，本来并没有这个地名，是我提出来的一个名称概念，就是位于深圳主要城区中央地带的东西横向的一条山脉，自东往西由银湖山、梅林山和塘朗山等一脉山体组成。文章发表后，很多热情的网友留言，强烈支持我提出的呼请深圳市政府关注这条重要山脉的生态保护和休闲发展的建议。我在这里列出一些网友的留言：

网友一：不看宋老师这篇文章，还真不知道深圳还有这样的地方，谢谢扫盲。

网友二：中央山，名字是教授独创的吧？有意思。

网友三：确实，一直不懂为什么那一片山地除了修路再没进行过别的开发。

网友四：今天终于明白塘朗山梅林山和银湖山了，强烈呼吁重视中央山地位！

网友五：宋老师，确实，以生态控制线保留下来的中央山绿心从来没有正式研究过功能与作用，是一块值得期待的宝地！

网友六：目前是喜欢户外的深圳驴友最喜爱的深圳森林线路之一，我们就经常翻越、徒步中央山，我们叫它"城市森林"，从银湖山穿越到西丽的塘朗山，大概20千米，目前基本原生态，全是泥土小道，很多地方需要完善！呵呵！希望通过宋老师的影响力呼吁政府重视起来！完善山上道路和路边！不要过度开发！尽量保持原生态！可以参考香港的麦理浩径，全程100千米！

网友七：宋老师，看了您这篇文章，不由得联想起我现在居住的城市——加拿大BC省首府维多利亚。市内也有一座小山，百多年前建市时就规划为永久性公园，我明天从硅谷回去后拍点照片给您，供您参考！

……

那么多热情的网友阅读、留言、点赞，在更多的时候，碰到一些熟人、朋友、陌生人，他们都和我谈起我的这篇文章，都记得这个子虚乌有的"中央山"，这说明了什么？大家都非常关心自己生活的这座城市，关心这座位于深圳中央位置的庞大山体生态地带，希望政府在大力推进城市建设的同时，不要忽略这个极为重要的城市中央生态功能区。

网友提到了我的影响力。我知道我多年来在深圳各大媒体上频频露脸，知道我的人不少，包括政府。在一些场合，我碰到过许多政府高层人士，确有不少人对我有关深圳发展的观点表示赞赏。但是我明白，这种学者的"影响力"是算不了什么的，充其量是一种知名度和美誉度，能让我的思路影响到政府的政策制定才叫影响力。这个就难了，比如我的文章提到的中央山问题，事实上对深圳这座聚集了2000多万人口、市域空间又非常狭小的城市，拥有并保护好一个总面积大约35平方千米的生态环境优良的中央山，该是多么重要的事情！然而，我不知道我的文章发表之后，有没有深圳市政府高层人士看到过，有没有深圳市政府的相关部门和一些重要的规划部门看到过，他们是不是像我和许多网友、市民那样，真正把这座对深圳、对广大市民来说非常重要的中央山关注起来，推出相应的保护性政策和生态化的利用政策，并付诸实施。

　　看到我的文章的网友，如果你认识深圳市政府的高级别官员，认识深圳市政府相关部门的官员，拜托你把我的文章转发给他们，至少让他们了解到，这座城市的老百姓对这座山给予大家的重要的生态养生环境非常重视，对政府投入专项保护性政策和合理的生态型利用发展充满期待。拜托大家了，老宋在此表示深切的谢意！

　　至于这座中央山该如何保护和进行生态型利用，我就不用再重复阐述了，我于6月10日发表在"宋丁视点"公众号上的那篇文章已经讲得很清楚了。

2016年11月14日

第五章　华侨城文旅创新求变

华侨城要走多元整合创新之路

作为央企，华侨城已经走过了30年发展路程，形成了旅游、地产和电子产品三大主业为核心的产业结构，尤其是旅游产业，已经是亚洲第一、全球第四的水平了，资产规模也超过千亿元。然而，与"两桶油"之类的巨无霸相比，仍然是央企中的"小弟弟"，尽管如此，国资委历来对华侨城还是十分关注的，为什么？因为在央企中，华侨城显然是市场化改革发展的典范。

近年来，随着住宅产业的巨大震荡，地产巨头纷纷介入华侨城的传统优势领域——旅游地产，对华侨城形成了重大挑战。华侨城当然不能丢掉已经形成气候的旅游地产的发展模式，但是必须在此基础上寻求更新更高的发展战略和策略。

如何找到新的突破点？回顾华侨城30年来的发展，支撑其发展的核心竞争力和基本动力是创新。从中国最早的真正意义上的主题公园的创建到华侨城股份踏上资本市场，从影响巨大的旅游地产模式到文化旅游产业发展模式，从都市娱乐旅游到山海生态旅游，从总部城市旅游布局到全国旅游基地布局，华侨城的发展历程无时无刻不饱含了创新的理念和行动，甚至提出了"优质生活的创想家"的企业产业发展目标定位。对于华侨城来说，未来发展同样要继续坚定不移地走创新发展的路子，但是，时代变了，创新的模式也要进步，华侨城过去惯常采用的创新方式已经难以继续有效地推进集团的发展，必须由过去那些单点、单线、单向、单层式的创新发展为多元整合创新模式。

多元整合创新就是在互联网思维引导下，充分利用大数据和云计算手段，把任何一项重大创新活动都置于资源、空间、产业、市场、资本、政策等多元发展要素的内在动力整合过程中，通过严格的科学流程和市场法则的检验，确保重大创新活动效率、效能和效益的最大化。

从华侨城的旅游发展战略诉求看,多元整合创新的核心切入点主要包括如下方面:

第一,轻资产战略大平台切入点。未来的产业行业企业竞争,某种意义上说,就是轻资产战略大平台的竞争。华侨城历史上的成功,在相当层次上是重资产的成功,比如旅游大投入,房地产、自有资金投放、银行贷款,等等。未来的当务之急,是构建顺应时代要求的轻资产战略大平台,这是典型的多元整合创新,这个轻资产战略大平台内容包括:华侨城未来十年新战略、更加符合市场需求的现代企业运营体制机制、"互联网+"的网络架构、政策体系的高效利用策略、科技文化创新创意模式、以直接融资为核心的资本市场支持系统、开放型的国际化发展策略,等等。这些轻资产战略之所以置于大平台概念之上,其一是理论价值的整合创新,其二是执行策略的全程贯彻,必须以大平台导入具体操作,而不是停留在理论层面,要在大平台上实施各类轻资产形态的能量整合,在此基础上推出并实施符合华侨城未来发展方向的战略创新。

第二,产业发展模式切入点。华侨城过去依托主题公园、旅游地产、生态度假区、都市休闲区等产业模式不断推进企业的成长。如今,面对日益激烈的市场竞争,华侨城急需通过多元整合创新的方式,更加高效地推进产业模式的创新和企业的品牌化发展。华侨城应该大胆突破原有产业空间业态的局限性,有步骤、有创意地进入更多发展空间,例如,大都市的城市中心地带、老工业厂区地带、乡村小城镇地带、国家公园领域等,要在这些新型空间内部寻求旅游资源的整合开发和创新发展。与此同时,对原有的主题公园、生态度假区、都市休闲区等产业及空间进行创新性升级,保障传统旅游产业的可持续发展。产业发展模式的多元整合创新集中表现在:在更加宽广的发展空间内,把以往产业发展的成功经验和模式引入新空间,实施产业优势整合,推出更具活力和扩张力的产业业态和产品创新,并在此基础上总结和生成华侨城全新的核心竞争力和利润增长点。

第三,企业国际化切入点。华侨城从旅游业绩看,已经进入全球第四,亚洲第一,并且把进入全球旅游业第二大企业作为未来十年的战略目标。但是,华侨城的产业布局从来没有跨进国际空间,这和国内大型企业的发展战略方向是不吻合的。华侨城未来必须以国际化作为企业重大的多元整合创新的切入点,实施必要的、合理的、符合实际需要的国际化战略。例如,可以输出管理,输出产品,输出整体主题公园,输出品牌,可以采取全资、控股、参股、租赁等多种合作模式,总之,要通过国际化的整合创新和品牌运作,有效扩大华侨城的国际地位和影响力,为华侨城未来的发展创造更加广阔的空间和前景。

第四，航空产业切入点。国际上著名的旅游企业不少都进入了航空产业，因为国际旅游业的一个标志性形象正是航空客运能力。国内的海航则是由航空产业导入旅游业，做得非常成功。华侨城历史上曾经试图进入深圳航空，但没有坚持执行，错失历史机遇。建议华侨城仍然把航空产业列入集团未来重大的多元整合创新发展方向，第一目标是通过和深圳市政府磋商，继续争取进入深圳航空股权架构，力争未来达到控股深航的战略目标，这个目标看起来非常难，但是只要有想法、抓机遇，再难的事也有可能成功；第二目标是和总部设在深圳的东海航空进行谈判，力争全资收购东海航空，构建华侨城自己的航空产业，为未来的华侨城旅游插上高飞的翅膀。

第五，直接融资体系切入点。企业发展需要外部资金支持，这是不可逾越的一道门槛。近年来随着业务量的急剧扩张，华侨城的资产负债率也明显上升，负债太高不是件好事，一旦经营出现较大压力，就会威胁企业的生存。华侨城要逐步减少对银行信贷的依赖性，在上市融资模式的基础上，积极稳妥地进入各类资本市场，包括基金市场、债券市场、资产证券化、职工持股、股权融资、风险投资、私募投资、众筹融资等，构建以直接资本融资为核心的发展资金依托系统，通过直接融资模式的实施，有效降低企业运营的金融风险，同时积极落实国家倡导的分享经济的发展战略。

第六，网络华侨城切入点。互联网作为国家战略，已经形成未来产业发展的刚性基础设施的格局，国内旅游业的互联网平台模式发展十分迅速。华侨城已经清晰地看到了这一点，也在部署相关发展策略。我们要强调的是，应该通过多元整合创新模式，正确、全面、深度地导入互联网战略，特别是移动互联网战略，构建网络华侨城。具体操作策略是，实施双向互联网互动整合，一方面，在华侨城现有产业平台上，实施"＋互联网"的操作，把互联网手段全面导入华侨城业务系统；另一方面，配合国家互联网战略，实施"互联网＋"的操作，在国家互联网平台上全面加挂华侨城业务系统。

中国即将进入第十三个五年规划期，前景光明，任重道远，道路绵长。对于华侨城来说，这是一个难得的战略转型机遇期。期盼曾经创造过中国旅游业辉煌业绩的华侨城能够在多元整合创新的策略引导下，再创国家经济新常态下新的发展辉煌。

2015 年 12 月 13 日

华侨城总部城区的八大再造工程

华侨城总部城区约 6 平方千米，云集了华侨城总部、锦绣中华民俗村、世界之窗、欢乐谷、欢乐海岸、华夏艺术中心、何香凝美术馆、华侨城洲际酒店、海景酒店、文化创意园、波托菲诺小区、天鹅堡小区等一系列旅游及城市精品之作，是国内著名的文化旅游区和高端社区。

前天参加了华侨城总部城区总体规划第四次修编的专家评审会，感触良多。这个面积和福田中心区差不多大小的地方，自 20 世纪 80 年代末由工业区转型为文化旅游区之后，经历三次规划修编，一路辉煌，仍不停步，目前又进入第四次大修编大改造的筹备之中。事实上，当年这种把城市土地大幅转让央企的"分封制"开发模式，既出现了南油片区的失败，也产生了招商蛇口片区和华侨城片区的成功。历史功过不必多谈，还是看看这第四次大修编，华侨城总部城区该迈向何方？

华侨城总部城区区位优势非常明显，在深圳两大城市中心（福田—罗湖中心、前海后海中心）之间，可谓中心的中心，以文化旅游著称。但是我要说，目前在深圳，至少有八个片区可能与华侨城总部城区存在竞争关系：

第一，蛇口文化海岸线。现在的海上世界已然是深圳都市文化休闲的标志性场所，改造得非常成功。更重要的是，与其毗连的太子湾正在建设邮轮母港，一旦建成，将成为深圳海洋文化经济的亮点。还有潜力巨大的赤湾，3.2 平方千米，也进入规划前期。这条都市海岸线的文化功能爆发力难以估量。

第二，深圳湾。离华侨城总部城区不远，从华润春茧体育场到海岸城一线，这里的住房单价都十几二十万元了，成了深圳高层次经济文化体育消费的样板。

第三，宝中片区。是原关外发展最快的城市中心片区，自称"大前海地区"，由于城市功能齐全，消费空间广大，发展文化潜力很大。

第四，大空港会展区。这里已经是政府规划中的超级商务中心，将落成世界最大的会展中心，一旦建成，对文化旅游产业的集聚功能将非常强大。

第五，龙华新区高铁北站中心片区。龙华和福田就隔了一座中央山（我起的名，是塘朗山、梅林山和银湖山的总称），现在城市重心在北移，龙华已经被确定为深圳新城市中心，将投入 2000 亿元打造，福田中心区所有的文化商务功能都将在龙华北站中心诞生，这个片区未来的城市地位和文化商务功能将日渐发力。

第六，香蜜湖片区。这是福田硕果仅存的一块宝地，前段时间福田区说，要在这里打造金融街。我觉得非常纳闷，香蜜湖两边的福田中心区和车公庙都已经总部经济化和金融化了，还不够吗？这么重要的地方，唯一价值的地方，非要再搞什么金融，非要和前海、自贸区争个你死我活，这不是无聊吗？福田缺什么？不缺总部经济，不缺金融中心，缺文化！缺世界级文化高地！

第七，罗湖的大剧院片区。都说罗湖过气了，恐怕不是。你看京基100，仍然还是地标。更有规划中的纵横巨厦，横躺的有600多米，竖起来的据说有700多米，为中国最高，世界第二高的建筑。这种情况下，片区的文化消费能量和体量都不会小，何况罗湖的复兴口号就是建设国际消费中心。

第八，龙岗大运中心片区。当年举办世界大运会，龙岗曾经让其他区羡慕，建了最好的场馆，没想到最后让深圳湾体育中心"春茧"抢了风头。但是大运中心片区底气犹在。现在国际大学城以及其他城市功能在全面发力，更加上东进战略酿造的东部中心，这个片区的文化潜力不可小觑。

好了，讲了一大堆潜在竞争对手，回过头来，我们还是仔细讨论一下华侨城总部城区的改造问题。我想了半天，要在深圳文化领域称王称霸，没有一点刀痕可是不行的。第四次修编，面对的局势很复杂，很严峻，但也充满希望。我想了一个词，叫"再造"，华侨城总部城区这次改造，不是小打小闹，也不是大拆大建，而是要渗透到骨子里，进行文化再造，搞软性大包装，我把它称为"八大再造工程"。

一是认知再造。以前，华侨城被命名为5A级旅游区，大家到这里来，主要认知是来一个很好的主题公园群落旅游区。但是，未来的华侨城总部城区就不一样了，它将出落为一个具有高度开放性的、国际水平的文化消费体验共享城，文化的消费、体验、研发和共享都是城市性的，是常态化的，是市民可以亲密揽入怀中的，当然外来客源也是共享的。必须首先改变这个认知。

二是战略再造。必须提出高屋建瓴的华侨城总部城区改造战略方向，现在的规划修编稿感觉这方面提的分量不够，缺乏震撼力。我觉得至少有三个概念：第一是颠覆性，要对历史模式进行大幅整治，全面升级；第二是领袖性，要在文化产业上显示你的领袖地位；第三是中心性，要把这个片区的中心区位特征充分表达出来。战略再造，至少还要表达两层意思：一方面，这里是都市文化价值的核心载体；另一方面，这里是都市文化消费的总部平台。具体用什么词来表达更加贴切、震撼，需要认真琢磨。

三是脉络再造。从20世纪90年代初开始，这里成了主题公园群落，加上后来的住宅小区开发，这里逐步成了封闭式发展的城区，公共文化空间被挤压得很狭小，一些公共文化空间的利用率不高，市民进入非常困难，停车更是头疼，公共文化空间的社会知名度和影响力远远达不到几个主题公园那么大，这样的城区并不是理想之城。我想这次改造，一定要进行通透性的脉络再造，就是下大力打通主脉、支脉、毛细血管，让华侨城总部城区完全贯通、完全畅通、完美开放，在此基础上打造若干内涵丰富、亲和力高、利用率高、影响力大的公共文化空间产品，再造一个全域国际视野、国际范式、国际流程的文化之城。欢乐海岸做到了全开放，为什么湿地公园不能开放？还有，那些封闭的主题公园，也不一定就永远这样下去。锦绣中华土地租期快到了，现在它的门票收入也不尽如人意，我想能不能借这个机会，让这个黄金宝地继续留在华侨城手里，但实施全开放，不再收门票，注入都市文化因子，激活高品质文化体验和消费。欢乐海岸是有开放模式，但没文化，它只有大食街和大卖场（Shopping Mall）；而锦绣中华是有文化，没有开放模式。未来应该用开放模式再造辉煌。将目光放长远一些，将来世界之窗、欢乐谷也不排除走向全开放，如西湖一样，全域开放了，整体文化氛围浓了，人气更足了，但局部都可以更加精细地实施商业化操作，总收益不降反增。

四是产业再造。文化是宽泛的概念，但有高能量文化和低能量文化之分。华侨城总部城区肯定要大力发展高能量文化，你不能说，我有歌厅舞厅，有展览馆，有创意园，就能当文化领袖了。要遍览全球高品位文化产业集聚区，如纽约、东京、巴黎、伦敦等的文化中心区，看看人家都在做什么，然后我们再结合中国特色，深圳特色，推行改造。无论是国际文化总部基地，还是创意、演艺、影视文化，总之，要打造国际水平的文化先锋产业链。

五是物象再造。既然是空间性的项目，物象就非常重要。总要有一些让人看到后感到兴奋和激动的东西。比如遗址物象一般会给人深刻印象，华侨城片区年轻，但也有遗址物象，当年的深圳湾大酒店改造为华侨城洲际酒店时，就保留了很有价值的外表墙体，这就是遗址物象。当然更多的应该是现代文化物象，要非常高端、高品位、特色化、主角化。还有一种重要的物象，叫"密码物象"，文化旅游的消费体验，非常重要的事就是探秘，你一直在追寻什么，解了一个秘，还有更多的秘密等着你，文化旅游的魅力就出来了。物象再造非常重要，毕竟人们吸收外部信息，百分之七八十要靠眼睛，好的物象集群会给人留下深刻的印象。

六是动感再造。一个文化体验区,除了大量静态的物象,更有众多流淌的、动感的物象和活动,这也是集中反映这个地方魅力和价值的表现形式。华侨城的欢乐干线,欢乐谷的过山车游戏、大型演艺、花车表演、火山喷发表演、音乐喷泉、大型霓虹灯、车流、客流等大型流线动线,这些都是动感形态。华侨城在总部片区改造中应该利用高科技和文化创意全面提升动感形态,让动感更具有震撼力和冲击力。

七是市场再造。谁来消费体验共享这里?过去主要是游客和住户,加上一定的市民层面。未来进行大开放改造,我觉得要在市场需求层面有相当大的变化,一方面是要更新为广大市民的文化消费体验大平台,要有这样广泛性、集约化的功能导出,吸引广大市民过来。另一方面是这个大平台的国际化,让更多的国际客源前来消费体验。深圳城市的国际化,必须要有一些能代表这座城市文化精神价值的地方吸引国际人士前来。

八是品牌再造。华侨城总部城区要从一个旅游区品牌、生态文化环境良好的城区品牌升级转化为中国都市文化消费体验和共享的制高点、样板点品牌。应该考虑设计一个能够代表这个至高品牌价值的标志性物象,最好是动感物象。

华侨城总部城区的第四次修编及大改造,全体市民都充满期待,这里还代表着深圳城市的文化形象,因此外来客源也充满期待。华侨城,你们可要派上大手笔啊,要给深圳这座改革开放之城一个亮丽的交代!

2016 年 7 月 1 日

甘坑客家小镇:华侨城的文化科技 IP 创新之旅

以文旅产业称著于世的华侨城已多年稳坐亚洲第一、全球第四的交椅,实力不俗。但是,一直以来,让华侨城难以释怀的是,它没有自己的文化科技创新力量,没有自己的文旅 IP,所有 3D、4D、5D 动漫都是对外采购,甚至从来没有在自己的文旅项目中植入具有 IP 价值的吉祥物,更没有相应的延伸产品。这不仅加大了华侨城文旅业务的成本,更削弱了华侨城的产业竞争力。

华侨城显然意识到了这个问题的严重性,决心以"文化+旅游+城镇化""旅游+互联网+金融"新战略寻求突破。具体目标是：未来计划在全国打造100个特色文旅小镇，形成主流新业态，通过挖掘文化潜能、利用科技创新，为华侨城的各个文旅小镇塑造特色IP。去年以来已签约数十个项目，签约金额数千亿元，目标剑指"万亿华侨城"。

上面所提到的这些数字的确很有吸引力，未来预期前景如何，我在这里就先不讨论了。我眼下关心的是，华侨城是否真正能够通过文旅特色小镇的打造，实现文化科技的IP创新，真正弥补自己的短板？

之所以提这个问题，是因为在目前全国风起云涌的特色文旅小镇开发热浪中，没有特色成为最大困境。"天赋特色"型的文旅小镇已被占尽，剩下的大都资源平庸，比如度假小镇、温泉小镇、农业休闲小镇之类，就是没有特色的代名词。

事实上，很多文旅小镇存在不少潜能型特色资源，是有可能转化为现实资源的，文旅小镇成功的关键就在于对接市场需求挖掘潜能，通过创新塑造独特IP。可以说，以文化底蕴和科技手段实施IP创新是文旅小镇突破资源平庸弱势、迈向特色化的战略方向。

华侨城就是认准了这个方向，它把文化科技IP创新的第一仗选在了深圳。华侨城起步于深圳，总部位于深圳，对深圳有着深刻的情结。曾经的锦绣中华、民俗村、世界之窗、欢乐谷都是诞生在深圳的中国主题公园的创新典范，曾经的东部华侨城也是诞生在深圳的中国首个国家级生态旅游度假区。为了突破将近十年来在深圳没有重大创新举措、没有深耕空间的困境，2016年以来华侨城全面出击，在深圳各区与政府签约，决心再造六七个华侨城，其中率先选定的甘坑项目就是要打造深圳中部华侨城。

甘坑客家古村位于深圳中部，经过350多年的风风雨雨，目前仍然保留了不少传统建筑和民俗。然而几十年来日益被城中村密集的违建楼包围，城市建设和房地产开发的浪潮时刻压迫着甘坑古村的文化神经。当地政府和古村主人数年前试图通过营建甘坑客家小镇以抗衡侵蚀，但收效甚微。

2016年5月，华侨城文化集团全面接手甘坑客家小镇的开发业务，作为其100座特色文旅小镇的起步点。他们与村民组织合作，以PPP模式为先导，计划总投资500亿元，塑造华侨城文旅产业新业态的示范项目。

按照华侨城对甘坑客家小镇的规划，这里将以IP Town模式创造全新的文旅体验五大载体：

——客韵：遵循甘坑客家文明发展轨迹，打造全新观感；

——婚庆：以客家婚俗为主题，打造传统文化体验中心；

——书香：打造客家主题文化建筑，诠释"诗礼传家"；

——凉帽：打造富有甘坑本土特色文化内涵的 IP 形象；

——绘本：打造 IP 绘本出版特色小镇。

其中，最重要的无疑是"小凉帽"品牌的崛起，华侨城文化集团计划依托小凉帽品牌实现甘坑客家小镇文化科技 IP 的战略突破，他们的具体做法是：

1. 以客家文化为根基，让 IP 小凉帽闪亮登场

客家文化无疑是甘坑文旅小镇的文化根基。然而，深圳客家村落很多，停留在"客家文化"层面难以 IP 化。甘坑古村曾经以客家小凉帽最大产地著称于世，甘坑小凉帽被广东省列为第五批非物质文化遗产。可以说，每一顶别致的小凉帽下面都有特定角色、价值情怀、人文故事。华侨城决心锁定小凉帽作为甘坑的文化 IP，打造独一无二的客家文化小镇，要把小凉帽这个客家生活资源转化为旅游共享资源，建立与广大游客的伙伴关系；通过小凉帽 IP 化把传统客家文化资源转化为世界通用语言和行为载体。

2. 以"IP + VR + AI"科技为支撑，实现小凉帽 IP 文旅战略突破

华侨城文化集团强力推进"IP + VR + AI"文化科技新战略，以科技手段对客家小凉帽进行深度挖掘和创作。2016 年 9 月，小凉帽 IP 注册成功，甘坑客家小镇 IP 品牌运营启动。他们很快创造了亲切萌态的 IP 形象"小凉帽"及小伙伴"阿妹""铛铛狗"和"凉凉猫"，打造出"小凉帽与二十四节气""小凉帽过大年"等多个系列主题形象。2017 年 5 月，小凉帽形象亮相文博会，登上中央电视台《新闻联播》；2017 年 9 月，首部中国本土文化 IP + VR 原创电影《小凉帽之白鹭归来》在第 74 届威尼斯国际电影节斩获亚太电影艺术单元最佳沉浸影片、最佳未来影像金狮奖两项大奖，登顶全球 VR 高峰；2017 年 11 月，全国第一个将 IP、VR、AI 相融合的未来生活实现方式样板间——小凉帽魔法之家亮相腾讯全球伙伴大会，向社会展现 IP 驱动产业发展，让产品落地到生活，实现智能化体验。

3. 利用绘本模式把小凉帽 IP 品牌迅速推广到广大小朋友和家庭中去

绘本是全球最佳进入家庭、贴近少儿的图文并茂读物。华侨城文化集团将甘坑小凉帽持续导入绘本创作、出版、教育、展览和大赛，以小凉帽国际绘本大赛为基础，力求讲好中国故事，把甘坑打造为 IP 绘本出版特色小镇，力争将中国原创题材的绘本推向世界。他们以国内艺术院校合作等形式引进绘本工作室；汇聚绘本原创力量，举办绘本国际论坛、组织绘本、原画国际展销会，搭建绘本交流交易平台；拓展延伸产业，如绘本博物馆、绘本主题酒店、新媒体绘本互动、儿童舞台剧等。2017 年 5—8 月举办了第一届国际绘本大赛，共征集了来自 40 多个国家和地区的有效参赛作品 1463 件，规模及水平已比肩发展了60余年的老牌欧洲绘本大赛,成为华语第一,全球第三。此外,他们还邀请了一批国内外著名绘本大师担任大赛评委,提升了大赛档次和国际知名度。这样的国际绘本大赛将长期进行。

4. **采用IP Town模式切入文旅,将IP开发运营和特色小镇运营相结合**

华侨城文化集团在甘坑客家小镇所做的所有科技文化IP创新活动都是基于甘坑客家的文化基础,形成了线上线下的有机结合。他们构建了一个个客家生活场景和故事图景,成为深圳文化IP的闪亮名片。以IP创作开路,孵化了一系列亲子教育和科技创新产品,包括绘本故事、VR电影、IP主题邮局、AR明信片、AR唐宋古诗学习卡、IP衍生文创商品等,还有小凉帽民谣节、小凉帽魔法之家等品牌活动,今年年底小镇还将推出小凉帽主题酒店、农场和VR乐园。所有围绕IP开发的内容都可以在小镇真实场景中找到原型,打通线上线下的互动体验。

华侨城文化集团在甘坑客家小镇的文化科技IP创新之旅给了我们如下启示:

(1) 不以IP为基石,文旅小镇将无特色,缺乏可持续发展的强大动力。

(2) 以特色文化为IP,以传统手段打造文旅小镇,有特色,但缺乏时代感。

(3) 以特色文化为IP,以传统手段+文化科技手段打造,将产生时代型特色文旅小镇。

华侨城甘坑客家小镇是中国时代型特色文旅小镇的典范之作,甘坑客家小镇的成功崛起依赖于"小凉帽"这样的IP主题和形象的诞生。我认为,在全国文旅小镇迅猛发展而又苦于找不到特色IP的困境之下,华侨城甘坑客家小镇的发展经验值得全国其他发展中的文旅小镇参考。

2017年12月2日

华侨城开发甘坑新镇项目的思考

华侨城正在深圳全力推进甘坑新镇的开发。这是华侨城实施"文化+旅游+城镇化"战略的首个项目,规划总面积约13平方千米,投资500亿元,采取与政府、村民和村股份公司合作,以创意、管理和资本介入,通过IP文创形象、VR内容科技产业、古镇生态旅游和旧城改造实现产城游一体化,致力于打造六张国家级名片,即:国家级生态保护与建设示范区,国家5A级旅游景区,国家级新兴产业示范区,中国历史文化名镇,全国重点特色小镇,中国文创第一小镇。

甘坑这个地方是一个拥有300多年历史的古老村庄,是客家人的传统聚居地,古建众多,依山傍水,房连巷通,错落有致,犹如画卷。甘坑盛产赤竹,是制作凉帽的主要原材料,客家人用赤竹做成凉帽,实用而精美。2013年"甘坑凉帽"代表客家凉帽被列入广东省级第五批非物质文化遗产。

但是,在过去二三十年的工业化浪潮中,甘坑也进入了许多工业项目,到处是工厂、仓库、宿舍等建筑和小区,交通也缺乏合理规划布局,环境比较差。华侨城的甘坑项目实际上就是一个巨量的旧改、城市更新项目。

华侨城在深圳拿下甘坑这个地方,不仅是要做一个甘坑客家文旅小镇,更是要做一个以客家文化为基础的文旅及产业新城。从这个意义上说,华侨城面临的困难是非常大的,用华侨城人的话说就是,"这是一块非常难啃的硬骨头"。

其实,这完全是一个认识和行动角度问题,有一个说法:世界上没有垃圾,只有放错地方的财富。从另外一个角度看,硬骨头是一盘特色好菜,例如椒盐排骨、糖醋排骨,更有中国的大骨汤,东南亚国家的茶骨汤。

基于这个认识,我想谈谈关于甘坑新镇开发的九个想法:

1. 最好把项目名称改为甘坑新城

首先,这里面积够大,13平方千米,足可以造城。其次,项目里面有一个甘坑客家文旅小镇,已经是"镇"了,就不要再来一个"甘坑新镇",出现镇中镇的混乱格局。

2. 华侨城要准备革命

在甘坑,华侨城面临着一场硬仗,一场革命,一场深刻的发展模式变革。什么革命?原有的业态基本都是在净地或比较简单的产权关系土地上实施全面开发,在上面做新文章,想怎么做就怎么做。而在甘坑,除了不可动的生态控制线土地外,剩下绝大部分是已开发土地,有大量的老旧村屋、工厂、住宅楼等,且产权关系复杂,还不让拆迁,只能改造利用。这种开发模式,华侨城从来没有碰到过。华侨城应该有勇气、智慧和能力,在深圳旧改中实施一场革命,创造新业态、新业绩、新突破。

3. 重新认识文旅地产价值

大家都知道,华侨城是中国旅游地产的创造者和成功者。可是,甘坑新城项目没有什么大型居住用地的开发,甚至没有大型正规酒店那样的旅游居住项目,似乎文旅地产没有用武之地。事实上,这又是一个认识的角度问题，可以说，这里是另类的文旅地产，更多的是依赖既有物业实施存量资产的深度挖掘，更多的是轻资产运营的价值。这需要华侨城改变既有的旅游地产思维和开发模式，真正导入轻资产运营模式，发掘新的文旅地产价值。

4. 极端重视新市场需求的塑造

对于这种依赖大规模旧改、工业区产生的都市文旅项目，目前的市场需求远远没有对接起来。华侨城在甘坑新城的开发，不能仅仅着眼于供给侧改革，而且更要启动需求侧改革，让更多的市民和游客真正意识到此类都市旧改空间蕴藏的巨大人文、历史、经济、社会价值，真正关注和期待这里的成长。没有新市场需求，就没有甘坑新城的未来。

5. 要对新城空间实施精准分类并合理利用

甘坑新城空间大体可分为四个层级：

（1）不可动空间，生态保护线部分。
（2）基本不动空间，可由文化主题辐射、微调的部分，如凉帽村等。
（3）可调整、局部变动空间，如秀峰工业村。
（4）可完整变动空间，如甘坑客家小镇等。

对这四类空间形态要实施精准分类，在分类基础上进行合理利用，只有这样，才能最大限度提升土地的综合效率、效能和效益。

6. 要做顶层设计

应在基本摸底的前提下，对13平方千米做一个突破性的顶层设计和创意策划方案，要为华侨城提供一种全新的、基于大面积旧改现状的主题性都市文旅休闲产业的全方位、全层级深度切入的新型业态和发展模式，要找出真正的甘坑新城的IP，不一定是客家文化，我甚至不主张甘坑新城整体核心文化主题定位为客家文化，而把客家文化主题留给其中的甘坑客家小镇就好了。新城的整体文化主题需要深度研究，IP出来以后，要辐射到所有空间和项目中去，真正使这里成为深圳全新的文化高地。这个顶层设计极为重要，这一点不搞清楚，下面的工作都会走偏。

7. 拓展若干核心节点空间

例如甘坑客家小镇，还有明报仓库腾出后的地块，等等。最好有六七块，环状分布在最大山体四周，并用主题文旅游线串联起来。每个小空间都搞一种都市休闲小主题，围绕甘坑新城大主题展开。

8. 主题文化全辐射

甘坑新城其他基本不动和微调部分的空间，要创新一种新型空间利用模式，把新城整体文旅价值用特殊策略渗透进去，形成与核心节点空间的良性有机互动，强化新城大文旅格局。

9. 探求新型的投入产出模式

这种大型城市更新项目，在现有土地和物业难以大规模改变的前提下，到底如何投资、盈利，目前并没有成功的经验可循。乍看上去，改造的成本很高，盈利的空间有限。华侨城必须尝试进行深入探索，摸索新经验，创造新模式，合理掌握投入产出结构和节奏，有效控制亏损面，有效扩大盈利空间。

最后我要说的是，在欢乐海岸之后，几年了，华侨城在深圳缺乏新业态、新模式、新产品。2000多万深圳人民都在期待。我希望甘坑新城项目要挑大梁，真正成为华侨城未来的伟大创新之举！

2018 年 3 月 28 日

华侨城的"旅游+"：战略价值、主导路径及兑现策略

这是我在2018年8月24日华侨城举办的华侨城文化旅游产业发展战略研讨会上被聘为华侨城旅游研究院特聘专家后所做的演讲。

一、为什么"+"？华侨城强势扩张"旅游+"的战略价值

华侨城的"旅游+"是怎么回事？华侨城强势扩张"旅游+"的战略价值到底是什么？我们先回答这个为什么"+"的问题，讲清楚这个背景和道理。

（一）"旅游+"不是"+旅游"，要坐实旅游主业基础上的扩张战略

"旅游+"不是"+旅游"，每一个华侨城的领导要明白不能"+旅游"。

1. 巩固和强化华侨城旅游主业的核心地位和品牌价值

现在大家想想，当你们在旅游业做得特别艰苦的时候，当你们做旅游挣不到钱的时候，当你们地产收益非常顺利的时候，你们是不是有一点点冲动

的想法，就是放弃旅游，专门做房地产？为什么？很简单，利益驱使。东部华侨城投资了100多亿元，超过10%投的地产，超过80%投的旅游，结果旅游收益超过10%，地产收益超过80%，这个比例能让你不心动吗？现在地产调控，调控到现在大家还是想着买房子。所以在房地产始终充满诱惑的情况下，巩固和强化华侨城旅游主业很不容易，必须坚定信心。

2. 巩固和提升主题公园全球第四、亚洲第一的地位

必须巩固和提升主题公园全球第四、亚洲第一的地位，重点是提升。第一集团是迪士尼，旅游人数为1.5亿人次/年；第二是默林，6600万人次/年。华侨城有4290万人次/年。2017年，第五名的华强方特已经超过4000万人次/年；第六名长隆3100万人次/年，虎视眈眈。而华侨城在这个老四的位置上已经徘徊了好多年，要冲刺，要超越前面的第三名环球影城，它是4900万人次/年，差距是600万人次/年，这个600万人次/年走得很艰难。

数据有时候就是实力的象征。亚洲第一、全球第四不但要巩固，而且要提升。今天上午那个外国专家有一张图真的让我很震撼，讲到IP的主题公园，华侨城是0，而这是核心竞争力，华侨城没有IP讲不过去。

3. 深化、优化、强化华侨城的旅游产业链

必须全面深化、优化、强化华侨城的旅游产业链。旅游业竞争激烈，创新不断，华侨城不能停留在传统业态和内容上，要不断创新发展，不断提升旅游产业链的内涵和品质。

4. 依托全域旅游模式探索旅游业向多维度延伸、与多要素整合

依托全域旅游模式探索从旅游业向多维度延伸、与多种要素整合的可行性，一个是维度，一个是要素，我们讲"旅游+"，其中"+产业"只是其中一个维度、一个要素，我们要"+"的是多维度、多要素，不能把"旅游+"理解为就是加产业。

5. 探索旅游主业如何与多维度多要素形成高密度融合扩张

积极探索旅游主业如何与多维度多要素形成高密度融合扩张性成长的可行性，"+"要素、"+"维度意味着不一定是一直往大走，一直是外延式扩张，不是单纯的量的扩张。

6. 文化+旅游+城镇化、旅游+互联网+金融：本质上都是"旅游+"

华侨城"文化+旅游+城镇化""旅游+互联网+金融"，浓缩起来就是后面这个"旅游+"，这是我个人的观点。如果我们把那么长的大的战略定位收缩成"旅游+"就特别清晰，主业坚决做旅游，以旅游为核心，向多维度、多要素发展。虽然与迪士尼相比旅游做得还不到位，但巩固主业，再"+"其他的多要素、多维度，战略就很清晰。

(二)"旅游+"不是新模式,放眼中外都存在

放眼中外,"旅游+"普遍存在。比如迪士尼,它也是主题公园,大规模融入卡通 IP 基础上向外扩张产业链,它一直在这样"+"。如果我们再看一些区域,法国地中海沿岸的国际度假很发达,它延伸出了尼斯、戛纳这样著名的旅游城镇,这也是"+城镇化"。

瑞士达沃斯,原本就是欧洲一个滑雪度假地,和阿尔卑斯山脚下的小镇类似,但是后来延伸出了世界经济论坛为依托的会展名城,全世界第一,也算"+城镇化"。再看看中国,中国乌镇有小镇风情,在江南小镇中乌镇不算突出,但是乌镇延伸出著名的戏剧节、世界互联网大会、智慧小镇等,可以无限延伸,内涵非常复杂。所以我讲"旅游+"不是我们的发明,"旅游+"就是一个大的战略、策略,只要我们针对华侨城的实际实施战略驱动,就前景无限。

(三) 20 世纪 90 年代华侨城已经在"旅游+地产"领域取得成绩

"旅游+"不是从今天才开始的,20 世纪 90 年代以来,华侨城已经在搞"旅游+",当时重点是"+地产"。旅游+地产巧妙利用了中国处在城市化快速扩张时代的特点,在当时非常成功。

80 年代中国的城镇化不到 20%,现在的城镇化率 58%,其实是虚假的。如深圳有 2000 多万人口,只有 400 多万户籍人口,加上大约 800 万居住证人口,大约构成 1200 万常住人口,剩下的 1000 多万是流动人口。这些流动人口在家有户口,可在深圳工作多年也没有领居住证,这叫虚假城镇化,这在全国很普遍,至少有一两亿人,真实的城镇化率可能就是 45%~48%,现在对外公布的是 58%,离世界的 70%~80% 还差得很远。

中国的城镇化,一个点的城镇化后面是 1300 万人,每年从农村到城里 1000 多万人,刚需人群直接增加 1000 万~1200 万人口,任何说房地产业要结束的说法都是不对的,但是盖房子得有道理,不能乱盖。

政府期待华侨城搞旅游,发展经济,把公共设施搞起来,同时给你土地搞房地产来平衡投资。旅游地产就是最大限度发挥了旅游品牌和地产收益的优势互补作用,这是全部的奥秘,也是华侨城过去十多年来战胜所有地产商的唯一法宝。

我曾经有一次在华侨城开会,谈到当时前半年的业绩,在地产领域华侨城不敌万科等大房企,但加上旅游之后,其他房地产商都不如华侨城了,这

就是华侨城的竞争优势,这么多年华侨城的差异化竞争优势就是旅游地产。

(四)践行"旅游+"模式,实现纲举目张的综合效益

只要认真践行"旅游+"模式,完全可能实现纲举目张的综合效益,我们要的就是综合效益。

目前我们看到旅游业创造的 GDP 增加值广义上已经达到国际标准的 10% 左右。在全球经济中,旅游业有两个 10% 是非常厉害的,第一个是 GDP 增加值占 10%,第二就业人口占 10%,两个 10% 足以证明旅游业是绝对撼不动的第一大产业,华侨城有幸做了旅游业,并且做了老大,当然要坚守到底。

而且从经验来看,旅游业的聚客、聚资、聚产、聚文能力是最充裕的,带动效益日益凸显,所以说我们有幸占据了这样一个重要的行业,一定要做下去,它能做到纲举目张。

(五)"旅游+"是华侨城全面转型升级的战略考量和迫切需要

"旅游+"是华侨城全面转型升级的战略考量和迫切需要。华侨城旅游业 30 年的发展到了一个明显的瓶颈点,现在发展速度很快,但是方向感弱了,追兵就在后边,华强方特、长隆一直在迅速地往前走。

我最近也考察了几个华侨城的旅游区,包括东部华侨城,这是我最熟悉的一个地方,当年开发过程中我曾荣幸地为其做过顾问。前一段时间我去了一趟,看到了华侨城旅游当下的格局,产业弱化、产能僵化、产品老化、产程钝化、产形虚化。

同时伴随着债务上升、成本上升、利润收缩、亏损增加,我把这叫作"华侨城的中等收入陷阱",或者叫华侨城的半坡困境。

在这个情况下,"旅游+"模式为华侨城走出瓶颈、全面升级提供了可行的方向和路径。我们要完成三个任务:一是优化产业内涵,具体要结构升级,在未来五年做出一个有 IP 的主题公园;二是提升企业效益,使其成本下降、债务可控、风险对冲、效率改善、效益提升;三是重塑品牌形象,轻资产导向、无形资产跳增。

"华侨城"这三个字,每个字都背负着 1000 多亿元的品牌价值。如果算上货值就是 5300 亿元,如果放上轻资产、品牌价值、无形资产,可以轻松过万亿元。无形资产跳增、央企品牌新价值凸显,什么叫央企品牌新价值?要创造一种新路径,既是市场化的,又是国家企业化的,要做好平衡关系。

二、"+"什么？华侨城精准推进"旅游+"的九大主导路径

华侨城精准推进"旅游+"战略，我初步梳理出九大主导路径，当然，这是我谈到的多维度、多要素的视角。

（一）"+智库"：由智慧提升旅游项目品牌价值综合效益的加速器

"+智库"，这是由智慧提升旅游项目品牌价值综合效益的加速器。资本极其重要，产业增值依赖资本，但是资本依赖什么？资本壮大依赖智慧。钱越多越要善待资本，善待的办法就是用头脑、用高端智慧解决。当代智库是创新经济的内生动力，对产业具有爆裂性的增值作用。中国现在人均GDP 9000多美元，香港是4万多美元，美国是5万～6万美元，我们用了40年才追上人家1/5，当然，我个人对中国经济未来继续追赶仍然抱有充分信心。

实践表明，凡是缺乏创新和智库支持的旅游业都无法取得突破性的发展，尤其到了今天华侨城这个规模。智库有组织形态，也有非组织形态，现在华侨城成立了规划设计院，也成立了旅游研究院，也聘请了一些顾问，还有公司以外的很多专家。同时我们每个人都是一个小智库，全民创业、万众创新，每个人都要积极地为华侨城的发展做贡献，提供好的思路，都叫智库。

华侨城旅游处在新的起点上，最需要的就是大手笔导入智慧产业和智库力量。我把"+智库"放在第一位，就是这个时代决定的，"+智库"就是要把华侨城华丽转身成为智慧华侨城，就是把它转化成一个创想的华侨城。"+智库"就是要让华侨城搭上创新、创意、创想快车，在智慧创新大平台上继续引领中国旅游业，智库智慧这是一个产业，也可以算一个产业，但是它更多的是一种要素，是一种维度，你想到率先把它"+"进来，华侨城的未来才能得到更好、更快的发展。

（二）"+文创"：让旅游项目产生主题卖点和核心竞争力的IP形象

"+文创"准于"文化+"，我们现在叫"文化+"，"文化+旅游+城镇化"，我认为应该是"旅游+文创+城镇化"更准确，因为代表了华侨城的主业是旅游，我在主业基础上"+"东西，而且"+"的是文创，不是

"+"文化，"+文创"高于"+文化"，文化指向历史，文创面对未来。

华侨城的旅游业态丰富多彩，但是客观地说，大多缺失文创主题。这主要是因为文创成本太高，风险太大，各执争议，难以开发，可持续性弱。

"+文创"就是为旅游业增添底蕴、提炼主题、寻找灵魂、确立IP。"+文创"在当今旅游业发展中正在成为提升核心竞争力的法宝。"+文创"可以采取IP购买式，但是我个人认为，像华侨城这样的品牌旅游企业还不能够逃避一种责任，核心竞争力的IP恐怕还是要自己创造。买进IP容易受制于人，必须边买边创，直到有了真正属于自我创造的IP。我觉得现在一定要下大决心解决这个问题，否则没有办法称为国际著名文旅企业。

(三)"+体验"：旅游业将倚重游客广泛而深切的切身体会和感悟

"+体验"，未来的旅游业将越来越倚重游客广泛而深切的切身体会和感悟。现在所谓的供给侧改革主要是来自需求侧的普遍而真实的需求，供给侧不能离开需求来解决问题。

当今中国旅游的升级，一个重要的表现是迎合游客，尤其是"90后""00后""10后"，这些新潮的游客日益增长的切身体验的需求。近年来，我们看到国际旅游业大力开发具有全方位体验价值的沉浸式旅游已成趋势，这就完全是把自己放在一个情景中，忘记现在，回到一个特殊的时空中去。

国内也在大力推进这种体验式旅游。华侨城目前在这种亲临现场体验式的旅游中还是走在前列，值得欣慰。比如，大家都知道北京欢乐谷的甜品王国、天津玛雅海滩水公园，还是非常有名的。我也很期待安仁古镇公馆沉浸式演出。

(四)"+产业"：创造协存共享互补分担齐荣为基石的优选复合业态

"+产业"，但不是"+"一般产业，而是"+"互效型产业，这个十分重要，千万不能随便"+"，基本要求是互效型，创造以协存、共享、互补、分担、齐荣为基石的优选复合业态。

"旅游+"的最大方向，就是"+产业"，以旅游为核心导入的各类产业必须是具备高度互效特征的产业，相互能够共融。它的流程表现是产业间的协同存在、共同分享、互相补充、分担风险、共同繁荣，这是一个基本选择。

产业要有"三效"，即效率、效能、效益，缺一不可。"旅游+"目前的产业大概率选择是农业、养老、康养、文教、体育等,其实观赏性、体验性强的工业,传统历史价值高的工业,都可以"+"。

(五)"+城镇化":让旅游更有脚踏未来的高性价比空间

我们看到,在国家大力推进特色小镇的背景下,"+城镇化"已成为大型企业拓展的重大方向。在"+城镇化"的趋势中,"旅游+"具有明显优势。全国小镇一半都是文旅小镇,最初达到70%,后来国家对此进行压缩,仍然一半以上是文旅特色小镇。

除此之外,大城市的城市更新、旧改项目也是"+城镇化"的重要组成部分。旧改项目大多位于城市市区地带,这个"+城镇化"怎么表现呢?我觉得要重点开发都市休闲娱乐"Living MalL"。

深圳关外龙岗、坪山、宝安、光明有很多这种旧工业区改造项目,如果向文旅方向发展,华侨城现在由工业区改造出来的文化创意园这个模式恐怕不行。主要原因是这些文化创意园最后慢慢变成一个餐饮街加文化创意公司办公区,文化创意的文旅空间越来越小。很多公司,特别是文创类的公司、设计公司以比较便宜的租金价格拿到旧厂房改造成公司用房,底层做餐饮,周末出来摆一点小文创商品,这样的模式很难有前途。

我希望大家去看看德国鲁尔区,环形400多千米,55座中小城市,500万人的总量,每一座城市都是精品,特别棒。我觉得有机会的话,参考这种案例,在宝安、龙岗、光明这些地方,大面积地圈下来,大量的厂房就不拆,全部都按照高端的文化创意来改造,真正做一个城市内部基于工业区改造的大型文旅创意平台。"+城镇化"通常都是巨无霸、慢周期工程,投入产出周期相对较长,所以应该制定短中长期投资收益平衡策略。

(六)"+科技":让旅游更具创新型、前沿化、未来感的内涵支撑力

"+科技",让旅游更具创新型、前沿化、未来感的内涵支撑力。近年来高科技因素对旅游业的渗透越来越深,已经形成强大的动力平台。AR、VR、AI、全息等科技手段和模式在旅游园区内影响越来越大,特别是AI。

对此,华侨城应该高度重视,因为这些高科技因素可能形成"弯道超车"。如果过去这十几二十年来在科技支持旅游上落后了一点,抓住这个机会可能是"弯道超车",我相信有这个可能性。我一直有一种遗憾,华侨城集团属下拥有康佳这样的高科技企业,为什么没有把它的高科技能量直接传导到自己的旅游产业上来。

科技创新与文化创意的结合将给旅游业带来难以估量的推动,潜力巨大。华侨城既往的旅游模式中科技含量不足,所以未来需要加快构建"+科技"平台。

(七)"+互联网":不断成就智慧旅游的新时代超级服务平台

现在移动互联网正在成为所有产业发展的新型基础设施平台。从现在来看,OTA旅游互联网移动综合服务已经成为旅游业的主要服务模式。

我们现在要出行旅游,要预订门票、酒店等,或要查找什么信息服务,在网上全部可以解决,所以我们看到了携程、去哪儿、途牛、驴妈妈、艺龙、同程一大批品牌在线旅游平台。但是不管怎么样,对华侨城来讲,这类在线旅游平台就是我要"+"的目标,不是它们要"+"我,不是"互联网+",而是"旅游+互联网"。

华侨城通过"+互联网"已经显著提升了旅游业的效率和效益。互联网通过大数据支撑正在为旅游企业提供更加精准的市场战略策略,现在离了大数据,我们这样的企业寸步难行。"+互联网"为旅游业迈向全面智慧时代起到了中坚作用。

(八)"+金融":有效弥补旅游融资短板、推动旅游发展的助力器

"+金融"其实在原来的战略中已经谈到,是有效弥补旅游融资短板、强劲推动旅游发展的助力器。

首先是强化自身融资平台,增强企业内部资金调配及化解外在风险能力,自我调配能力要强。我们知道,企业"三张表",最重要的不是资产负债表和利润表,而是现金流量表。现金流非常重要,现金为王,现金流量常常决定企业生死。

其次是有效扩大从直接资本市场融资的机会和渠道,比如企业债券、产业基金、资产证券化、融资租赁、IPO等很多的融资方式,应该把更多融资目标延伸到直接资本市场上来,扩大方向争取更多的资金支持旅游业发展。

最后是大力推进合法、稳健、高效的在线金融服务。"互联网+金融"的含义是,未来基于互联网平台的旅游金融服务将成为旅游产品的主选标配。"互联网+金融"给旅游业输出金融能力,比如风控、分期服务、保险产品定制设计等。"互联网+金融"通过金融方式为游客提供差异化旅游产品,更多的是为中端游客服务。"互联网+金融"模式需要企业做好内部数据分析、支付安全等方面的监控。

(九)"+开放战略":让华侨城走向世界,变身全球旅游企业的金牌锁钥

"+开放战略"当然首先是把国外的旅游资金、技术、管理、服务引进来,这方面华侨城做了很多。但是,目前看,仅仅有引进式的开放远远不够。让华侨城走向世界,这是变身全球旅游企业的金牌锁钥。因为我们知道尽管在业绩上已经是全球第四、亚洲第一,但是其实没有走向世界,很少有国际投资,缺少国际业务,也缺乏国际旅游产业的操作经验。

大量的央企其实已经走向海外,投资业务遍布全球,我们是不是一直停留在中国不愿意出去呢?我想不要长期滞后,要通过"+开放战略",积极寻求适合华侨城"旅游+"的向海外拓展的机会。期待未来十年华侨城把中华文旅价值推向海外,树立全球化旅游企业品牌。

"+开放战略"的对外拓展,关键不是量,而是品质,迪士尼就是好榜样。迪士尼在全世界也就推了几个迪士尼公园,为什么?主要是要保证质量。总而言之,要搞"+开放战略",要尽可能"走出去",因为现在国家已经宣布了进一步开放,在这个潮流中不要错失了华侨城的身影。

三、怎么"+"?华侨城高效实施"旅游+"的五大兑现策略

华侨城如何实现高效推进"旅游+"的战略呢?我提出五大兑现策略,也就是解决怎么"+"的问题。

(一)固本强基:为"旅游+"奠定更加坚实强大的旅游产业及品牌基石

我始终强调固本强基的问题,为"旅游+"奠定更加坚实强大的旅游产业及品牌基石。"旅游+"的基石是旅游产业本身的坚实程度,必须长期维护其核心价值及强大地位,不能有丝毫犹豫。要清醒地认识到,当前国内旅游竞争非常激烈,你不前进人家就前进,华侨城旅游绝非高枕无忧。

要依靠持续性创想创新,不断提升华侨城旅游的内在价值。未来5年,华侨城必须在旅游文创、主题IP提炼、独创价值上形成战略突破。在多级旅游品牌的强力支持下,我对华侨城的"旅游+",还是非常有信心的,完全有可能取得丰硕的成果。

(二) 锻造模式：让"旅游+"成为可持续发展的核心机制和模式

锻造模式，让"旅游+"成为华侨城未来可持续发展的核心机制和模式。"旅游+"在思维观念上是一种战略，在整体运营上是一种机制，在具体实操上是一种模式。所以说兑现"旅游+"整体上靠运营机制，具体要有实操模式。

我举两个实操模式实验例子：

案例1：让中国博物馆文化在古朴敦厚的安仁古镇大放异彩，我觉得这个要深抓，抓下去，抓出一个经典案例，不是华侨城的案例，是全中国文旅的案例，我觉得这个完全有可能。

案例2：用一顶"小凉帽"做引子，让甘坑客家小镇享誉世界。

这两个都是实验案例，不是成功案例，因为现在这两个都不能说成功，还在实验中，我们一直在关注和探讨，期待它们成功。

(三) 创新引领：多方位的"旅游+"行动需要不断创新以求高水平突破

创新引领，说到底还是要靠创新，多方位的"旅游+"行动本身就需要不断创新以求高水平突破。"旅游+"不是不同要素之间的简单物理叠加，而是深度有机融合，不是物理学，是化学，甚至是心理学。任何形式和内容的"旅游+"都必然导入高度创新的动力机制。从旅游主体角度看，"旅游+"就是通过传导旅游基础动能激活其他要素，形成整合效应。从各要素角度看或者各个维度角度看，通过"旅游+"创造各个要素、各个维度发展的新机会，并且逆向推动旅游业提升。华侨城的多维度、多要素"旅游+"行动将深刻改变它的创新路线，形成跨越式发展态势，华侨城的未来旅游以及整个华侨城集团的长远发展，我对此完全是充满信心的。

(四) 三效导向："旅游+"行动明确体现"效率、效能、效益"总体目标

华侨城推进"旅游+"不是应景式的花样文章，而是以"三效"为导向的企业战略。"旅游+"通过旅游主业与多维度、多要素的对接整合，将显著控制成本，提升整体运营效率。"旅游+"也将在资源、资本、产业的大融合中有效提升产业品质，实现高效能目标。效率是讲量，效能讲的是

质。"旅游+"更将在整合运营过程的每一个流程终端形成可持续的、有价值的综合效益。华侨城应该在积极推进"旅游+"战略过程中设立三效目标的监督考核制度，确保落实，不能走过场。

(五)循序渐进："旅游+"行动需稳健推进

"旅游+"是引导华侨城在国家新经济时代下实现企业转型升级的长期战略，所以要稳健。"旅游+"是要布局短中长期，稳健推进，务求成功。近年来，华侨城的产业扩张步伐非常快，"万亿华侨城"的口号已经喊出来了。但"旅游+"不能被急功近利绑架，绝不能做竭泽而渔的事情。"旅游+"行动中所能"+"的内容必须符合华侨城的长远战略。只有稳健推进，才能让"旅游+"行动真正成为深刻影响华侨城未来的伟大战略。我相信"旅游+"是一个伟大战略，就看我们怎么具体操作了。

我讲的最后一句话是："旅游+"，让华侨城更强大！

谢谢大家！

2018年8月24日

华侨城：比文旅节更重要的是做 IP 王！

十一黄金周过去了，其间全国天气晴好，旅游业赚得盆满钵满。中国旅游业领头羊华侨城更是在国庆期间在全国近50个城市推出长达两个月的"华侨城文化旅游节"，开展200余项形式多样的活动，邀请全国人民加入节庆活动同欢共乐。

华侨城在做大型文旅节庆活动上的能力和成就是有目共睹的，这次强势推出文化旅游节，相信一定会取得成功。但是，引起我关注的并不是文化旅游节本身，而是贯穿在文旅节期间的一些显现和潜在的文旅活动主题化趋势，也就是可能成为未来这些项目的IP价值内涵的东西。我的看法很明确，对于华侨城来说，短期、热闹的文化旅游节对于活跃市场、激励消费、获取收益来讲固然重要，而打造能够彰显华侨城文旅可持续发展的、具有不可替代性的IP主题文化价值的文旅项目比文化旅游节更重要。

华侨城应该做中国文旅产业界的IP王！

华侨城当然在大胆尝试。例如，在全国七大欢乐谷内已经成功落地多年的国际魔术节，正在形成特色，尽管目前还不能说已经具备 IP 价值，但其 IP 价值正在日益显现，或将成为支撑欢乐谷长期高价值发展的主题性动力之一；在深圳甘坑客家小镇的深圳 V 谷乐园，以"小凉帽"原创 IP 为核心内容，结合客家古韵文化，配套先进的 VR 虚拟现实形成的黑科技乐园；在赋能管理的四川大邑安仁古镇，以"馆藏中国"为核心文化主题的古镇 IP 以数十座博物馆、800 余万件藏品以及大型公馆实境体验剧《今时今日安仁》凸显其独特价值；等等。

然而，对于支撑一个世界第四、亚洲第一的超级文旅企业来说，华侨城的 IP 之路只能说才刚刚上路。目前看，严格意义上、成熟的、市场已经全面认可的 IP 项目，华侨城还没有，打造 IP 价值可谓任重道远。要知道，IP 文旅项目和非 IP 文旅项目在同等投资和运营力度下，其长期收益有很大差别，且越长久，IP 项目的优势越大。放眼全球，迪士尼、环球影城等，国内的华强方特、长隆海洋王国等，都已经不同程度实现了 IP 价值化，这对于华侨城来说，是一个严峻的挑战。但是，这是无法选择的、必须迈出的战略步伐。

华侨城推进 IP 价值化并不是没有风险。现在文旅产业发展有国家政策支持，太多的投资都想挤进去，但实际发展如何呢？同质性太强，缺乏特色，必然导致恶性竞争，最后就是一地鸡毛。华侨城未来的 IP 创新一定是在激烈的市场竞争中寻求发展的。

我们来看一下陕西袁家村的例子。袁家村原来是陕西关中地区一个极为普通的村落，后来依托"关中民俗"特别是特色餐饮发展起来，取得了高峰日客流量 10 万人次、年营业额 10 亿元的辉煌成就。周边村子眼急了，大约有几十个村子模仿袁家村，也搞同类的民俗及餐饮活动，结果几乎都搞不起来。为什么？就是因为袁家村最早起步，已经把"关中民俗"这个文化主题收入囊中，关键是做得很到位，得到市场的高度认可。从此，"关中民俗"这个本来属于所有关中地区村落和城镇的文化主题被袁家村提升、凝聚成自己的文化 IP 了，形成难以替代的格局。旅游者如果希望体验关中民俗，只要去一趟袁家村就够了。这就是文旅 IP 的魅力和独特价值。

如果说袁家村的文旅 IP 是在发展中逐步集聚而成、形成难以替代的格局，黄山的山、九寨沟的水就是天赐特色、唯一性、不可替代性的主题 IP。此外，人类历史上遗留下来，具有重大文旅观光、体验属性的人文资源也具有不可替代性的、唯一性的 IP 价值，例如北京故宫、敦煌莫高窟、山西平遥古城等。进入文旅产业的企业谁不想拿到这种天赐的或人类历史遗存的、具有不可替代性、唯一性的 IP 资源呢？但是，真正有机会拿到的人很少，大部分企业不得不在那些自然或人文禀赋相对弱一些的资源上，通过后来的创意创新，使其产生难以替代或不可替代的 IP 价值，并依托这种创新性的 IP 实施项目运营。

但是，现实中的创新就存在竞争问题，你创新了，别人也在创新，结果就可能出现同质性，就可能出现恶性竞争。竞争的结果，一方面导致有些企业、有些项目走向衰败；另一方面，也在助推创新内容的升级，也就是说，最初创新的内容具有独特价值，随着创新内容的大范围使用，其独特性被普及化了，意味着创新的边际收益下降甚至消失，必须纵深创新才能保持独特价值。

上述情况意味着，在文旅产业发展中，任何基于常规化资源形态的创新，其形成的独特性并不一定成为唯一性的东西，更难以进入 IP 价值，最初可能具有难以替代的情况，但随着消费需求的深化，这些曾经的创新和特色可能会变得没有特色和失去创新性，必须在原有基础上追加创新，才能延续创新特征和难以替代的属性。

华侨城这么多年来的文旅发展，真正拿到手里的天赐唯一性资源和人类历史遗留唯一性资源很少，大部分都需要华侨城在投资开发过程中实施深度创新，寻求属于华侨城自己的特色和难以替代的价值。最初的业态、项目和定位应该都有一定的创新性和独特性，例如，锦绣中华的微缩景观、中国民俗文化村的少数民族村寨表演、世界之窗的著名建筑景观、欢乐谷的欢乐主题等。这些最初的创新都曾经为华侨城文旅产业的运营创造了巨大的品牌效益和经济效益。

但是，所有这些创新内容并不具备原本意义上的 IP 属性，也就是在价值唯一性基础上的知识产权法定性质。随着国内文旅产业的大发展，华侨城早期的这些创新被后来大量的模仿和更高的创新逐步挤兑，进入创新资源的同质化阶段，这意味着，如果华侨城拿着这些早期的创新继续应对改变和提升了的市场需求，必然会面临市场的冷落甚至抛弃。这就逼着华侨城需要每年在这些文旅项目中实施追加投资和创新，才能维持项目的正常运营。我们发现，这样的追加创新，其投资压力很大，且机会成本在不断提升，如果创新力度无法在市场竞争中占优，就可能遭到淘汰。

所以，当我随着熙熙攘攘的游客涌进华侨城文化旅游节活动现场的时候，我当然会享受节庆活动带给我的愉悦。但是，我不得不更加关注在一系列炫目的文旅活动中任何一点具有独特价值的创意动向，因为，这些创意创新点有可能在未来成为华侨城文旅项目成长中延伸为具备 IP 价值的文化主题。

未来五年到十年,将是华侨城锻造自己的 IP 价值项目的关键时期,我们有理由期待,因为,30 年的华侨城拥有其他文旅企业难以企及的规模、品牌、定力和韧性。我们拭目以待。

2018 年 10 月 8 日

当华侨城文旅节注入各地特色 IP 项目平台的时刻

昨天发了《华侨城:比文旅节更重要的是做 IP 王!》的文章,觉得不过瘾,有些话没讲透,今天再发一篇,做个补充。

华侨城启动的规模宏大的"华侨城文化旅游节"是落定在将近 50 个城市里,为什么是这将近 50 个城市呢?显然,这些城市是符合华侨城的战略部署需要的,是人口集中、消费力强且有华侨城已经布局文旅项目或相关项目的城市,比如,已经布局了欢乐谷的城市,布局了华侨城旅游度假区的城市,布局了华侨城文旅地产项目的城市。

我了解到,华侨城是计划把文化旅游节做成品牌,甚至做成华侨城的超级文旅 IP 的。现在的操作模式清楚了:把一个创新性的、包括 200 多项内容的大型活动——华侨城文化旅游节每年定时空降到华侨城位于全国将近 50 个城市的文旅项目或其他项目地带去,由各个城市的华侨城属地项目承载文旅节活动,并在活动举办过程中结合当地特色展开。

听上去、看上去是非常完备了,国庆黄金周拉开序幕,好戏连台。可以说,这个由华侨城总部创意、统一空投各个城市的文旅节将是华侨城未来一个非常重要的欢乐因子,每年节庆期间,这个欢乐因子就会以一种当年的新面孔从深圳总部启程,飞赴各地,落地开花,两个月后,硕果累累。这显然是一幅激动人心的罗曼图景,如此阵势,如此手笔,在国内乃至国际上也几乎无出其右。

关于文旅节本身的辉煌和前景,我先按下不表,这里想谈一下文旅节将要落地的各个城市的华侨城项目平台。这些平台多数应该是有文旅内涵的,比如欢乐谷主题乐园,比如旅游度假区,等等。这些文旅平台的基本建设情况如何?因为,如果这些文旅平台的基本建设不到位,当文旅节共享欢乐因子落地时,就无法达到应有的效率、效能和效益,更谈不上文旅 IP 主题价值的最大化。

这些文旅平台的基本建设大体分为两大内容，一块是平台或园区的基础设施和主体项目的投资建设，应该说，这些东西华侨城做得非常到位了，硬件部分多年来都是建设和运转正常，主体项目也做得风生水起，无须挑剔。关键是另一块，平台或园区的文旅IP建设，华侨城的文旅主题提炼出来了吗？发挥作用了吗？起到园区经营的中流砥柱作用了吗？在长期的市场竞争中经受住考验了吗？成为华侨城品牌的支撑因素了吗？

谁都知道，这两大块中，前一块属于外显性部分，看似体量大，投资多，可见度高，但总体属于表现性内容，相对好做。后一块属于内核性部分，体量小，投资相对隐性，不可直见，需要内涵式挖掘，需要外显部分承载，故总体不好做。多年来，包括华侨城在内的国内文旅企业大都在迂回绕过后一块，主要精力放在前一块，为什么？就是因为好做！而在后一块也就是文旅IP板块方面，大家都尽量躲开，为什么？就是因为难做！

外显部分是常规动力型的，是好做的，出效果快，收益快，但浅尝辄止；内核部分是核动力型的，当然是难做的，出效果慢，收益慢，甚至常常花了大价钱，没出效果和收益，反而出现亏损，前功尽弃。华侨城多年来一直尝试做一些IP创新，从当年的"皮皮鲁"到今天的"小凉帽"，不能说没做，但是，既往的IP尝试都失败了！今天的"小凉帽"能成功吗？至少现在不能说。一个偌大的文旅企业，不可能坐等几个IP成功再出手，只好把美好的IP创意晾在一边，重点搞常规的功能项目开发，比如酒店、温泉、高尔夫、乐园、表演，等等。如此这般，一个个缺乏IP价值的文旅项目诞生了，借助华侨城的品牌效应，这些投资高、体量大的文旅园区也砸出了不错的业绩。

但是，IP是文旅项目的主心骨、压舱石、加速器、挡风墙，是唯一价值属性决定的。缺了IP的文旅项目，是很难发展起来的。因为你没有唯一性，没有独特的IP价值，也就没有永恒的市场潜力，总有多种市场力量在拖拽你，你的游客量、旅游收入、知名度、服务品质等始终在被迫与这些拖拽力量进行对冲、争斗，一旦你放松力量，所有指标马上下落，市场是不讲情面的。

文旅节是一台大戏，共享的因子是欢乐。如果华侨城位于各个城市的文旅项目平台是这样的无IP格局，自身的承载力和辐射力有限，如何接纳和张扬文旅节如此丰富的活动内容？如何在文旅节的活动内容与当地项目的结合中生成具有特色的活动，从而产生更加突出的文旅节效应？

让我们设想一下华侨城文化旅游节在各地落地的四种可能的情况。

第一种：一个没有 IP 价值的文旅节活动落地到一个没有 IP 价值的文旅项目平台，常规对常态上，大体就是热热闹闹地走一个节庆流程。

第二种：一个没有 IP 价值的文旅节活动落地到一个拥有 IP 价值的文旅项目平台，节庆的热闹氛围能够在此期间衬托一下 IP 文旅项目，增加一定的项目活跃度。

第三种：一个拥有 IP 价值的文旅节活动落地到一个没有 IP 价值的文旅项目平台，产生的是典型的激活效应，文旅项目平台应该收获良多。

第四种：一个拥有 IP 价值的文旅节活动落地到一个拥有 IP 价值的文旅项目平台，可谓"强强融合"，可以达到最佳的文旅效果。

显然，华侨城的文化旅游节应该走第四种道路。我认为，无论是文旅节本身，还是各地文旅项目平台，都要坚持抓 IP 价值的导入或开发，这是华侨城文旅产业发展的根本出路。华侨城应该做的是：不回避困难，不中途放弃，不虎头蛇尾，不丢失信心。

期待华侨城潜心做一批各具特色的文旅 IP 项目平台，当共享的文旅节欢乐因子注入的时刻，各地文旅平台必定绽放出各自独特的风采！

2018 年 10 月 9 日

华侨城文化旅游节要立足大创新、大品牌

华侨城集团于 2018 年 10 月、11 月两个月期间统筹旗下 50 余个城市的上百个主题公园、自然名胜、特色小镇、美丽乡村、主题酒店、文化演艺、旅游度假区、艺术生态场馆，开展了一场规模空前的文化旅游节。这场规模宏大的节庆活动从当前社会主流消费群体的内心需求出发，以"欢乐在一起"作为节庆主题，力求引发最广泛人群的情感共鸣，努力唤醒忙碌的人们给予家人更多关爱，唤醒分离的朋友创造更多欢乐相聚。此外，这场国内外首创的大型节庆活动还在于充分展示华侨城在文化旅游产业领域的强大实力、广泛布局及多样业态，以一场中国旅游史上最为磅礴与绚丽的盛宴，邀国人共同感受大国之旅的风范。

2018 年 12 月 6 日，暨南大学深圳旅游学院就华侨城文化旅游节的议题约我进行了访谈，下面是访谈记录。

文旅与地产：顺势而为

问：首先想请您从专家的角度谈一下，以前国内企业在文化旅游节事方面有没有做得比较好的案例？

答：从全国来讲，其实以往并没有哪家企业做过什么特别出类拔萃的大型文旅活动，基本上是一些旅游园区独自举办的一些活动，这个比较多一点，比如华强、宋城、海昌、长隆这些比较大的旅游企业，他们也基本上是围绕单个景区来做一些活动，包括演艺、节庆、巡游等，这些园区活动多数举办得还是比较成功的。像华侨城这次的文化旅游节在全国旅游界来讲都是头一次，是全国最大规模的、影响最大的活动，以前没有出现过，其他地方也没有举办过，这是一个创举，这是肯定的。

问：一般来说，一个城市搞旅游节庆活动通常都是地方政府牵头，很少听说企业烧钱去干这个事。我们就想把华侨城这次的活动与别的城市搞这类活动对比一下，比如说山东曲阜的孔子公祭活动、河南洛阳牡丹花会等，您怎么看？

答：在中国，几乎每个城市政府都会做一些文旅性质的节庆活动，都是结合民间节日和当地的资源特点和文化特点开展的。每个城市内部的各个区、县政府，甚至一些乡镇，都有小型的节庆活动，比如花灯节、桃花节、梅花节、樱桃节、赶海节等，名目繁多。一些城市的街道也有举办，例如美食节、服装节等。深圳南山区也有荔枝节，总之就是以当地的民俗、当地的资源为依托，结合季节性的考虑来举办，这些文旅活动主要是由当地政府来牵头举办的。这些活动都是一地一节，通常不会有跨市跨地区的连锁活动，而这次华侨城的文化旅游节则是由一个央企主持的在全国50多个城市的下属一百多个各类旅游项目中开展的，显然从执行主体、覆盖面、活动模式、影响力等方面都有很大区别。

问：这次华侨城是以集团公司的总品牌"华侨城"这个名字去打造推广，这和以往各个城市下面的旅游景点单独操作的做法是不一样的，"华侨城"这个品牌不是一个旅游区品牌，以此操作，会让人感觉和文旅节事有距离，大家只知道华侨城集团，下面有什么东西都不知道了。但是你说长隆，你说荔枝节，大家都能想到一个很形象的东西在脑海里。您认为这次的活动以华侨城这个总品牌来操作有哪些意义呢？

答：华侨城这次以集团公司品牌来举办文化旅游节，可以说意义非常重大，影响和好处应该是多方面的，起码能概括这么几个：

第一，对于全面弘扬扩张华侨城的主品牌有非常大的好处。以往华侨城虽然做得很大，是亚洲第一、全球第四，听起来赫赫有名，但实际上在国内，很多人只知道欢乐谷，不知道华侨城。不知道正常吗？很正常。因为华侨城的主品牌并没有直接用作旅游项目品牌。但其他成功的文旅企业就不是这样，例如长隆，长隆是公司名称，但他们的一级品牌和二级品牌是统一的，比如长隆野生动物园、长隆海洋王国。但是华侨城就不一样，比如欢乐谷，没人知道是华侨城欢乐谷，一级、二级品牌处在分离状态。当然华侨城这个品牌，最初它是做工业的，不是做旅游的，可能是习惯使然，没有把集团品牌延伸到旅游景区去。华侨城属下的旅游景区有多种类型，它们的二级品牌都是独立的。华侨城现在是要做大，就想到统一品牌的问题，加上现在华侨城在全国的扩张速度很快，号称是"万亿华侨城"，规模很大，这样的话，就需要通过一个节点上的集中操作，迅速形成统一品牌效应。我觉得它最快的办法就是通过这样一个文化旅游节的形式，在整个市场上形成渗透，这是一个非常大的好处。

第二，有利于体现集团的凝聚力。华侨城以前没有这样的联合行动，所以它在全国50个城市的分散的各类旅游景点景区活动场所都是各自为战。举办文化旅游节，就把各地的过去单兵作战的下属这些景区景点统一到华侨城品牌下联合行动。这样有了一个集团的凝聚力，形成一个良性的总部和下属机构的良性互动，以及强化了不同地方的景区之间的互动。因为你我要都在这个大旗下做活动，各个下属机构之间肯定有一个相互的参照，互相学习互相赶超，这就强化了机构和机构之间的互动，这对于集团的未来凝聚力以及未来更高的发展就留出了一个很大的发展空间。这次活动结束以后各地总结经验，大家都要比较：为什么人家就比我要举办得好呢？这是什么原因啊？还有派小分队过去学习，你看，虽然都是华侨城的，但是他们以往是各自为战，很封闭，我的东西不能让你知道，你的东西也不让我知道。现在大家都放开了，互相学习，互相促进，真正拧成一股绳。我觉得在目前国内文旅产业面临整合式发展的大背景下，作为央企，华侨城通过这样一个活动形成了一个内部整合，无论是上下游、集团总部、下面各个分部以及分部之间互动整合提高了，而整合就是效率，整合就是生产力，有助于提升整体的战斗力和整体的经济效益。

第三，有助于提升华侨城在国际上的影响力。我觉得这样一个大型活动，某种意义上不仅是在中国，其实在全球都是最大规模的。国际上著名的文旅企业，如迪斯尼、默林、环球影城等，它们也从来没有举办过如此大的、顶级的活动。联合50个城市来举办，从来没有过。可以明确地说，这是全世界头一次。这样的话，华侨城的品牌扩张就进一步提升了，而且是一步就迈到了全世界去，至少我目前没看到世界上有过类似这样的大型连锁活动。

第四，有助于进一步促进华侨城的创新发展。文化旅游节本身就是一次大的创新活动，会形成一个产品创新链条，助推未来旅游景区景点的各种创新提升，推动创新方面走出一条新的路程，找到一个新的方向。特别是这种活动类的产品创新。华侨城各个景区景点有很多优秀的落地产品，主题公园也好，景区也好，酒店也好，现在在这样一个由集团总部统一发动的重要活动类的产品中，形成这么一个有价值的创新，全面提升了产品的品牌和效益，这个意义很大。

第五，有助于改善政企关系。这样一个活动，因为关联到50个城市，那么它一定会和城市发生关系，和城市政府发生关系。我认为会有助于改善政企关系。为什么？因为像这种具有公共价值的活动，其实都是政府喜欢的，因为对每个城市来说，相当于是企业给政府办了一件热闹事，这个活动一举办，城市热闹起来了，市民也热闹起来了，文化旅游气氛出来了，其实把城市也宣传了，政府很积极，也很愿意支持。这样会进一步改善政企关系，强化政府对企业的关注和扶持。经过这次活动以后，下一步总结肯定会进一步渗透、强化这个活动和各个城市政府之间的关系，政府就会积极主动来帮企业，比如说帮企业疏导客源，帮企业设置标识，帮企业现场服务，等等。这种良好的政企关系有利于华侨城进一步扩张它的战果以及强化它在城市的地位，这都是非常有好处的。

第六，有利于拓展华侨城文旅市场影响力。很多人趋之若鹜地去买100元的花橙卡，毕竟100元可以玩50个城市，平均花2元钱就可以玩一个城市，太幸福了，差不多1元钱就可以玩一个景区或消费一个项目。比如说我来深圳，我到了欢乐谷，世界之窗、东部华侨城等，就可以拿着卡到处刷，是不是很开心？如果老百姓要从这儿到成都，虽然不能报销路费，但是理论上老百姓能去50个城市，实际可能去不了那么多地方，但是在买的时候会觉得很便宜，50个城市那么多景点，才100元钱，平均一个城市就2元钱，然后就买了花橙卡。这对游客消费是一个很大的促进和拉动，让他们看到了一个很好的、更加亲民的营销策略。当然对于这个营销效果还要做一个评估，下一步像100元钱是不是合理，是不是恰当，根据这次大数据统计，可能会有一系列的结论出来。

第七，对于改善整个华侨城内部的管理运营机制有促进作用。这么大的活动，毕竟涉及方方面面，涉及政府、市场、各个景区、集团总部、广大游客等层面，用原有的模式可能都管理不过来，本来最初的动力可能是为了搞活这个市场，但是没有想到反过来会促进它内部管理体制的改善。这一次也许华侨城集团内部管理还来不及做多大改善，但是下一步，到明年、后年，甚至年年要办的话，就一定要有更加适应市场变化的一个机制，因为毕竟华侨城是央企，在央企里面它算是最市场化的，但是相对很多真正的民营企业来讲，还是有很多国有企业科层制上面的一些毛病，机制不太灵活，管理也不太先进。利用这种大型活动把新的更加适应市场化的管理体制机制导入进来以后，迫使集团公司层面的管理和运营机制发生一个很大的改变，更加贴近市场，更加灵活。

问：您有没有在这之前听说过文化旅游节？好像开始时并没有太大动作，后来突然就热闹起来了，挺有意思的。现在宏观经济形势也不太好，这次的活动对市场消费的拉动是否真的有很大的影响？有什么问题？如何改进才能提升旅客对这个活动的满意度，或者说更愿意去参与这种活动？

答：华侨城在这么多年里，各个旅游景点其实也是采取了很多具体的营销策略来去吸引游客，提振消费。像深圳三大景区就采取了一些特别的措施。因为深圳外来务工人员特别多，景区就推出优惠策略，周末各个公司组织外来务工人员前来游玩，给予门票五折的优惠。但是这次活动我觉得意义就更加重大了，涉及50个城市、100多个下属项目，覆盖很大的市场面。什么人都可以参与，你只要掏钱买这张100元钱的卡，就加盟到这个活动中来，这个影响就大大扩张了。华侨城显然希望通过这样大规模的活动，力求在市场占有率、市场竞争力上面有所提振，毕竟竞争压力还是很大的。

在全球竞争中，华侨城离第三名的环球影城大约差了600万游客量，但是后面的第五名就是华强，华强只差了大约300万游客量，第六名就是长隆。这三家中国的文旅集团追得很紧，三年以前华强和长隆都不在前20名以内，它们跳升得很快，现在已经逼近华侨城了，可以说华侨城的压力非常大。我觉得华侨城现在举办这样一个大的活动，显然希望大力激活市场，提升华侨城各个景区的活跃度和市场亲和力，大幅度提升客流量，增加市场效益和竞争力。我想，只要华侨城认真研究市场，针对性地设置活动的消费内容，特别是年轻人的消费喜好，就能取得强有力的吸客效应，带来良好的活动效果。

问：您觉得这次旅游节包括了50个城市，但是投入的宣传费用以及渠道、资源投入还是有限的？

答：应该说是很有限的，为什么呢？因为毕竟这是一个新东西，可能内部有人想到这件事了，大家说这个挺好的，就开始尝试了，开始应该没有想到日后那么多的环节，现在发展到这个规模和影响，是他们后来才意识到的。现在效果肯定是超过他们最初的构想了，也非常重视了，就想在这个基础上来巩固，明年再进一步提升，所以说今年这个阶段华侨城在这方面花的钱，我认为投资力度其实还是很有限的，应该说市场的回报超过了他们的投入。

问：这次的活动在那么多城市同时举办，但应该有一个核心城市。选择这个核心城市，您觉得应该按照什么标准选择呢？会不会选择深圳呢？还是选其他城市？

答：应该是有标准的。一般的情况下，首先是看城市规模，人口规模越大的城市肯定是本地人多，游客多。如果人口都不够的话，恐怕什么都免谈了。

第二个是城市所在的区位，通常南方比北方更适合。一般来讲华侨城过去投资也是挺谨慎，一般不过长江，但是现在突破长江往北人家也都去了，它也没办法，总要适应市场竞争。但是基本上就是，越往南走文旅产业的活跃度越高。因为南方是全年候的，例如深圳就是全年候都可以。你看湖南卫视办春节联欢晚会，经常会飞到深圳来拍，因为这个时候长沙已经不能在户外拍了，但深圳就没问题。

第三个就是城市的富裕程度，也就是资本属性，城市的资本属性越强越适合举办这种活动。说白了，如果只是人多，就像一座庙，到了烧香的时候，十里八乡的乡亲都来拜佛了，进山的老百姓烧香是不花钱的，所以就"旺丁不旺财"了。你说企业举办这种活动，若只是"旺丁不旺财"，那企业也不愿意干，所以说还要找富裕的地方，即便我这个地方景区是开放式的，比如说欢乐海岸，哪怕开放式的都可以赢利，为什么？因为游客来消费的不只是一张门票。像西方国家那些景区，我们都知道它整个的非门票收入占到80%。我们是门票经济，光门票收入就占80%，这个二八开是倒过来的，那是因为我们现在还没有办法从中低端的门票经济发展到开放式的高端体验经济上去。所以说我认为，资本型城市和人口规模形成一个联动，就产生一个巨大的潜能，最能把有钱的这些人口吸引出来。一个企业要举办这样大的一场活动，一定要考虑这个城市的经济能力。

我估计明年第二届文化旅游节举办时，华侨城就要对城市进行分类了，可能要重点突破几个城市，比如说发行花橙卡，可能会再开发几种新卡，分100元、200元、500元的几种卡，那500元的卡可能享受到的待遇就非常多了，对不对？这些卡在珠三角发，在上海发，发起来可能效果就好得多。看他们的销售数据，确实珠三角是核心地区。

当然，华侨城本来就在珠三角，它的知名度从全国角度看，在珠三角是最高的，所以很容易推广开来。一往北到长三角这一带，它的影响力可能就会受到宋城、海昌这些当地文旅企业影响力的制约而减弱。

问：如果说下次再举办这个节事活动，有没有可能在城市的层面上，结合我们城市的一些经济文化特点，去开展一些类似的这种节事活动？

答：完全是可以考虑的，应该结合当地的资源优势和品牌优势。我认为华侨城的这种活动将来往大发展是一个必然趋势，也是对它非常有好处的一个趋势。因为当你启动这些项目的时候，当地的消费者是非常愿意的，因为他们觉得会有一种亲切感。还有就是对当地政府来说，你结合了当地的资源文化特点，他们也愿意配合和支持你的活动。

所以我觉得未来的这个活动虽然仍是华侨城来主导，但是完全可能在一些城市和当地政府形成一个良好的合作配合，你在做的时候，怎么能让当地的民俗、当地的文化激活起来，吸引当地政府给你有力的支持。我认为这个肯定是个趋势。

问：具体到深圳，如果要举办这个活动，有没有什么可以挖掘的一些类似的文化内涵可以结合进来的？

答：深圳不是没有文化，深圳有6000年以前旧石器时代的遗迹，还有南宋末年的小皇帝墓、妈祖庙、大鹏所城、客家围屋等，这些都是历史文化遗产。但深圳的这些历史文化在和文旅结合上是存在问题的。最大的问题在于什么？它的资源供给和它的需求是剥离的，内地城市是完全黏合在一起的，比如北京、成都、重庆、武汉，所有这些城市的90%人口是在当地的文化里面成长起来的。比如武汉的热干面，武汉人说早上吃碗热干面就是一种幸福。所以你把这种文化和民俗加进去，游客就会觉得很幸福。

但是深圳有1300万的常住人口，还有1200万的临时性、暂住性人口，加在一起总共是2500万人口，这么多人里面只有不到40万是本地人口，加上广东省各地迁移来的人口，也就几百万人，剩下的1000多万的外地人口，他们和广东文化是没关系的。外地人在这里没有8～10年是培养不出感情的。珍贵的客家围屋都可以申报世界文化遗产了，但很多深圳人对此兴趣不浓，因为绝大部分外地移民对这些历史文化没有感情。这里的客家围屋和许多深圳人没有关系。所以，这个文化脉络建立不起来的话，供需是断裂的。

但是你如果让现在的深圳移民讲一讲改革开放这40年来的亲身经历，他们会眉飞色舞，讲得头头是道。深圳有一座重点布展改革开放题材的博物馆，我们的年轻人喜欢讲这个，你可以到你同学那里炫耀这些，为什么？因为深圳能让你值得骄傲的东西就是这些。你会说我在中国改革开放最发达的地方成长起来，你就对这座城市有感情，现在要搞活动，就很容易把这些东西结合进来。

所以在深圳举办文化旅游节，我认为重点不是结合当地的历史文化，而是要结合改革开放时代的特点,再找到市场的敏感点,游客来了以后他最想看什么?无非是看你改革开放的伟大成就,因为这是深圳的最大特色。

问:在深圳搞节事活动,除了改革开放这个时代的现代文化可以结合之外,还有什么的重要的东西可以结合进来?

答:当然还有,比如深圳的海洋文化就很厉害,国内有一个权威评选,深圳大鹏湾海岸被评为中国最美的八大海岸之一。深圳有几十个沙滩,过去应该说对这一块重要资源的开发力度不够,进入21世纪以后才发现这里的价值,才开始认真规划。这个是大自然造化留下来的,可谓弥足珍贵。但是像我们从内地来的人,对海其实没有太多的感觉,所以我们一直没有把自己看作海的孩子。所以好多人忙起来,一年到头都很少到海边去走一趟,实在是亲戚朋友来了,只好陪着他们去海边走一走,结果你去了还比他们还兴奋,因为你也很少来。

我刚来深圳时,对海也是陌生的,但有一次重要的经历,使我的内心再也离不开大海了。我1991年来深圳以后,1992年就参与了我们研究院承接的深圳市能源办的一个能源规划课题,当时派我们到西涌考察,因为按照市里的初步计划,打算在那里的5千米沙滩上切一半做煤码头。把这么好的长沙滩做了煤码头,发展滨海旅游就受影响了,而且污染也来了。我当时虽然对滨海资源保护和旅游开发也没有那么清晰的概念,但是毕竟觉得那么好的地方,不适合建设煤码头。结果我们做的是能源规划,却一致反对把这个深圳最大的沙滩岸线做煤码头。我们把意见向市政府汇报后,政府居然同意不在这个沙滩上做煤码头了。现在回想起来,还是有点后怕,万一当时把这里做了煤码头,现实的西涌会是个什么样子?恐怕要被市民骂死了。幸好我们觉悟得早,幸好当时的市政府非常开明,接受了我们的建议。

除了40年来的改革开放的现代文化资源和滨海文化资源这两个最大的资源外,第三个比较大的资源就是客家文化资源了。客家围屋的历史文化还能挖掘,但是它的客源目前相对比较少,但是我认为潜能很大。它不像前两个资源现在就有相当多的客源,客家文化的功底我认为是非常值得去挖掘的,这需要有相当长的时间沉淀,需要让它升华起来。

问:宋老师讲的这些内容对我们启发很大。华侨城举办文化旅游节,可能需要跳出一个企业自身的资源限制和视野限制,要尽量跟当地的文化脉络结合在一起。您觉得华侨城下一步继续举办这个节事的话,应该如何与当地城市资源结合?能够让当地城市"唱主角"吗?

答:我觉得华侨城完全可以在今年这一届文化旅游节的经验基础上,通过和当地文化的结合,继续开拓创新。但我认为还是要保持华侨城的整体品牌拓展的大方向，巩固和发展华侨城的战略架构，这个是要坚持的。但是如果要让每个城市来主导的话，华侨城原来的活动架构就会散掉。我有我的主诉求，但如果城市也有主诉求，可能和我文化旅游节的主诉求会有矛盾关系，那就比较麻烦，所以我认为要坚持这个主导性要求，希望地方政府能做一点配合。

当然，并不是说企业和当地政府就不能搞一点双方的均等合作，双方可以根据实际需要达成一个共享性的协议，在当地形成一个联动态势，只要不影响华侨城的文化旅游节主导诉求，都是可以的。

问：还想问一下，华侨城做这个文化旅游节活动，怎么能够把影响力提高得更大一些，形成全国性的影响？

答：我觉得今后要提升的话，华侨城要做的事太多了，我觉得提升的空间特别广，为什么呢？因为现在回过来看文化旅游节，主要是大，我刚说世界上还没有这么大的一个联合50个城市一起搞的活动，这显然是华侨城的创新。但是这次活动也就止于这个大，而且这次活动的发动也很简单，就开发了一张价值100元钱的卡，就发动起来了，对不对？如果没有这100元钱的卡，很难想象会有这么大的市场凝聚力。但是我认为在这里面有一个非常大的问题，我们能看得出来，就是华侨城在发展中，比较忽视IP，所以说按照国际机构的观点，华侨城的所有的主题公园都是非IP主题公园。但是像迪士尼、环球影城这些外国文旅巨头都是IP性的，还有一系列的技术标准和文化标准的评价。在中国，最接近IP的是长隆的海洋公园，还有就是华强方特，方特现在搞了东方神画、东盟神画，其实就是有一个明确的文化主题，它有技术，把当代技术揉进去，文化科技融进去，形成独特的东西，这些都有知识产权，就是IP，都有版权保护，知识产权的保护。那么你如果要使用它，就需要用购买的方式。

但是现在的华侨城由于过去没有IP，所以它在非IP的基础上，其主题公园的游客量就上不去，现在华侨城客流量最高的东部华侨城，最高就是400万游客人次/年。海洋王国前年就是700万人次/年，去年是900多万/年，将近1000万/年，很可怕，今年说不定就突破1000万了。这是什么概念？这就是前景非常广阔。我们看世界上最大的主题公园迪士尼。迪士尼在东京有两个，一个是迪士尼乐园，一个是海上迪士尼。东京两个迪士尼，现在都是超过1500万人次一年，最高的时候逼近2000万人次。其实它的景点的规模并不很大，它只是用了非常好的IP，加上日本人的经营能力强，所以造成了这种格局。而我们中国自己打造的产品缺IP、缺灵魂，缺文化主题。还有，我们的营销也达不到人家的效果，所以客流量就上不去。

华侨城在这一次的活动中间，显然是通过集团的统一操作，强化了各个景区的联动，强化了二级景区之间的联动，这样也给二级景区带来了一部分游客。但是如果它满足于这样一个表达，我认为是远远不够的。华侨城的相关领导也跟我说过，他们想把华侨城打造成一个具有鲜明创新特色的 IP。现在的关键是，看你怎么去把它打造成真正具有生命力的 IP。这就需要做一系列的文化和技术研究，包括体制的研究、运营模式的研究，才能够把华侨城推高到应有的高度去，我觉得华侨城是有良苦用心的，他们真的想做，关键是要真正做成，而不是走过场。

第二，在文化旅游节活动的空间载体——各个执行区方面，假定说各个执行区的活动嫁接的是 IP 主题公园，那么它的效果出来就大不一样。华侨城现在就是缺这个东西，所以只能是用一个常规化的方法，相当于是个增量的办法，并没有在品质上达到品牌的效益，所以这是一个内在的毛病。我觉得，下一步拓展，在华侨城的文化活动旅游节的节庆品牌上，以及它下一步的活动景点上能不能推出一些各类 IP 或者逼近 IP 的产品。在这个基础上再去举办大型活动，效果就会很不一样。

我和我的团队现在正在帮助华侨城做一个大型文旅项目的策划，在策划过程中，我们一直在强调 IP 导向的概念，强调有意识地用 IP 价值推进资源的整合和创新。

我曾经和华侨城的领导谈过，说你们有一个大品牌康佳，可以通过整合康佳内部的技术平台，形成强力支撑华侨城创意文化的技术软件系统，包括 VR、AR 这些技术，这样就把康佳的技术优势和价值大大扩张了，塑造成一个既能延续现在的技术研发、又能够拓展软件技术的高科技企业，直接支撑华侨城的文化旅游产业发展。这样，华侨城自己内部有技术，同时再挖掘文化，这个模式就是华强一直坚持在做的，既深度挖掘中华文化，同时他们又有很强的文化技术力量。华强一直在创意高水平的动漫作品，它本身技术体系就很成熟，所以才能做出《熊出没》那样的具有全国影响力的高端作品。而华侨城没有这个东西。华侨城总不能永远停留在没有科技文化实力的时代，这个问题已经比较突出了，必须尽早补上这个超级短板。

除了这一点以外，下一步就是刚刚说的和地方政府的联动上面，看有没有一些适合联动扩展的内容，找到这些契合点，通过政企联手，把这些东西做大了，对当地有好处，对华侨城也有好处，这也是有着相当大的发展空间的。

第三，就是我刚刚说到的，通过更加灵活便捷的、更加符合现代消费的新市场，改善华侨城的营销以及管理模式，激活管理和营销，去提升产出效益。我觉得这次活动是一个很好的机会,因为这个活动给华侨城提出了很多挑战,华侨城要面对这种挑战,去改变和提升,我觉得这也是一个非常大的空间。

问:据说华侨城这次搞活动,涉及一些活动的数据,但真正的数据都是在具体的景区那里,好像他们在这次活动中连自己的一些内部终端数据都拿不到,您怎么看这件事?

答:现在我们已经进入到大数据时代了。假如说,在这个活动一起步的时候就是建立在一个现代互联网大数据云计算平台上,效果就完全不一样了。但是坦率地说,华侨城目前的管理体制中,互联网技术应用很不到位。每天发生的数据不一定回得来,回来的数据也不一定很快看得到,因为华侨城没有相应的互联网数据平台系统为他们提供及时有效的数据信息服务。华侨城这样的央企,当然应该有自己的内部网络系统。你说的华侨城拿不到活动的内部终端数据的情况应该存在,在目前华侨城这样的常规、传统信息系统之下,也是必然的。

所以我说,某种意义上,搞这么一个大型的全国几十个城市的联动活动,其中的一个好处就是,迫使其改善内部管理体制和机制,通过导入互联网大数据平台,形成全新的内部信息系统,全面提升其综合管理运营水平,这个应该是非常大的一个变革。这次的活动本身是一个地域广泛的联动活动,而不是单一景区的活动,没有互联网大数据是不行的。只要各个单一下属机构入网,就可以快捷、清晰地看到总部及各个活动点的整体情况,只要不涉及极端机密的信息都应该放上去。

华侨城现在这方面的制度建设是比较薄弱的。当然,我认为如果把这个活动坚持办下去,比如说明年提早规划,把这个架构搭起来,把网络系统建立起来,甚至很多的信息操作内容都在网上开始发布,这就非常方便了。甚至将来用人脸刷脸,不需要纸质门票。到了数据采集这一步,就完全是进入到现在的趋势中。

还有一个很重要的问题,就是这一次因为是第一次活动由总部牵头举办,总部主要还是品牌营销,特别是它的互联网上的华侨城推广,有这么一个意图在里面。所以说华侨城并没有太强调经济效益。我觉得既然发动了下面的点参与,人家哪个景区也不想帮着"旺丁不旺财"。所以说应该要想到如何通过大规模联动带来关联性的营销促进,从而带来增值性的盈利。

所以我觉得除了提高总部知名度这件事之外,更多的还是要务实,毕竟华侨城是企业,要以营利为目的。今年的活动是第一次举办,在经济回报上面出现一个缺口还可以理解。但是明年模式就应该不一样了,要做到同一个载体，不同的效果。

问：其实从华侨城来讲，他们认为这次活动中，那张卡还是卖得不够，希望更多一点，说白了，这个活动的参与度，还是要以购买卡的人数作为一个基本判断标准，否则活动的规模就无法评判。如果是这样的话，就有一个问题，就是用什么办法能让更多人知晓并接触到这个卡，或者说在策略上、理念上需要有什么比今年更好的一些办法，才能解决他们认为的参与度不够的问题？

答：我感觉还是和产品设计本身设计度不够有关系。我觉得未来这张卡应该有双重身份，一方面它就是一个消费卡，是一个凭证，游客购买了这张卡以后，就可以凭卡去享受华侨城提供的实实在在的一系列服务。

另一方面，我认为这张卡就是一个有价证券。某种意义上说，做这个活动，我要从融资和资本运营角度来考量，形成一个资产证券化的手段，其实就是个资产证券化的模式。对于消费者来说，等于买下一个未来消费的权利。但是从我们供给方来讲，等于提前预收了我的效益。那么，你为什么预先能发行这张卡呢？是因为你的所有下属景区、酒店等机构的文旅消费都是优质产品，你把这些优质产品的消费打包成一张证券卡，让市场提前接受它，提前买入了，买入以后，游客随时随地可以按照他的意愿时间和地点来进行消费，从供给角度来讲，我提前输出了那么多不同类型的卡，回来了一笔款，但买卡的人还没有兑现他们的消费，我已经可以用这些游客预支的费用去做很多的事情了，这不就是证券的性质吗？不就是资产证券化的一次活动吗？

其实华侨城以前已经在少数景区尝试过发行年卡。但是就是把它放在一个散客的市场上，从资本运营角度来讲，除了散客市场外，还可以对接集中性的市场。这样的话集团就可能有一笔很大的资金回笼，这可以成为集团公司与属下公司共享的一个证券版的融资行为，我觉得未来更多地需要组织化地去发行这些证券化的卡，面向大型经济组织或社会组织，批量发行，以这样集中性的售卡活动可能回笼足够的资金，这些资金就可能形成足以支撑企业做若干项目投资的基础。

2018 年 12 月 6 日

华侨城抢抓大湾区机遇的三大对策

万众瞩目的粤港澳大湾区规划即将落地,这是中国改革开放历史上的一个重大事件,必将深刻影响中国的经济社会战略走向以及中国的全球化进程。大湾区的横空出世将带来一系列重大的机遇,华侨城作为国内文旅产业的头牌企业和国际文旅产业的前列品牌,作为在大湾区核心城市深圳成长起来的央企,必须坚定不移地抢抓大湾区发展的绝佳机遇,为华侨城未来在大湾区的跨越式发展实施卓有成效的战略布局。

从大湾区凸显出来的机遇特征和华侨城拥有的发展优势看,华侨城如何才能有效地、成功地抓住大湾区的重大发展机遇?我认为应该采取如下三大对策。

一、全线占领大湾区东岸中轴地带,完塑华侨城核湾脉线

从大湾区的空间发展格局看,未来的湾区中轴是黄金发展地带。从广义角度看,中轴是指由香港、深圳、东莞、广州相连而成的发展地带,其经济能量占到大湾区的60%,是地位不二的核心价值带;从狭义角度看,中轴是指珠江出海口东岸地带,由香港赤腊角、九龙半岛西线、深圳前海蛇口、深圳大空港、东莞滨海湾新区、广州南沙相连而成的东岸主轴线。

可以肯定地说,未来大湾区的核心就在这条黄金中轴线上,大湾区最重要的发展机遇也在这条中轴线上。华侨城抢抓大湾区机遇,显然率先要在这条中轴线上下功夫。

从目前的渗透情况看,华侨城显然在中轴线上已经未雨绸缪,布局了三大重点项目,主要集中在深圳沿出海口的宝安区一线,从南到北分别是:位于宝安中心区、拟投资100亿元的欢乐海岸升级版项目——宝安滨海文化公园,位于宝安福永的深圳六大古村落之一凤凰古村项目——凤凰文化小镇,位于宝安沙井的全球最大会展业项目——深圳国际会展中心。这三大项目对于华侨城强化在大湾区的品牌存在以及精准收获大湾区红利具有特别重大的战略意义。

我认为,从抢抓机遇、立足占位的角度看,华侨城在大湾区的黄金中轴

线上还应该继续推进，争取实现全线占领，构建华侨城的大湾区核心脉线，同时也必将成为华侨城在全国最重要的产业布局。

建议华侨城重点推进以下三大地带的项目空间选择：一是位于蛇口半岛顶点的赤湾片区，区位非常亮眼，可谓半岛明珠位置，有大量优质海岸线，原是赤湾港口部分，规划为未来城市休闲岸线，可以打造世界级的东方渔人码头项目；二是东莞新成立的滨海湾新区，这里有著名的虎门品牌，可以形成超级主题文旅项目；三是广州南沙，这里是大湾区入海口中轴北端地带，未来潜力无限，华侨城理应挺进。

可以想象，华侨城坐稳上述新老六大节点，构建主脉核心项目，必将成为大湾区文旅产业的领头羊，无可匹敌。

二、依托高新科技和特色文化创立 IP，攀登华侨城品牌新高度

华侨城品牌够大够响亮，这一点毋庸置疑。但是，我仍然要遗憾地说，迄今为止，华侨城品牌的含金量不够，文化 IP 缺失，价值延伸性受到抑制。在大湾区时代，华侨城如果能实现在大湾区黄金中轴上的全线战略布局，将为其未来的发展形成极佳的潜力型品牌弘扬高地，因为大湾区本身就具有全球性的关注度、交流度和合作度。

在大湾区黄金中轴平台上，华侨城应该依托高新科技和特色文化，深入探索创立具有华侨城独特价值的 IP，使之成为华侨城在大湾区重大文旅项目的灵魂和核心价值点，并且成为华侨城在全国项目拓展中的样板工程，这样，华侨城的品牌必将跃上一个全新的高度，将由目前泛泛的文旅品牌升华为具有华侨城特色的 IP 文旅品牌，并形成巨大的无形资产推广和增值潜力。

三、探求文旅新业态，把大湾区市场优势转化为华侨城创新红利

华侨城 30 年来已经在文旅产业创造了众多的业态，例如主题观光公园、主题乐园、郊野生态度假区、城市休闲体验区等。面对大湾区东岸中轴线这样的黄金价值高地，华侨城显然急需在业态方面进行更加深入大胆的创新试验，因为大湾区中轴线太吸引全球目光，用常规业态已经难以满足大湾区时代的市场需求，必须在业态上实施战略突破，从而把大湾区的市场优势成功转化为华侨城的创新红利。

例如宝安滨海文化公园项目，尽管华侨城打算把它开发成欢乐海岸的升级版，但是，我仍然期待这是一个不同凡响的、具有独特业态定位和格局的创新型项目，成为中国海岸线上的一个完全不同的滨海文化沉浸体验型项目。再如国际会展中心项目，其本身的业态已经完全超越了华侨城以往任何类型的项目业态，具有全球价值的业态创新前景。

再如凤凰文化小镇项目，此类基于历史传统文化主题的人文风情小镇业态项目，华侨城在国内并不是首开，如华侨城主持的四川大邑县安仁古镇项目已经取得良好效果。但是在大湾区，凤凰文化小镇是华侨城第一个具有特色历史文化底蕴的文旅小镇业态，完全可以在新业态方面进行全面探索。

此外，华侨城在可能实施项目拓展的深圳蛇口半岛、东莞滨海湾新区和广州南沙自贸区的新项目中全面推进业态创新，所有这些业态创新都有可能为华侨城赢得大量的市场需求和创新红利。

粤港澳大湾区作为国家在新时代的重大改革和对外开放新战略，充满一系列重大机遇，期待华侨城能够通过实施上述三大对策，抢抓大湾区机遇，强力推进大文旅战略布局，在大湾区的空间占位、资源整合、业态创新和品牌重塑基础上，实现华侨城未来的跨越式大发展。

2018 年 12 月 20 日

第二部分

房地产：震荡与转型

第六章　中国房地产之势

2016：中国楼市两极大分化尘埃落定

转眼已到 2015 年年末，中国房地产及楼市又到了要辞旧迎新的关口，该找出一个词语来形容一下过去一年的中国楼市了。然而，搜索枯肠，竟然找不出一个恰当的词来形容，为什么？原来，中国楼市经过多年的发展，已经呈现出多样化发展的态势，还指望找到一个能够共享、共识的词汇来形容中国各个城市千变万化的楼市格局，已经非常困难了。如果一定要找一个词来形容中国楼市的整体动态，那就是：分化。分化到什么程度？2015 年，像深圳这样的一线城市的房价可以飙升 50% 以上，空前火爆，与此同时，大批三、四线城市楼市库存积压严重，死气沉沉。

2016 年是"十三五"的第一年，意义重大，中国楼市会如何表现？我的看法是：2016 年将成为中国楼市两极大分化的尘埃落定之年，基于这种大分化趋势，中国楼市将大体分为两大阵营，一个是强势阵营，由一线城市以及部分强势二、三线城市组成，楼市的基本表现是供需相对活跃，量价都有上升的动能；另一个是弱势阵营，由大部分偏弱势的二、三线城市以及四线城市组成，楼盘库存积压比较严重，处在去库存化的艰难过程中。

为什么讲"尘埃落定"？因为，最近几年来，中国楼市已经呈现出了越来越强的分化趋势，然而，政策投放和执行、市场需求研判等方面却在很大程度上仍然存在通行了多年的"一刀切""齐步走"的滞后现象，导致楼市问题无法得到因城施策的个性化效果。例如今年把二手房五年免征营业税改为两年免征的"330"政策，本来是国家利用税收财政手段刺激楼市的积极政策，主要应该在楼市低迷的二、三、四线城市发挥效应，但是，楼市已经比较活跃的深圳却不恰当地在"330"政策刚刚推出的第二天就在全国率先宣布执行此项政策，结果引发了今年深圳楼市的暴涨。

当 2016 年钟声就要敲响的时候，中国房地产业必须清晰地认识到，中国楼市已进入两极大分化尘埃落定的时代，所有的政策诉求、市场研判和供需行动都必须遵循这个基本事实。

如何看待中国楼市的两极大分化？

第一，要认清这种两极大分化具有深刻的时代背景、城市及产业资源流动和发展的内在规律。中国经济经过 30 多年的高速发展，已经积累了极为庞大的资产，这些资产通过产业、人口、资本、技术等生产要素的不断积聚和流动，分别以不同的总量沉淀在全国数百个城市中，并且以这些资产的规模和辐射能力形成了不同价值层次的一、二、三、四线城市。在这些巨量的资产中，大约70%的资产表现为不动产形态，更为重要的是，同样体量的不动产由于所在城市或不同地段的不同价值而正在产生出日益扩大的估值，2015 年，这种估值的同城差异可以达到一二十倍，而异城差异更是超过一百倍。北京、上海的核心地段房价最高已经超过 20 万元/平方米，远郊地带还能找到一平方米一两万元的房子，而四线城市的普通房价大都在 2000 元上下。

第二，要看清这种两极大分化是楼市使用价值和投资价值的全国范围内的区域性分化。总体来讲，弱势阵营城市的楼市在漫长的去库存化过程中，将明显回归商品房的使用价值，其投资价值将明显下降，甚至失去投资价值，而强势阵营城市的楼市，其使用价值和投资价值都将得到明显提升。这两大阵营的楼市在未来若干年中，在楼价上将呈现继续扩大的格局，特别是一线城市，其投资价值将在相当长的时间内不断提升和大幅提升。

第三，这种两极大分化还表现为主流需求的分化。强势阵营城市的楼市未来将大量承接国家产业转型升级过程中来自国内外的高端产业的消费和投资人群，弱势阵营城市的楼市更多的是在去库存化的过程中吸纳大量来自农村的新增人口以及由一、二线强势城市返回的农民工人口。

第四，这种两极大分化还将催生多元化的楼市政策。国家层面的政策投放将日益定向化和多样化，一刀切政策的适用范围将日益收缩，同时，更多的落地政策将由各个城市政府针对本城市楼市的特殊性制订并实施。

第五，这种两极大分化将直接表现在楼市的成交量和价格上。总体来看，弱势阵营城市的楼市在多重政策刺激下有可能适当提升活跃度，但成交量和价格仍然偏弱；强势阵营城市的楼市则总体表现活跃，像深圳这样的一线城市，由于库存量不高，去化率仅仅六七个月，因此未来成交量和价格仍然会保持明确的上升格局。

中国楼市将以两极大分化尘埃落定的大格局迎接充满期待的"十三五"第一年——2016 年。在这样一个特殊的年份里，我们应该在楼市这个非常重要的市场上保持一份大分化的心态：面对弱势阵营城市，我们必须紧紧抓住去库存化这把战略锁钥，通过去库存化有效缓解这些城市的经济发展压力，推动城市及产业的转型升级；面对强势阵营城市，我们应当有力地稳定楼市的供需关系，在一些楼价上涨过快的城市实施有效的财政税收、货币以及产业政策调控，确保楼市的健康发展。

2015 年 12 月 11 日

楼市去库存：一不留神成了中国头等大事

在中国即将进入 2016 年，也就是"十三五"头一年的关键时刻，中央一再提起房地产去库存，显然这件事对于"十三五"期间的中国经济能否稳步健康发展至关重要。去库存，一不小心成了中国的头等大事！

这件事太大，得从头说起。

一、中国楼市库存是个什么概念

根据国家统计局的数据，到今年 10 月底，中国楼市在售的商品房库存房源总面积为 6.8 亿平方米。这个库存量值得大惊小怪吗？当然不必。因为，中国 2013 年全年销售面积是 13 亿多平方米，2014 年是 12 亿多平方米，这样看来，目前的在售库存量也就是半年的去化期。

我认为库存有大库存、中库存、小库存之分。建成在售的库存算是小库存，加上在建的部分，算中库存，全国有多少在建面积呢？55 亿平方米，加上在售部分，大约有 62 亿平方米。按照 2014 年的去库存总量，需要 5 年以上的去化期。如果再加上已经出让土地上规划完成的建筑面积，就是大库存，已规划建筑面积有多少？大约 70 亿平方米，由此看，大库存总面积大概为 132 亿平方米，按照 2014 年的去库存总量，需要 10 年的去化期！

这下我们知道为什么中央着急了吧。这些年，看见房地产赚钱，什么企业都挤进去了，全国搞了七八万家房地产公司，各地政府拼命出让土地，赚土地出让金，大家一门心思盖房子，都想着靠房地产大捞一把，没想到一股脑儿把 2020 年的房子也盖好了。可是 2020 年的需求不会提前兑现呀！房子卖不掉，银行贷款还不了，整个上下游 50 多个产业都僵在那里了。这就可怕了，如此下去，必然拖累甚至拖垮全国经济。

所以，中央被迫亲自上阵发声了：加快去库存！

二、去库存如何从供需流程中的正常机制发展成一个问题

实际上，房地产去库存本来是个专业术语和行为，正常情况下任何楼盘、任何城市都有去库存的问题，只是这个问题在中国被异化了，要深刻影响全国经济健康发展了。

一般楼市供需流程中，要求供应量保持适度存量以平衡楼市，如果楼市供应始终处在无存量状态，一有开盘就卖光，那就是供不应求，甚至是严重的供不应求，那房价还不飚到天上去了。存量现象应该是常态化的，必须保持一定的存量，以形成正常健康的楼市销售格局。这样的情况就会引导楼市制定合理的去化机制。

去化机制由动态供应量、现实需求量和去化速度（存销比）构成。经验和规律表明，中国楼市的合理去化率在6～9个月。据此分析，楼市可能出现三种情况：其一，供需平衡，楼市去化率为6～9个月；其二，供大需小，楼市去化率超过9个月，房价可能下跌；其三，供小需大，楼市去化率不足6个月，房价可能上升。

政策调控的直接目的就是通过维持正常的楼市去化速度稳定房价。过去十年中，从中央政府到地方政府，不断出台一系列的调控政策，主要目的就是力图遏制住不断上涨的房价。而今天，多年积累的库存量已经成为中国房地产乃至中国经济的一大痛点，中国楼市发展中的去化机制碰到的最大问题是过量库存的去化问题，与此相呼应，政策走向已经反转，强化中国楼市的去库存已成为未来几年房地产的核心任务。

三、楼市去库存问题在不同阶段是如何表现的

中国楼市的去库存问题大体来看，经历了三个不同的阶段。

2003年前，中国房地产还处在探索发展阶段，土地出让还没有实行招拍挂制度，楼市市场动能偏弱，去化相对均衡，问题不突出。

2003—2010年，中国房地产进入快车道，特别是土地招拍挂制度极大地刺激了房地产的发展，楼市需求异化，整体长期处于供不应求状态，特别是热点城市的去库存通常速度都比较快，与此呼应，房价也处在长期快速上升的通道里。这个阶段，为了避免房价过快上升，从中央到地方出台了非常多

的调控政策,包括限购、限贷、限外,等等。

2010年后,中国房地产业已经积累了过量的库存,加上宏观政策走向趋紧,楼市总体去库存速度开始减慢,楼市产生结构性分化,一线城市及部分强势二线城市的楼市库存压力相对不太大,但是偏弱的二线城市以及三、四线城市去库存问题已经比较严重,部分城市的去库存周期需要几年时间。去年以来,国家及地方政府已经出台了连环政策刺激楼市,去库存速度有所提升,但是,从全国整体看,去库存速度仍然缓慢,存销比仍然偏高。同时,全国城市楼市去库存速度分化严重,像深圳这样的一线城市,其去库存周期仅有6个月左右,而大部分三、四线城市的去库存周期在一年至三年。在这种情况下,因城施策已成为大趋势。

四、为什么中国楼市去库存难

库存高了,就忙着去库存,不管其他,这是典型的头疼医头,脚疼医脚。要知道,去库存难,到底是为什么?

第一,地方土地财政助推土地过量出让。看看中国香港、新加坡,那么小的面积,那么多年,仍然有很多土地没有进入建设流程。而中国的财政分税制,让地方政府捞到了土地出让金这块大肥肉,而任命制官员的短期行为又迫使各地政府急于出让更多土地,以在短期内获取更多的土地出让金。土地出让多了,房子自然盖得多,这就为高库存埋下了伏笔。

第二,各种力量无节制地纷纷加盟房地产开发队伍,导致住宅开发和销售总量激增。如果多年来房地产开发力量控制得好,不批准那么多企业进入房地产,也会客观上控制和缩小开发规模,也就不至于酿成如此庞大的库存量。

第三,货币供应过快增长,客观上刺激了房地产的开发量和开发速度。过去十多年中,中国的货币供应量一直处在快速增长中,目前M2(广义货币)已经超过130万亿元,是全球货币供应量最大的国家。超量的货币供应极大地助推了房地产的开发量,库存量伴随着货币增量急速提升。

第四,投资投机大量进入楼市,助推楼价虚火上升,直接导致大量常规消费人群无法进入楼市正常购买住房,形成供过于求的扭曲格局。

第五,调控政策不断加码遏制了改善性需求甚至伤及首套房消费。多年中,政府为了遏制楼市的投资投机行为,推出了一系列调控政策,出发点本来是好的,但也伴随出现了一些伤及刚需的政策,如提高首套房首付,让大量刚需难以入市购房,导致库存难以正常去化。

第六,三、四线城市投资者快速进出导致存量房大量积压。2010年后,一、二线城市的楼市受到政策挤压,大量开发商涌入三、四线城市投资房地产。但是,大量房子盖起来以后,政策走向又发生重大变化,众多来自一、二线城市的投资者迅速返回一、二线城市,导致三、四线城市住房大量积压。

第七,房价收入比普遍走高,普通市民难以应对高企的房价。过去一些年,居民的收入水平上升速度远低于房价上涨速度,导致房价收入比普遍走高。一、二线城市的房价收入比普遍在十几、二十几倍的水平,远远高于国际认定的三至六倍的平均水平。市民买不起房,导致库存量上升。

五、楼市去库存,高招何在

楼市去库存被中央高层反复强调,可见高库存的严重性和去库存的重要性。几十亿平方米建成和在建的商品房,加上几十亿已规划要建的商品房,去库存的确"压力山大"!但是,我觉得还是要有信心,因为常言道,办法总比困难多。有哪些高招呢?

一是"供地截流"。要严控土地出让,特别是要因城施策,对三、四线城市的住宅土地出让要严格管控,必要时停止土地出让;对一、二线城市的住宅用地出让也要合理管控。

二是"裁减力量"。通过兼并重组收购等手段,合理有效地减少和调整房地产投资力量配置,把房地产开发项目更多地集中到规模化、品牌化的开发商手里,有效减少项目供应端的扩张压力。

三是"建面瘦身"。一方面对出让土地上已经规划完成的住宅建筑面积进行必要调整,大幅缩减建筑面积;另一方面对在建项目进行功能调整,从住宅建面中腾出部分建面来合理调配到其他功能项目中去,以调结构降压力。

四是"定向转身"。各地政府应积极协调把部分积压商品房和在建商品房合理转化为保障房。

五是"农民购房"。国家住建部正在以人为本的新型城镇化框架下,制定一项庞大的落实农民进城住房的计划,积极创造条件为未来几年从农村进入城市的农民提供商品住房。这是一个非常具有前景的战略安排,如果实施到位,将对去库存产生重大积极影响。

六是"政策扶持"。适当松绑财政收税货币政策,降低税收及贷款利率吸引需求入市。例如近日公布的以房贷利息抵扣个税的政策、公积金贷款以及普通信贷资产证券化政策等都是有效的政策扶持。

七是"降价走量"。鼓励楼盘积压大的开发商特别是三、四线城市的开发商应积极采取降价走量的销售策略。

八是"社会导入"。引入多种社会协调机制，推进住房成交量明显提升，加快去库存速度。高手在民间，近来国内有一些民间力量实施了有效的金融创新，用公共基金的方式介入楼盘去库存工作，取得了很好的成绩。

九是"制度保障"。国家要进一步完善楼市去库存机制和相关制度建设，保障去库存均衡化和楼市健康发展。

十是"创新富民"。政府要创造条件鼓励全民创业大众创新，让民众实实在在增加收入水平，从而有效提高房产购置的支付能力。

中国楼市去库存，现在是头等大事，但总有一天，中国楼市再也不用为卖不动房子而发愁，楼市必将回归到正常的供需关系中，我们有理由充满期待。

2015 年 12 月 14 日

中央关于去库存的五个化解性策略

刚刚结束的 2015 年中央经济工作会议明确提出了明年的五大任务："去产能、去库存、去杠杆、降成本、补短板"，我把它形容为"四个减号一个加号"。其中关于房地产问题，这个减号分量很重，整个提法是"化解房地产库存"，一个"化解"，用词非常慎重恰当，面对庞大的楼市库存量，需要通过多种渠道和方法逐步化解，而不能指望短期强硬性的政策完成。我梳理了一下，会议基本上谈到了如下五个化解性策略。

第一个策略：通过农民工市民化来化解。

会议提出，要按照加快提高户籍人口城镇化率和深化住房制度改革的要求，通过加快农民工市民化，扩大有效需求，打通供需通道，消化库存，稳定房地产市场。这里的关键是农民工的市民化，就是以人为本的城市化，不要先讲让农民当三、四、五线城市楼市库存的"接盘侠"，那是不人道的，首先要解决进城农民的落户问题，包括落实他们的户口、就业、子女就学、老人赡养等福利问题，同时，落实他们的居住问题。在这种前提下，再引导他们购买城市住房，同时尽可能通过各种政策优惠，使他们能够买得起房，住得上房。在三、四、五线城市，深化住房制度改革的主要方向就是要以满足新市民住房需求为主要出发点。

第二个策略：通过扩大住房租赁来化解。

这是这次中央经济工作会议上谈到房地产去库存问题中非常重要的一个策略。以往的中国房地产和楼市，似乎就是房屋买卖，事实上，房屋使用权的短期交易即住房租赁行为发生地比例越来越大了。可惜政策和市场长期以来一直集中关注购房市场，比较忽略租赁市场。未来无论是从房地产健康发展的大局考虑，还是从化解库存的阶段性策略考虑，都应该强调以建立购租并举的住房制度为主要方向，要大力发展住房租赁市场，鼓励自然人和各类机构投资者购买库存商品房，成为租赁市场的房源提供者，鼓励发展以住房租赁为主营业务的专业化企业。

第三个策略：通过合理降价来化解。

现在房子卖不动，首先是价格偏高，有价无市。可是对于开发商来说，这个问题的确很纠结，一套房子的成本中，购地就占了大约40%，然后是建房成本、财务成本、税费成本、营销成本以及其他成本，之后才是利润。成本降不下去，光降利润，他们不干。所以，鼓励房地产开发企业顺应市场规律调整营销策略，适当降低商品住房价格，这个化解库存的大方向应该坚持，但首先要在房地产界进行有效合理的总成本控制，包括地价部分，需要政府改革土地出让的利益分配机制，尽可能减轻房地产商的购地压力，同时在税收方面也适当减负。房地产商要严控财务和营销成本支出，同时保持合理利润水平，通过上述一系列运作，真正腾出房子的降价空间。

第四个策略：通过压缩供给力量来化解。

造房子的公司太多，大大小小有数万家，专业的不专业的，正规的不正规的，都进来了，随便搞一块地就盖房子赚钱，这种现象过去大量存在，高库存和这种开发队伍的严重"超编"关系很大。下一步，要大力促进房地产业兼并重组，提高产业集中度，"十三五"期间应该通过兼并重组关闭大约 1/3 或 1/2 的中小房地产企业，这样，房子就不会造那么多了。

第五个策略：通过取消购房限制来化解。

这一点其实近两年来一直在推进，全国的住房限购政策绝大部分城市已经取消了，限外也基本上取消了，限贷方面，由于利率市场化，央行已经不再采用指令性政策，各个商业银行根据自身情况决定房贷利率的走向，原有的政策性限贷也不存在了。这次会议提到要取消过时的限制性措施，注意有个"过时"的说法，可以这样理解，也存在尚未过时的限制性措施，那就不用取消。比如，一线城市的限购，从目前的情况看，应该属于"尚未过时"

的情况，深圳严重缺地，其住房供应长期紧张，而住房需求却非常强大，这时候如果贸然跟从全国的取消限购，可能会引发大量的投资投机客入场，导致房价放量上涨，因此，仍然需要坚持限购政策。

2015年12月22日

楼市加杠杆，是危还是机？

中国经济真是进入一个纠结的时代了。去年年底中央经济工作会议刚刚确定了今年的五大工作任务之一就是"去杠杆"，把以往经济发展中过高的债务、产能降下来，以防范系统性金融风险。话音未落，今年的楼市就一片"加杠杆"的呼声和动作，最具影响力的莫过于央行行长周小川2月26日在G20上海峰会上的一番表态了，他说："个人住房加杠杆逻辑是对的，住房贷款应该有大力发展的阶段。"然而，在今年的全国"两会"上，近年来在中国金融领域出尽风头的重庆市市长黄奇帆却说，听任房市高杠杆将是另一场金融灾难。

这下人们该纠结了，周小川和黄奇帆，这两个人可都是中国金融界的牛人啊，一个鼓励楼市加杠杆，一个反对楼市高杠杆，到底该支持谁呢？

实际上，两人的观点并不矛盾。周并没有说楼市杠杆应该"高"，黄也并没有否定楼市杠杆应该"有"，他们只是各自说了问题的一半，在中国房地产当今敏感的时期，这样很容易被误解。他们应该这样说：中国楼市应该顺应市场需求和国际房地产发展大势，适当进行加杠杆的合理操作，即适度导入债务模式，但必须控制在合理范围内，避免引发系统性金融风险。

好了，明白了楼市加杠杆的基本概念，本文的问题"楼市加杠杆是危还是机？"就好解答了。只要控制在合理范围内，楼市加杠杆就是机会；反之，超出合理范围，甚至达到很高的杠杆率，楼市的加杠杆就可能演变为风险，就可能带来严重的债务危机。

其实，周小川讲的加杠杆，指的是银行系统正常的信贷按揭比例关系，比如，以往首套住房的首付是三成，按揭七成，这个比例从银行多年的房贷经验看，是十分安全的，坏账率极低，不到1%。由于中国房贷占GDP的比重仅有17%，远远低于国际上平均40%～50%的比例，所以周小川说中国房贷还可以再发展，这个观点没有错。比如，近日央行就决定降低首付到两成,按揭可上升为八成。这样仍然明显低于国际水平,风险仍然可控。

黄奇帆担心的其实并不是周小川所讲的正常的银行信贷范围内的活动,而是在银行信贷基础上由房产中介以及一些金融机构参与的追加性杠杆活动,例如近年来流行的首付贷,就是当贷款人在向银行贷款中面临首付部分都难以支付的情况下,由中介机构联合小贷公司、P2P互联网金融平台、信托机构等各种金融机构对贷款人的购房首付部分进行放贷活动,通常放贷额占到首付的一半,近来有逼近首付全额的倾向。如果放贷首付全额,就意味着"零首付"产生了。零首付是什么?就是贷款人不用出一分钱,就可以拿到一套住房,但是还贷压力加大了,银行系统以及其他金融机构回笼贷款的风险加大了。这不是美国次贷危机的模式吗?是的,美国次贷危机的核心问题就是两房机构(房利美、房地美)零首付支持那些根本没有还贷能力的人贷款买房,不同的是"两房"还把这些垃圾贷款包装成证券产品向市场发售,向市场转嫁风险。

所以,问题的症结在于,中国的住房信贷应该控制在什么节点上。现在看来,20%可能是一个法定节点,也就是说,在国家认定的首套住房银行贷款首付比例应该是20%,可以有80%的贷款比例。如果在这个比例下进行银行房贷安全测试,应该是安全的。因为这个比例在国际上仍然是偏保守的制度设计,特别是在中国老百姓的储蓄率非常高的国情背景下,还贷能力较强,银行风险自然不用过分担心。

政府应该重点监控的是银行首付部分的再贷款和高杠杆问题,这块现在显然比较乱,管理有些失灵,给大量的投资特别是投机力量有机可乘,进来扰乱市场秩序,带来金融风险。上海链家的场外配资违法活动就是这种再贷款的典型案例。

那么,现在一线城市住房市场上的高杠杆现象到底严重不严重?我们以深圳为例进行具体分析。深圳2015年一、二手房总交易量为20万套左右,按照每套平均总价350万元计算,楼市总成交价为7000多亿元,按照三成首付计算,大约2000亿元首付款。按照有关机构的调查数据,深圳目前实施的首付贷总额大约为20亿元,可知首付贷在首付款中所占比例大约为1%,显然是一个小比例。以这样低的比例,显然不足以对整个银行信贷的安全性造成威胁。即便加上其他高杠杆模式,在深圳房贷市场上,高杠杆目前形成的分量仍然是很少的,银行房贷的安全性完全在可控范围内,不必惊慌。

当然,首付贷等高杠杆活动毕竟是楼市金融领域里的不良动向,如果在萌芽阶段不加以有效监管,有可能蔓延,从而危及国家信贷金融的安全,所以，即便是一个小小比例，也不能掉以轻心。

基于上述情况，我的观点是，中国楼市通过银行信贷系统适度加杠杆，增加民众购房支付能力。这是顺应市场需求和国际经验的趋势，这方面是没有问题的，但是要把控好加杠杆的度，同时严加限制有关机构在银行信贷基础上的再杠杆操作，避免出现高杠杆楼市，从而控制和防范金融风险。

其实，我更关心的是中国楼市此轮加杠杆过程中出现的失衡现象。周小川作为中国银行界的掌舵人，他能管的主要是货币总量控制，在当前全国去库存的时候，央行能做的就是通过降准降息等货币政策把更多的流动性释放出来，增强市场对于住房买卖交易的活跃度和能力，央行在细分流动性去向方面显然能力有限。不久前出台的降首付政策提到了实施范围为"非限购城市"，这是对流动性流向的一种政策引导。但是，我们知道，释放出来的流动性更多的还是流到了钱最能生钱的一线城市去了，造成北上深等城市房价的暴涨。这就需要银行系统和地方政府高度配合，真正做到因城施策，让央行释放的钱真正流到急需去库存的三、四线城市，而对一线及强二线城市则需要通过限制央行政策性货币大量进入、加大土地及住房供应、打击炒楼等手段调控楼市稳健发展。当前的楼市加杠杆，主要是针对三、四线城市实行的，如果三、四线城市拿不到央行的流动性杠杆，反而让楼市火爆的一线城市抢走了，让一线城市的楼市火上浇油，就完全体现不了中央去库存的战略导向，完成不了国家去库存的战略任务。

今年"两会"上，不少代表委员都针对中国房地产领域存在的货币政策错位投放导致的发展失衡问题，提出了许多好的建议和提案。希望这些建议和提案真正能够得到落实，希望中国楼市的加杠杆不要为一线城市制造新的危机，而是为三、四线城市的去库存和良性发展提供新的商机。

2016 年 3 月 9 日

人民币国际化：楼市调控背后的一盘国家大棋！

这个国庆黄金周非同一般，人们的焦点似乎不在旅游上了，大家最关注的不是高速公路的拥堵，不是景区的人山人海，而是迅速弥漫在十几个一、二线城市的异常强劲的楼市调控！

这不奇怪，因为从去年以来，一、二线城市出现前所未有的房价暴涨，而且是轮番上涨,大有失控的迹象。按照楼市的惯常逻辑,市场失灵的地方,政府就该出手了。一切都很清晰,都很顺畅,人们已经在惶惶然中间讨论房价到底要下跌多少、楼市低迷要持续多久这些跟进的问题了。

站在楼市看楼市,这当然是楼市的基本逻辑。

但是,大家注意到没有,其实,就在同一个国庆黄金周的第一天,还发生了一件比楼市调控影响更大、更重要的事,那就是人民币被正式纳入国际货币基金组织的特别提款权(SDR)货币篮子里。从此,人民币成为全球五大基础货币之一!

这是人民币国际化的非常非常重要的一步。

人民币非要国际化吗?当然!中国经济发展到今天这样的地步,我们的M2已经超过150万亿元,我们的国际贸易额已经是全球第一,我们的经济总量已经是全球第二,并且在努力追赶美国。这种情况下,人民币仍然在国际上说了不算,意味着中国未来再发展无望,意味着中国永远做国际仆佣!

中国当然不干。怎么办?唯一的办法就是人民币国际化。

想想第二次世界大战以来的美元霸权就全明白了。人家开动印钞机,印出一堆绿纸,就把你全国人民的血汗成果都拿走了。如果我们不甘心被美元牵着鼻子走,就只有人民币国际化。

所以,在这个超级震撼的国庆黄金周,更重要的事真的不是楼市调控,而是人民币纳入SDR的国际化进程。

而我要说的是,楼市调控的背后,最大的动因恰恰是人民币国际化!

这是国家正在下的一盘无与伦比的大棋!

人民币国际化和楼市调控,这两者有关系吗?

关系太密切了。

人民币国际化,首先要求人民币在国内有一个良好的产业环境和金融环境,就像婴儿需要襁褓、种子需要土壤一样。你的国家产业很低端,金融环境和制度很混乱,你的货币有什么资格被国际社会接收为国际货币?

所以,国家近年来一直在全力干的两件事,一个是稳增长,另一个是调结构,目的就是要通过资金支持和国家科技创新来夯实经济基础,优化产业结构,为人民币国际化创造良好的国内经济发展条件。

问题来了:国家放出去巨量的钱,希望进入实体经济,却屡屡被莫名的市场杠杆力量劫持到资产包里来,例如,股市,更如,楼市。其结果,股市暴涨暴跌,一、二线城市的楼市轮番暴涨。当楼价上涨到当前这样的高度,事实上已经对普通民众的居住权利造成剥夺,对实体经济的复兴造成严重阻碍,更要命的是,房价暴涨就是给人民币国际化直接拆台!

第二部分
房地产：震荡与转型

想想看，中国下一步的发展以及未来的国际地位全仰仗人民币国际化了，你们老在那里炒房子，拉高价，这样做的结果，既破坏了国家宏观经济的良好基础，又扰乱了国家金融秩序，可能导致人民币严重贬值，继而威胁到人民币国际化和中国的国际战略安全，国家能不恼火吗？能继续纵容吗？尽管十八大说了，市场起决定性作用，但是不要忘了，西方还有个凯恩斯主义，中国更有宏观调控，不能任由市场肆意妄为，政府该出手时必出手。当前，对于中国来说，人民币国际化，悠悠万事，唯此为大。

回到楼市逻辑里看，如此剧烈调控，到底会把楼价打压到什么程度？下跌10%？20%？30%？40%？人们可能真的不太关心人民币国际化，那似乎是国家的事，人们更关心的是现实利益，最现实的就是房价。

我们再跳出楼市逻辑，站在人民币国际化舞台上看调控力度，就会得出一个结论：房价一定会下跌，但是，下跌空间是有限的。为什么？也是因为人民币国际化的需要。我们知道，目前实施调控的城市都是中国的命脉型城市，这些城市的经济状况对国家经济的稳定和健康发展至关重要。当前，中国经济正在艰苦的转型过程中，我们冒不起硬着陆的风险，实体经济的转型涉及人、产业、资金、体制、效益等等重大领域，急不得，要稳健操作，这时候，处于城市化半程中的房地产仍然起着重要的补漏功能，如果这些核心城市的房价出现暴跌，又会直接伤及宏观经济的基本面，严重影响稳增长的国家利益，阻碍人民币国际化的正常进程。这就给来势凶猛的楼市调控拉出一道底线：不能伤及稳增长。

看到了吧？中国哲学的精髓这时候出来了：凡事总有个度。就这次的楼市调控来说，一方面要着眼于人民币国际化的这盘大棋，坚决遏制楼价暴涨的不良情势，引导楼价理性回归，另一方面，也要防止调控引发房价暴跌，导致国民经济阶段性的崩塌或严重萎缩。

所以，国庆黄金周里发生的人民币纳入SDR货币篮子和国内一、二线城市楼市调控这两档子重大事件，并不是相互独立的，而是有着深刻的关联性。从更高的战略视角看，人民币国际化对于我们每一个中国人来说，利益更加攸关。炒了房子，赚的是小钱，是部分人赚钱，还坑了更多的普通民众，坏了国家的发展大计，而人民币国际化，赚的是大钱，是全国人民赚钱，维护了全国人民的利益，捍卫了国家整体战略，这个是超级大账，要算得明明白白，清清楚楚，千万不能仅仅停留在单纯的楼市逻辑里面，只计算自己那点买楼卖楼的得失。

总之一句话：此次楼市调控的背后是国家正在下的一盘人民币国际化的大棋，人民币国际化不可阻挡，楼市调控也就势在必行。

好了，国庆黄金周还有一两天就结束了，除了人民币国际化和楼市调控，我们还应该有旅游、休闲、度假这些愉悦的生活情境。

2016年10月6日

特朗普时代来了，中国楼市要深度探底吗？

参与美国总统竞选的特朗普登上总统宝座了，那个一门心思想要上位的希拉里反而在媒体一片高调预测声中黯然落幕了，果然发生了所谓"黑天鹅"事件。

这场全球性的政治游戏结束之日，正是各国经济金融界激烈反应之时。由于特朗普在竞选期间高调表示，一旦上任，立即启动美元加息，并且声称，若美联储主席不听话，就准备换人。这口气，那叫一个"牛"。这边厢加息还在吆喝之中，国际金融市场已经风声鹤唳，美国股市债市一片低迷，各国金融及经济领域的官员、金融界人士、经济界人士纷纷推测特朗普时代全球金融经济的走向和前景，结果多数都不看好。

再看中国的情况。近年来，中国经济增长速度有所放缓，经济结构调整前景尚不明朗，与之相应，人民币已经进入贬值通道，在美元加息的压力下，人民币预期将进一步贬值。为了避免资产受损，一些外国投资者开始撤资，一些有实力的国人开始动用国内资金换汇购置海外资产，这些活动加剧了外汇储备的流失。

为了避免外汇储备持续下滑，保持人民币的稳定性，国家在常规的外汇管制手段之外，还实施了其他一些策略，比如，10月初在国家的统一部署下，由20多个城市分别推出的房地产调控政策就是一种重要的策略。因为这次调控，直接把大量资金锁定在楼市里，避免了其中一部分资金通过变现出逃，从而减弱了楼市波动对外汇市场及汇率的冲击。

问题是，特朗普来了，原有的国际金融和经济运行套路似乎要变了。如果特朗普高调宣称的加息变为现实，中国的人民币贬值势必会加剧，到时候中国楼市在恐慌性情绪影响下，现有的调控措施是否挡不住出逃的力量，会不会真的出现深度探底？

这种情形当然是可以想象的，因为一个纯粹的商人突然执政，还是在全球最重要的国家。这种情况下全球经济如何前行，传统经济学观点真的无法预测了。

我认为，那些觉得特朗普上台后，中国楼市一定要深度探底的观点恐怕是过于正统的经济学思维了。对于一个可能不按政治游戏规则出牌的老地产商来说，特朗普给我的感觉是，他不会用希拉里式的政客模式推出政治性极强的经济策略来掀翻他苦心经营了几十年的经济大厦，也就是说，一旦就任总统，他必然会务实地审视全球经济，谨慎地改变他先前提出的观点，包括有关加息的观点。

其实各国都已经在采取提前性的应对策略，包括中国。加息一旦发生，中国汇市、股市、债市、楼市肯定会有反应，但是，我觉得中国楼市出现深度探底这种情况的可能性非常低。为什么？主要有五点分析：

第一，特朗普以及美国新政府根本用不着在汇率问题上固执地证明自己在竞选期间的承诺，这种竞选一套、选后一套的把戏我们已经看惯了，特朗普也不会例外。相对而言，美国加息基本上会因袭奥巴马时代的走势，这事基本上就是在走程序，无须特朗普另起炉灶，由耶伦女士办就可以了。

第二，美国经济总的讲，有一定起色，应该有加息的配合，但也并不像人们想象得那么优秀，它也有很多苦恼。美元加息这个事还是要做一下的，毕竟喊了两年了，要有所表示，当然，更是对美国经济负一点责。不过，美国人也清楚，这个事也得悠着点玩，不能太过，否则可能把美国经济给忽悠了。

第三，事实上，近两年来，中国政府一直在采取措施，主动应对美元可能的加息，包括这次楼市调控。所以，一旦加息，楼市的震荡不会太大。因为这次调控，很多城市对需求的限制力度加大了，需求难以进入楼市，实际上就是明显减弱了卖方的出逃机会，这些想离场外逃的资金被锁定在中国楼市里了，即便有机会出逃，也不可能出现大量外逃现象。

第四，面对美元加息，中国楼市的任何行政限制性政策都是暂时性的策略行为，从根本上说，避免楼市大幅下滑甚至探底的根本手段还是让经济真正实现转型升级。关键是实体经济的表现，这方面中国政府的操作还是要加大一点力度，希望还是很大的。只要实体经济转型升级有望，房地产就不会出现想象中的垮塌，所谓泡沫也会在经济走强过程中自动挤出去。

第五，楼市真要探底，需要货币量的配合，这个是中国自己的事了，不关特朗普先生的事，尽管他是干房地产业出身。现在，调控政策也实施了，大量投资性货币真的难以进入一、二线楼市了，房价开始下调了。但是，钞票少了，房子卖不动了，这时候，就是降价也卖不动，市场又能指望下降多少呢？何况，去年一线城市的房地产商们赚得盆满钵满，他们也不急着降价,看来至少挺到明年春节之后是有希望的。楼价到底下探多少,只能到那时再看分晓了。但是,那个时候全球经济到底走势如何,美元继续加息的空间还有没有,这都不好说,中国楼市那时候是不是探底,更要看中国经济的底气如何,要看中国货币的整体表现。总的感觉,楼市大幅震荡、深度探底的可能性很小。

楼市既然很难出现深度探底,那我们就不用太紧张,还是腾出一点时间来,看一看特朗普的对华政策走向吧,这个似乎更重要。

2016年11月10日

五大动向证明,房地产正在发生脱虚向实的大蜕变

2016年12月中旬召开的中央经济工作会议提出了"房子是用来住的,不是用来炒的"这个定调性质的观点。一开始多数人还是把它当作一个套路性政策的表达,以为一阵风过去就会继续回到房价飙涨的老路上去。然而,这回这些人可能要错判形势了!四个多月下来,我的判断是,中国房地产由"回归居住"作为战略定位,强力推进脱虚向实的大蜕变已经开始,房价一味飙升的传统套路恐怕走不下去了,房地产将配合国家宏观经济良性发展的基本诉求,从根本上结束多年来的脱实向虚、不断加杠杆的泡沫路线,回归房子的居住功能,回归房地产的良性发展道路。无论任何人,如果不认清房地产的这个大趋势,继续按照十几年来的常规套路出牌,很可能跌入发展困境,甚至被迫出局!

至少有五大动向可以证明,房地产要跨入脱虚向实的回归时代了。

一、空前政策力压房价,可能为对接房地产新战略收缩空间

眼下最明显的一个动向就是,国家通过因城施策的策略,由各个房价上涨压力较大的城市出台严厉的调控政策,通过限购、限贷、限价、限售等货币或行政管控手段,力压房价上涨。可以说,这一轮调控的力度远超以往历次。我的理解,这不仅仅是简单地针对现状市场表现,更可能是为对接中国

房地产未来将要产生的新战略、新方向而强力收缩空间。如果房价继续大幅上涨，与未来新战略、新方向的对接难度就会加大。从这个意义上看，这次调控可能持续时间会很长，在政策效能减弱的时候，有可能会追加新政以保持调控的力度，目的就是压住房价，不能盲目上扬。因此，那种以为调控很快会过去，房价随后将展开新一轮上涨的指望恐怕难以实现了。

二、国家高度关注金融安全，要加强对房地产的管控

随着美国加息、减税等重大金融行动的推出以及国际经济形势不稳定性的增强，因货币超发及巨额债务而负重前行的中国金融业的风险在进一步加大。2017年4月26日，中央召开了国家金融安全会议，明确表达了对国内房地产市场严峻形势可能给国家金融安全带来严重影响的强烈关切，要求强化房地产市场调控，并制定长效机制，坚决遏制和打击房地产领域的加杠杆违法行为。银监会连续出台文件，对违规贷款、影子银行的违法操作进行果断遏制和处置。各地银行纷纷提高房贷利息，更有"定向加息"的新政出台，以便更加精准地打压信贷乱象。国家在金融领域的这些大动作很大程度上就是针对房地产市场的。因为，近年来，银行信贷的钱大比例流入房地产领域，疯狂的加杠杆行为之下，一、二线城市房价暴涨，泡沫明显加大。在这个意义上说，在中国，管住了房地产乱象，就能够在很大程度上扭转金融困局，也就能更加从容应对来自国际社会的金融动荡和压力。

三、从供给侧改革入手，加大土地供应，改变供不应求格局

2017年4月6日，住建部和国土部通知要求，各地要根据商品住房库存消化周期，适时调整住宅用地供应规模、结构和时序。对消化周期在6～12个月的，要增加供地；6个月以下的，不仅要显著增加供地，还要加快供地节奏。紧接着，北京宣布未来五年计划供地6000公顷，以保障150万套住房建设的需求。深圳这个土地极度匮乏的一线城市也宣布将通过填海50平方千米、加快城市更新速度等办法解决住房供不应求的问题。其他一、二线城市也在制定相应的加大土地供应的计划。土地供应政策属于长效机制的组成部分，可以预见，随着土地供应的力度加大和供需关系的改善，房价上涨的动能必然减弱。

四、对于房地产业来说，特色小镇开发也是长效机制

最近特色小镇比较火。很多人只是看到特色小镇对于带动农村地区发展、新型产业基地的建立、新型城镇化、旅游度假产业发展等方面的作用，其实，特色小镇建设对中国房地产业的冲击和影响也是巨大的。特色小镇首先是人口的一个巨大蓄水池，包括农村地区继续城市化的流入人口、大城市农民工的回流人口、新型产业吸纳的人口、追求度假居住的人口，等等。这样的人口会有多少呢？按照国家布局，一个特色小镇大体不低于2万～3万人。目前试点1000个小镇，我估计未来可能会有数千个，每个小镇2万～3万人，总数就可达到1亿～2亿人！这就是把中国后半程城市化引导性地解决的战略。有人怀疑特色小镇战略有没有可持续性，但据我分析，特色小镇的潜力很大，成长过程中会有不少问题，但前景是可以期待的。假如特色小镇这个国家战略真正如期实现，可以肯定，目前一、二线城市的房价上涨问题就会被釜底抽薪，人口净流入没有那么多了，有些城市甚至没有流入了，甚至净流入负增长了，这个现象将会对房价变动带来什么影响？想必大家会清楚。

五、中国房地产界在密切关注雄安新区的新实验

对于中国房地产业来说，雄安新区的设立不啻一次强烈地震，因为，雄安新区设立后干的第一件事竟然是严厉打击炒房行为，一个暗中囤地炒房的老板被刑事拘留了。这说明了什么？雄安新区作为现阶段中国改革开放的新试验场，将深刻总结中国房地产发展的经验教训，将从土地利用体制机制改革入手，从根本上扭转房地产市场上普遍存在的开发商高价卖房、银行海量房贷、投资投机者加杠杆密集出入楼市赚取差价、普通消费者买不起房的不正常局面。尽管我们现在还看不到雄安新区在房地产方面完整的改革方向和举措，但改革已不可避免，雄安的房地产改革必然深刻影响到全国房地产领域未来的走向和发展，当然也会影响到房价的变动上来。

这五大动向足以表明，中国房地产领域脱虚向实的大蜕变已经开始了。房子是用来住的，不是用来炒的，这个看似很朴素、很平常的表述，背后潜藏了多大规模的改革震荡，也许我们现在还看不清楚，但是，已经乘风而

来，我们每一个人都无法置之度外。与其如此，不如变化思维，积极应对，当一次房地产新时代的弄潮儿！

2017 年 5 月 2 日

"一带一路"峰会外的中国房地产联想

今天的北京，必将是刷爆全球媒体头版头条的新闻热点地！由中国倡导的"一带一路"国际合作高峰论坛今天在北京举行，28 个国家元首、首脑，137 个国家的政要齐聚北京，简直就是经济联合国大会的派头，连之前一贯抵触"一带一路"倡议的美国、日本都派代表来了。

尽管中国国家主席习近平说了，"一带一路"不是中国的独奏乐，而是全球各国的交响曲，但是，这个事情是中国发动的，这一点非常明确。"一带一路"的全球意义和中国战略，媒体上已经讲得太多，我就不想再重复了。我今天只是想探讨一下，这个"一带一路"倡议对中国房地产的未来走向将会产生什么样的影响？

大概有人会说，"一带一路"走的是国际化、全球化路线，中国房地产是国内经济发展的内生路线，两者没有直接关系。的确，看上去这两者可以各走各路，互不影响，然而，仔细思量，关系太紧密了！可以说，此时此刻，如果中国房地产界只管低头盖房，不去抬头远望"一带一路"，很可能错失重大的战略研判，严重影响自身的再发展。

我觉得，"一带一路"倡议至少会通过如下几点深刻影响中国房地产未来的发展：

一、人民币国际化

中国近年来一直致力于人民币国际化，加入国际货币基金组织的 SDR（特别提款权）不过是一个小小的开头，中国已经是世界贸易第一大国，未来必将迈向全球经济第一大国，试想，这种情况下，中国还要依赖美元进行国际结算，还要大量储备美元，这对中国是不利的，意味着中国永远走不出被人操控、"剪羊毛"的窘境。人民币要实现国际化，就必须由过去多年的贸易主导转向投资主导，在中国企业大规模走出去投资过程中实现产业投资驱动的人民币国际化。"一带一路"就是这样的跨国性投资战略，一旦规模化生成，必然产生大量的人民币对外投资及离岸业务，并逐步形成各国对人民币的需求和依赖格局。这样做的结果，必然大大减缓国内人民币超发、M2巨量囤积和高速增长压力，也必然会释放国内货币对房地产领域的投资和信贷需求压力。而多年来国内房价的快速上升，最关键的一点就是货币流入量过大。我们平常听到的最明显的一句话就是：闲钱没地方去，只有买房子最安全，最能保值增值。这种理念之下，全民投资楼市，房地产成了中国货币最大的储藏室，造就了全球最大的百万亿级别的房屋银行，也造就了全球以房地产维持经济增长的头号国家。中国金融杠杆率不断升高，主要集中于房地产领域，风险积累也在房地产领域。"一带一路"倡议的实施，有可能通过流动性稀释的策略，实质性改变中国房地产货币囤积的格局。

二、房企战略转移

建设"一带一路"，不是一朝一夕的事，需要大量的基础设施建设和公共服务配套，也包括大量的产业园区和新型城镇建设。这给驰骋国内基建和房地产领域多年的众多大型房地产企业提供了许多国际化拓展的机会。目前，已经有一批房地产企业，例如万科、万达、碧桂园等积极投身于跨国业务，特别是进入"一带一路"沿线国家投资发展。这些大型企业的战略目标显然是进军跨国企业，进军世界500强。尽管他们仍然会坚持并强化国内业务，但毕竟国际化发展将深刻改变他们的视野、战略和运作模式。他们将不再沿着传统的国内房地产发展路线继续前行，而是将遵循跨国公司模式展开运作。这可能意味着，国内房地产领域未来的竞争和发展将会发生微妙的变化，一哄而上的抢夺式发展势头将会减弱，一味追逐"地王"的格局也会发生改变。

三、"一带一路"规则反制

当中国深入推进"一带一路"倡议时，意味着将会和大量国家发生投资、贸易、经济的互动和整合，也意味着多年来中国国内实行的一些重要的经济规则可能要被迫发生变化。例如，土地的招拍挂制度，这是中国在国有土地基础上实施的一项独特的土地产权转让制度，但是，当我们走入"一带一路"各国的时候，投资者获得土地的方式完全没有这种招拍挂，因为人家是土地私有化，土地的获得是通过市场化协商完成的，由于土地充裕，一般土地产权转让不存在地价一路飙升的困境，因此，中国的境外投资者们很快会适应国外境外的土地获得方式，反而对国内"价高者得"的招拍挂越来越不适应。这必然会通过"一带一路"投资产生传导效应，对国内高价拿地的格局产生反制性的影响。在"一带一路"投资大开放形势下，不排除国内实行了十几年的土地招拍挂制度发生裂变，从而产生"终止地王现象，降低开发土地成本"的巨大的现实反制作用。

四、雄安的"一带一路"联动改革实验

雄安新区一启动，就彰显出与"一带一路"的密切关系，那就是，以国际化的视野，创新中国内陆地区活体制、低成本、高创新的试验区。"一带一路"的当前重心是"一带"，即丝绸之路经济带，这是完全的内陆模式的跨国合作。同时，"一带一路"的合作也是以活体制、低成本和高创新为特征的。而雄安新区的低成本战略，核心是大幅降低土地成本以及物业持有成本，进而吸引各类投资者进入，以负面清单的模式给予投资者最大的创新发展空间。雄安这种大幅降低土地及物业成本的制度设计与"一带一路"倡议完全吻合，如果在此基础上再搞好创新发展，则完全有可能产生极具竞争力的产业发展机遇和效果。

五、调控的配合

当前的中国房地产领域，令人印象最深的莫过于去年以来的众多调控策略。大家有一个习惯性的研判：调控是空调，一阵风过去，房价仍然会暴涨上去。持这种观点的人不在少数，尤其是中国楼市预测大佬任志强近期还在说，这次调控管不住，还会暴涨。然而我的感觉，这次真的不一样了。外有"一带一路"倡议，内有雄安新区，都是新体制、新模式的巨大发展空间和创新模式，两者都不会、也不可能直接套用国内目前普遍存在的土地转让模式、投资开发模式和市场承接模式。从某种意义上说，"一带一路"倡议和雄安新区两大战略已经给中国房地产领域造成巨大的潜在压力，当前一、二线城市房地产领域的严厉调控事实上是在为"一带一路"倡议和雄安新区战略腾挪对接空间，市场失灵的地方，政府这只手就要进来，所以我们看到了针对供给侧的限价、限售措施。这种行政色彩很浓的调控会很快取消吗？不可能。我认为，近期的不动产统一登记和全国联网，正在为房地产税的出台

做好实质性的准备,直到房地产税出台之前,调控都不会发生实质性的退潮,限购、限贷、限价、限售等行政管控手段会持续存在。这意味着,房价的一个天花板现象产生了,看似上面有空间,但在刚性阻力之下难以上去。

中国主导的国际化、全球化已经上路,加上雄安新区的房地产改革试验,让我们很容易产生关于中国房地产发展道路会发生深刻变化的联想。这个变化一定会从土地制度的变革开始,一定会从大幅降低土地及物业成本的角度开始,一定会从有效提升中国国际化竞争力的策略开始。

如此之下,任志强的房价暴涨论还会灵验吗?我们拭目以待。

北京那边,峰会风头正酣。走,先去听听"一带一路"国际合作高峰论坛上各国政要都有哪些高论。

2017 年 5 月 14 日

我对未来中国装饰业动向的几点看法

20 多年来一直伴随中国房地产行业大步前行的装饰业,目前适应国内房地产基本形势变化和产业转型升级的实际需要,整个行业正在发生深刻的提升和改变。我在此对中国装饰业的未来动向提出几点看法,仅供参考。

一、市场需求多样化,规模化经营与中小企业经营将长期共存

装饰业内部的兼并重组一直在进行,一些缺乏竞争力的中小企业不断退出,一些品牌型的大型装饰公司日益壮大,形成规模优势。这个趋势还将继续,将来装饰业的大部分业务将由大型公司完成。

但是,装饰业务有自身的特点,特别是家装业务,面对成千上万的小业主,市场需求呈现多样化的基本格局,这就为装饰业的中小公司提供了长期生存的市场基础。装饰业的兼并重组淘汰的是那些不适应形势发展的弱势企业,而同时又会不断生成新的、适应性强的中小企业。可以说,未来的装饰业中,规模化经营与中小企业经营将长期共存。

二、装饰业的规范化经营格局日渐成形

装饰业以往的不规范也是出名的，层层转包、以次充好、偷工减料、货不对板、质次价高、拖延施工、频繁违约等，屡见不鲜，导致装饰公司的社会形象不佳，与业主的争执甚至官司层出不穷。

现在，装饰业长期存在的这些不规范经营的问题正在受到行业内外日益强化的多种约束，情况正在明显好转。政府的监管、行业协会的助力、媒体的舆论导向、市场的选择以及行业的自律，正在为装饰业营造一个日益明晰的规范化经营的局面，并且在脱胎形成更高层级的法律法规。应该说，装饰业内部存在的上述问题是长期形成的，具有相当强的顽固性，事实上仍然会长期存在，但它的违规程度在不断减弱，违规范围在不断收缩，违规成本在不断上升，规范化经营的效果已经清晰地显现出来了。

三、装饰业正在加快行业智慧化和高端化的步伐

装饰业长期以来被认为是一种智慧含量不高的工匠行业，给人以粗放、低端的印象。包工头、施工队、农民工、装修工，这些通常被市场列入低端层面的词汇恰恰在装饰业呈现大面积覆盖的情况。

然而，我们也看到一个不容否定的事实，那就是，现在越来越多的装饰公司投资人和高管层是由学历很高的专业人士组成的，装饰业已经并将继续注入大量的智慧和技能因素，从这个意义上说，装饰业已经今非昔比了。装饰业的智慧化和高端化是不可逆转的趋势，未来的装饰业同样会有大量的包工现象，仍然会有大量的施工队、农民工和装修工，但是，他们实施的装饰业务将带有更高的智慧创意和行业约定，装饰业的形象和内涵都在朝着智慧化和高端化的方向改变。

四、装饰个性化的潮流日渐凸显

装饰业的另外一个突出特点是日益个性化，这是社会生活日益提升以及消费者选择性日益增强的必然反映。装饰业适应形势，为业主提供了更多的定制式、个性化服务，让装饰成为反映业主个性的一次人文艺术的实践过程。

装饰的个性化潮流与装饰业内部普遍坚持的标准化并不矛盾。标准化是装饰业在技术和质量层面的刚性和法定约束，这并不排斥装饰的个性化，反而构成装饰个性化的技术和质量保障。

五、装饰业在新商品房市场上将长期保持独立操作地位

过去一些年来，国家一直鼓励开展新商品房的精装业务，不少房企和项目也尝试把精装业务导入商品房的开发流程中去。实践表明，商品房开发中的精装业务与市场需求之间还存在相当大的脱节现象，主要表现在两个方面：一是精装导致房价上升，市场有抵触情绪；二是精装的统一化与消费者日益增长的装修个性化趋势形成矛盾，很多业主在购房后不得不把原有的精装打掉重新装修，加大了成本，也造成了很大浪费。

于是我们看到，现实的商品房开发中，毛坯房仍然大行其道，仍然占据商品房开发的大头，这符合了市场的主导性需求。这表明，装饰业仍然将长期在商品房新房市场上保持独立操作的地位，不会大规模进入开发商的开发流程中去。

六、租赁房、保障房将成为精装业务的主体对象

房地产开发中的精装业务会萎缩吗？不会，在某种意义上，精装业务将稳定扩大，因为中国房地产经过将近20年的市场化改革，正在发生一场产业业态的大规模转型升级，未来住宅市场上，保障房和租赁房的规模和比例将大幅上升，估计占比将超过一半。而租赁房和保障房都是政策性住房，具有很强的政策引导性和公益性，这样的住房并不适合个性化，因此在装饰方面将纳入开发流程，实施精装，特别是公租房、长租公寓等特殊住房，将全部实现精装入户。

七、大城市向存量时代转向，二手房重装占比将快速提升

随着中国城镇化水平的快速提升，大城市目前的住房销售在比例上已经呈现一手房降低、二手房上升的局面。其中，深圳的二手房交易量最高，已

经占到住房交易总量的三分之二左右，北上广这个比例在50%上下，其他城市的一手房交易量仍然占据大头。

二手房的交易中，偏大户型的买房者大多是改善性需求，这些新业主通常都要重新装修，这就形成了庞大的二手房装修业务。与此同时，在整个住房装修业务中，二手房装修的业务规模占比也将呈现不断提升、快速提升的局面。

2017年5月29日

租赁正在成势，20年房地产隆重转向

2017年7月4日，上海两个区的土地挂牌出让，只租不卖。这个消息引发业界议论纷纷，更多的是盘算租金收益率太低，如何操持，也有人立即分析出，如果越来越多的土地供应和未来物业供应进入租赁，可售物业缺乏后续增量支撑，房价将继续上涨。但是，这个事背后折射出来的本质是：中国房地产在货币化改革之后由商品住房售卖模式主导的一路狂奔的20年即将结束，房地产的租售并举时代真的来了。

2016年国家高层提出大力发展房地产租赁市场时，市场似乎还没有醒悟过来，以至于2017年开春国家推出雄安新区时，全国各路人马冲杀过去，试图抄底买房，继续玩20年来的炒房游戏，结果撞了个头破血流。因为雄安新区根本不允许炒房，后来甚至规定，土地只租不卖，房子只租不卖，显然，中央是铁了心要在雄安新区搞房地产的新模式试验了。现在上海的动作无非表明，雄安的只租不卖模式在全国其他地方也会扩散开来。将来扩到什么程度，现在还说不清，但是，房地产租赁正在成势，中国20年来业已成型的房地产商品住房单一售卖模式即将隆重转向，租售并举的模式即将大规模展开。

去年国家高层提出了"房子是用来住的，不是用来炒的"这个基本理念，我把它浓缩一下，叫房子"只住不炒"，让它和"只租不卖"对应起来，就可以得出一个概念：租的房子是住人的，卖的房子是拿来炒的。这恐怕是中国楼市现实情况的真实反映。当房子这种东西成了纯粹的投资品，当人们整天捉摸着通过炒房发财赚钱的时候，可以说这个国家的经济肯定出了问题，其金融系统肯定蕴含了巨大的风险。

这种问题和风险，国家不是没有看到，多年来的调控就是想管住这些问题和风险，但显然是扬汤止沸。近年来提出大力发展保障性住房，试图解决低收入阶层的住房问题，但由于一开始保障性住房仍然采取售卖方式，结果滋生了更多的问题。

后来，国家才意识到，20年前进行货币化改革，把城市居民的住房问题全部交给市场，特别是交给住房买卖市场来完成，这个方向不对。因为当住房买卖完全放开的情况下，房子的首位功能就可能发生重大变更，在金融力量的助推下，房子的投资属性超越居住属性，变成了投资投机者的玩物，房价不断飙升，普通百姓真正的住房需求被压制了，被边缘化了，甚至被剥夺了。更可怕的是，一旦房地产走上投资主导的方向，大量货币流入房地产，必然造成对国家整体经济的绑架态势，问题将变得非常严重。

多年来的调控只是压制需求侧，现在，终于拐到供给侧了，从土地供应和房产供应的模式变革入手了，办法就是让市场和政府共同解决住房问题。怎么解决？第一，市场和政府都盖房，市场继续盖商品住房，政府盖保障性住房，让一大批买不起商品房的低收入阶层能够住得起政府提供的保障性住房；第二，住房市场除了提供售卖式住房外，还将大量提供租赁式住房。这件事，政府和市场可以同时做，那些买不起房子的人可以在租赁市场上租一套房子住，甚至可以长期租赁。雄安也好，上海也好，搞只租不卖，无非是让人能住得起房子，无非是让房子回归居住功能。

显然，发展房地产租赁市场，一定会涉及几个重大问题。

第一，租金收益率引发的可持续性问题。政府方面相对好办，公租房即便租金低一点，作为保障性住房，关键是要体现政府的福利保障性质。市场化的租赁住房就不太好办，有业内人士测算过，如果做租赁房业务，租金收益率只有2%左右，连通胀都抵不过，缺乏可持续性。如果政策在租赁住房层面解决了回报低下的问题，显然市场难以接受，也无法形成规模化、规范化的租赁市场。现在不少房企开始介入长租公寓一类的租赁住房市场，但究竟能走多远，谁也说不清楚，事实上，市场仍在试水，如果政策和市场两个方面都无法保障各类市场化的租赁物业的长期、合理、稳定收益，这些房企恐怕又要退出这个新兴市场了。

第二，租赁市场对买卖市场的影响问题。理论上说，大力发展租赁市场，把更多需求引导到租赁住房上来，有效减少商品住房的需求，房价该稳住了，甚至要下跌了。然而事实可能恰恰相反，由于租赁市场的发展将对买卖市场造成挤压，未来新增土地和物业将呈现收缩态势，这将导致存量物业以及缩减后的增量物业显得更加金贵，在庞大的闲散社会资金仍然难以找到合适的存储方式的情况下，会继续进入楼市，其结果就是导致房价涨得更高。现在有人在担心这个问题，我的看法是，恐怕将来真的是两个轮子一起转了，保障房、租赁式住房重点解决住的问题，就是要保证让所有人都住得起，而在市场方面就让市场起决定性作用，政策调控逐步退出，有钱人愿炒就炒，政府乐得收更多的税，一旦房价下跌，你们炒房者自己承受，政府只管处理违法的事，不管市场涨跌的事，这也算给市场一个合理的交代。

第三，"居者有其屋"的观念更新和行为模式问题。租房子住这种事情，在国外很平常，国外一辈子租房子住的大有人在。中国人观念中有浓厚的"居者有其屋"的认知，这已经不是一个纯经济问题，而演化成了一个社会问题。现在大力发展租赁市场，绕回到供给侧了，也算是房地产的供给侧改革，但是，我觉得问题的根本还是在需求侧，具体说，就是需求层面大量存在的"居者有其屋"的根深蒂固的理念和行为模式。政府推出了大量租赁住房，但市场上仍然充斥着买房的冲动，如何真正把人心聚拢到租赁住房上来？这是一个更加困难的事情，恐怕要通过更长的时间通道来逐步解决这个社会心理问题，而且必须解决，因为它对健康发展租赁住房市场来说太重要了。

2017 年 7 月 9 日

关于中国房地产长效机制的七点分析

临近年底，又是总结今年、布局明年的时候。近日，先是中央政治局会议，后是中央经济工作会议，提出了"加快住房制度改革和长效机制建设"的重大任务。在长达一年多的严厉的房地产调控政策下，我们似乎更希望看到基于立法保障的房地产长效机制。在一家证券机构举办的一场 2018 年投资策略分析会上，我从七个方面分析了中国房地产的长效机制问题。

一、建立房地产长效机制是在什么背景下提出来的

1998 年实施货币化改革后，中国房地产迅猛发展，但地价、房价也一路走高，住房资源分配严重失衡，投资投机盛行，成为顽疾，严重影响经济社

会稳定。十几年来国家和地方政府多次推出短期性房地产调控政策，但房价越调越高。

近年来，国家不断提出有关土地、货币、房地产税、住房制度改革等方面的思路。2016年中央经济工作会议提出"房子是用来住的、不是用来炒的"，为长效机制做了定位。涉及长效机制的一部分改革如土地出让、信贷政策、租赁市场建设等已经在推进。2017年房地产调控效果明显，一、二线城市房价企稳，三、四线城市去库存基本到位。2018年楼市将以平稳为基调，房价不会出现大起大落，未来房地产信贷将继续收紧，炒房的空间会进一步被压缩，整个楼市将越来越刚需化，向居住属性回归，房地产长效机制的建立条件日益成熟，将进入到落实阶段。这种情况下，本月举行的中央政治局会议和中央经济工作会议指出，要加快住房制度改革和长效机制建设。

二、什么是房地产的长效机制

中国房地产的长效机制概念直观来看，是针对多年来房地产市场上经常出现的短期性调控政策而言，但深入看，更是针对房地产行业现行的许多不合时宜的体制和机制而言。可以说，长效机制起步于房地产市场的调控政策，落地为二次房改后的新的住房制度，长效机制是中国房地产40年"正—反—合"（福利化—市场化—双轨化）演进的新机制，是维护房地产行业及市场长期稳定发展的基础政策法规和执行体系，是解决房地产行业及市场长期不平衡不充分发展的根本策略。从更高的战略层面看，房地产的长效机制还是中国经济长期稳定健康发展的重要基础。

三、中国房地产为什么要实施长效机制

我梳理了十条理由：第一，中国房地产的"五高"（高地价、高房价、高杠杆、高畸利、高失衡）严重威胁中国金融和经济安全，不可持续；第二，货币化改革引发的综合风险困境正在超越其带来的正面因素的影响；第三，以商品住房为主体的住房制度无法公正高效地解决中国城市的居住问题；第四，以短期化、临时性的政策调控机制都是扬汤止沸，过后房价反弹力度更大；第五，中国房地产正在由土地财政支撑的增量市场转向由房产税收支撑的存量市场，而房地产税是长效机制中最重要的手段之一；第六，20年的房地产市场化大发展积累了丰富的经验和转向长效机制的充分条件；第七，国家经济实力大幅增强，已经有能力承担和维护大量的政策性住房的存

在;第八,长期的商品房涨价已使得租售比严重分化,急需大力发展租赁市场以求平衡;第九,国家必须以长效机制稳定房地产这个超级"储钱罐"以应对国际金融风险;第十,国家必须以长效机制稳定房地产这个超级"发动机"以保持宏观经济的健康发展。

四、房地产长效机制主要有哪些内容

长效机制涉及很多方面,我在这里列出七大主要内容:

1. 双轨制的基本住房制度

尽管中央会议的表述中没有提到"双轨制",但我认为事实上长效机制的核心架构是双轨制,其基本表述是:商保并举,租售并举。商保并举指的是商品房和保障房并举,租售并举指的是租赁式住房和购买式住房并举。双轨制表明,以往的完全福利制和完全市场化住房制度都存在严重偏颇,货币化市场化改革20年解决了住房总规模问题,没有解决住房合理分配问题,更严重的是,投资投机盛行,酿成高房价,普通民众买不起房、住不上房。唯有双轨制才能从根本上解决目前市场上存在的住房分配严重失衡问题。二次房改和长效机制就是要最终建成一个以双轨制为基础、多层次供应、多渠道保障的租购并举的住房制度。

2. 土地供应制度

历史表明,土地招拍挂制度为地方带来巨量财源,同时也大大助推了房价上涨。公共租赁住房大发展前提下,价高者得的招拍挂制度显然不合时宜了。公共租赁住房、共有产权住房等保障性住房的土地出让更多将采取定标定向出让方式,"地王"现象、"面粉贵过面包"现象在政策性住房领域将不复存在。招拍挂制度在未来的商品房领域仍将以改良后的模式继续采用,力度更大的、土地整体只租不售的制度改革已在雄安新区等地出现。这些涉及土地制度的改革将导致房地产整体地价呈现平稳乃至回落的格局,为中国经济降成本做出重要贡献。

3. 房地产税

发达国家经验表明,房地产税是增加政府税源、平衡居民收入、遏制房价高企的重大机制。中国推出房地产税的技术条件如不动产统一登记、全国联网等均进入可行通道,征税的法理依据特别是与以往税种的对接、避免二次征税等也可以解决。影响房地产税征缴的最大问题还是市场成熟度不够,土地财政+房地产税将给市场带来过重压力。城市化快速发展期,新房增量市场是主体,政府更多依赖土地出让增加财政收入;城市化成熟期，存量房占主导，政府更多依赖房屋征税增加财政收入。发达国家存量市场占比90%以上。在中国，存量市场成熟度参差不齐，深圳70%；北上广50%～60%；二线城市40%～50%；三、四线城市30%左右。存量市场的整体不成熟及地区差异化是近年来屡屡提出却一直难以落实的主要原因。当前中央房改的决心已定，房地产税作为重大的长效机制可能提前登场，关键问题是：既要制定符合国情的统一化累进税率，又要择时因城施策，逐步推进。

4. 信贷政策

信贷是房地产市场发展的最重要支柱，没有信贷就没有房地产。中国房贷的困境在于，央行在很长时间内只控制规模不控制流向和结构，去年9月全国信贷总量的90%流入房地产领域，其中大部分进入一、二线城市，不良房贷引发投资投机盛行，加杠杆泛滥，直接威胁金融体系安全。物极必反，带来了去年10月以后全国暴风雨般的超级调控。目前房贷首付、利率均已上浮，其中利率年内已上升9次，直接影响楼市降温。央行采取的因城施策的差异化信贷政策压制了一、二线房价，推进了三、四线去库存。未来升级版的信贷政策将成为房地产长效机制中最基础、最普遍采用的策略手段。双轨制下，租赁住房的开发贷和消费贷即将兴起，相应的信贷制度将会形成。

5. 投融资模式

中国房地产领域的开发行为和消费行为以往过度依赖银行信贷体系，事实上，防止房地产不良加杠杆，除了控制信贷，还应改革投融资模式。二次房改后的房地产应该更多以房地产基金REITs、债券、融资租赁、资产证券化等直接融资手段推进开发。住房消费需求方面重点是通过多元融资渠道扶持刚需，去投资投机杠杆，有效拓展和改进的投融资模式将成为长效机制中重要的金融基础。

6. 租赁式居住的社会文化工程

从购房居住到租赁居住，这不仅是一个经济活动的转向，更是一个社会生活方式的变革。从国际上看，很多国家一半以上的民众长期甚至一生都是租房居住，整个社会把租房居住看作非常正常的事，早已是租购同权。而在中国人心目中，"居者有其屋"的观念根深蒂固。中国的储蓄率高企以及大量的提前还贷现象都源于这个传统观念。"房住不炒"的主要导向正是长期、正常、合法、舒适的租赁式居住，而改变中国人的产权式居住模式是一个长期的过程，长效机制中包含引导国人改变居住观念的社会文化工程。

7. 行政性政策与立法保障

过去十几年中，各级政府推出过大量行政管制性的调控政策，随着房改和长效机制的推进，行政性调控手段多数将取消，例如针对供给侧的限价、限售等，针对需求侧的户籍等限制。但部分行政性政策，例如限购，由于其效果良好，可能被保留到长效机制中。但长效机制的根本保障还在法律，未来成型的长效机制及执行流程必然以立法形式予以确立。

五、房地产长效机制的实施预期会产生什么样的效果

其一，大多数临时性的行政调控政策退出，少数转化为长效机制；其二，中国房地产将进入持续性的相对健康均衡的发展通道；其三，房子的投机功能完全被剔除，投资功能淡化潜化，居住功能强化显化；其四，随着存量市场的快速形成，房地产税逐步替代土地财政成为核心税源；其五，至少一半人进入租赁式居住模式中，且有一部分人可能永久租赁；其六，商品房领域供给收缩大于需求，可能加剧商品房供不应求，特别是豪宅，房价仍呈升势，豪宅与普通商品房的价差进一步拉大；其七，房地产双轨制形成"井水不犯河水"的基本态势，各自按照自己的逻辑发展；其八，在房地产长效机制强力影响下，中国经济的稳健性明显增强。

六、如何顺利推进房地产长效机制的实施

我认为，顺利推进房地产长效机制的实施，必须做好如下一些工作：第一，要清晰明了中国房地产正快速进入以长效机制为主导的新时代并付诸行动，不要仍然停留在既往通道里发呆；第二，在长效机制基本确立之前，现有的调控政策原则上不宜松动，也不会松动；第三，国家应以发展公共租赁住房为依托，逐步建立更加合理公平的土地出让制度；第四，房地产税的推出尽可能在存量市场占比较高的城市率先试点，然后再逐步普及；第五，应该在土地财政和房地产税之间建立收益平衡的税费互补机制，实现平稳过渡；第六，要以"房住不炒"为基础，构建租购同权的随机调控住房信贷体系；第七，要从房地产后半程起步入手，大力推进资本市场直接融资模式以降低风险提高效率；第八，应尽快启动立法程序，确立"商保并举""租售并举"的法律地位；第九，各个城市应认真梳理既往行政调控手段，可把最佳效果部分合理纳入长效机制。

七、2018 年房地产长效机制建设的具体动向

2018 年将成为中国房地产长效机制体系化建设的启动之年。大体上看，会有如下一些具体动向，值得关注。

（1）土地出让：各地都会大幅增加公共租赁住房建设用地，这一方面会减少政府土地收益，另一方面则会降低土地运营成本。

（2）租赁住房：多渠道增加公共租赁住房供应政策表现突出，"租售并举"实施力度明显加大。

（3）信贷：商品住房双贷仍然趋紧，租赁住房双贷宽松并探索制度化信贷模式。

（4）房地产税：不会全面启动，但立法程序会开通，不排除少数城市开始启动试点工作。

（5）投融资：银行信贷为主体的融资格局暂不会改变，但多元融资模式的改革力度会加大。

（6）住房新观念建设：政策和舆论继续加大租赁式居住的观念引领，社会接受度明显提升。

（7）政策调控：维持已有的调控基本格局和力度，但部分政策边际效应降低，未来可能退出。

（8）立法保障：全国人大将启动房地产长效机制立法工作，但需要多年努力才能完成整个长效机制和体系的建设。

2017 年 12 月 21 日

超过 300 万亿元！房地产巨额存量资产昭示全球最大资产增值潜力

一、300 万亿元＋！中国房地产巨额存量资产潜力难以估量

近年来，在房地产调控不断加码、结构性调整不断深化的背景下，房地产的基本格局正在发生重大变化。从土地出让和使用模式的转向到租赁市场

建设，从房地产税立法程序的加紧推进到投融资模式的改变，让我们眼前一亮：中国房地产的存量资产时代真的来了吗？

1. 2017年：中国房地产存量资产规模及效益

我还是先列出几个数字吧。2017年，全国房地产存量资产达到300万亿元以上，同时，全国房地产增量资产大约为10万亿元；全国存量（二手）房交易总额占楼市总交易额超过40%，其中京沪深三大一线城市的存量（二手）房交易额均超过总额的70%；开发商的增量利润超过万亿元，但存量利润仅有数千亿元；由于房地产税尚未启动，政府的房地产存量收益较少；由于二手房交易占比保持增势，估计私人的存量交易收益不低于3万亿元。

2. 中国房地产的存量价值仍然被严重低估

上述事实表明：中国房地产的存量价值仍然被严重低估！在发达国家，房地产存量交易占比高达90%以上，对房地产存量的资产运营管理十分成熟，可见，不断挖掘存量资产多元价值是房地产业的必然趋势。然而，过去20年来中国房地产处在产业高速成长期，必然重点关注增量，我们的主要视线从来没有离开过土地拍卖、新房开发、开盘行情，社会关注度一直在增量平台追随开发商拍地、做"地王"、捂盘、暴利等。我们甚至误以为这个增量市场就是房地产的全部，根本无心看一眼旁边的存量市场。

然而，我们必须清楚的基本事实是：中国房地产的存量已高达300万亿元以上，交易占比超过40%时，这种情况下，市场仍然忽视，可见业界之迟钝！

目前的房地产存量运营效益很低。但是，房地产增量效益是单类性和一次性的，而存量效益是综合性和复始性的，房地产存量资产的综合效益潜力难以估量！

3. 调控的表层意义是管住增量房价，深层意义是激活存量资产

过去20年来，中国房地产中存在的房价暴涨、暴利、投资投机等都源于增量市场，自然，房地产领域的所有调控措施主要是针对增量市场并波及存量市场。最初的政策指向更明显是为了压制房价上涨，越往后政策调控的指向越倾向于压住炒房为调结构腾挪空间。调控的表层意义是管住增量房价，深层意义是激活存量资产，所谓调结构主要是从供给侧把增量开发模式转向存量运营管理模式，新一轮土地出让及使用制度改革、发展租赁市场、改变信贷及投融资模式、强化资产管理等重点都在存量上面。调控效益将转向激活和创新巨额存量资产，从根本上改变房地产业态和运营模式。

4. 激活存量资产是房地产新时代的核心标志

中国房地产界有一种说法，认为房地产由黄金十年进入白银十年。我觉得这个表述是观念仍然停留在增量时代的表现，单讲房地产开发，可以这么看，但是如果把视野由房地产开发拓展到更广的范围看，就不是这种情况了。事实上，中国房地产是由日渐红海的增量时代进入了广阔蓝海的存量时代，房地产的巨额存量资产价值正在日益显露出其难以估量的潜能，激活存量资产成为中国房地产新时代的核心标志。新时代房地产存量为王，谁抓住了激活存量资产的金钥匙，谁就是真正的胜者。

二、谁是中国房地产存量资产运营的主体

中国庞大的房地产存量资产目前都掌握在谁的手里？在未来的存量资产运营中，谁将是运营和收益的主体？从资产配置的战略格局来看，中国房地产存量资产主要存在于政府、机构和民众三大主体中间，但从存量资产的运营看，以往的模式和未来的模式存在很大差异。我从三大层面对此做一点分析。

1. 房地产存量资产运营的政府层面

首先要明确，国家和政府是房地产存量资产政策性运营的主体。政府最大的存量资产是国有土地，从1987年深圳试行了国有土地使用权拍卖出让开始，经过30年的土地储备和市场化转让，各地政府获得了巨量的土地出让金，这种土地财政模式为各地政府积累了巨量的国有资产。

但土地招拍挂制度也带来了一系列的问题。首先是地价高企，引发了房价不断上涨，给民众的居住带来了严重的压力。此外，土地使用权向社会出让大规模压缩了政府直接掌控的土地及地面物业的经营权，造成了政府公共项目用地及控制权的流失，造成了多年以来商品房和保障房供应的严重失衡。商品住房和公共服务配套用房的严重失衡，也挤压了政府应有的存量资产运营的空间。

在国家提出的"房住不炒"战略下，中国的房地产正在发生重大的方向性改变，为了扭转20年来房地产货币化、市场化发展中出现的市场失灵现象，政府开始加大对从土地到物业的产权控制，其存量资产规模及政策性运营空间也相应在明显放大，具体表现在三个方面：

其一，政府委托国企开发的、拥有完全产权的保障性住房、公租房及公共用房将由国企实施租赁性运营。

其二，在混合所有制条件下形成的与民企和私人共同投资形成的共享型

存量资产，如 PPP 公共服务项目、共有产权住房等。

其三，国家将在不久的将来出台房地产税，对国内庞大的存量房资产实施最大规模的国家性质的资产运营，以便在相当大的程度上替代已经在房地产市场上实行了十几年的、以增量资产形态存在的土地财政模式。

2. 房地产存量资产运营的机构层面

房地产的存量资产规模越来越大，其市场化的潜力巨大。随着市场的深化，监管会越来越严格，运营会越来越趋向规范，从这个意义上看，机构将成为房地产存量资产市场化运营的主体，包括存量房交易服务商、租赁服务商、物业管理服务商等。

然而，目前房地产存量资产领域的机构渗透率参差不齐，总体水平不高，渗透率最高的是房屋交易中介和物业管理，达80%～90%，但资产运营效益不高。长期以来，机构对房产租赁的渗透率极低，忽略了这片汪洋蓝海。

目前租赁市场进入快速发展阶段，政府的大量储备土地的使用将不再采取招拍挂模式，而是实施定向转让模式，以很低的价格转让给企业，企业在获得70年土地经营权之后盖房子"只租不售"。这种实验已经在雄安新区以及其他一些城市开展。

在城市更新领域，机构更是唯一参与者，但目前国内的城市更新由于缺乏存量时代的背景条件，在经验和有效政策引导等方面还有待积累，从更新推进力度比较大的深圳看，推进过程十分艰难。从另外一个方面看，金融及资本市场的机构力量在激活存量资产方面仍然缺乏高效通道和政策设计。

由上述可见，机构在存量资产的市场化运营上拥有巨大的潜力，亟待深度发掘。

3. 房地产存量资产运营的民众层面

民众应该是房地产存量资产市场化运营的配角，因为作为自然人，资产保值是必要的，但资产增值不应该成为其财富增长的主导模式。然而，多年来，由于政策的缺失疏漏和机构的缺位，给民众炒房及物业资产暴利留出了很大空间。过去十几年里，中国各地出现一批"房叔""房嫂""房姐"等大量存量房拥有者，民众通过信贷支持下的加杠杆房产投资投机模式在存量市场收获可观回报。部分民众对私人存量房采取了出租运营策略，但整体呈现不规范格局。

随着房地产调控政策的严格落实，民众的存量房投机行为受到打击，投资空间被大幅压缩，房子回归到"房住不炒"的框架内。随着未来房地产税的实施，将从根本上改变民众投资存量房资产的行为，普通民众将回归存量房资产运营的配角角色。

三、从哪些领域入手开展房地产存量资产的运营

房地产存量资产的运营内容非常庞杂，且在不断增长。我初步梳理了一下，主要通过如下六大业务领域展开：

1. 存量房交易业务

存量房（二手房）交易长期以配角存在，目前已逐渐成主角，京沪深等一线城市年度成交的70%以上都是存量房了。全国平均存量房交易规模占比已经超过40%。

存量房的交易以往以中介机构服务为主，由中小型逐步转变为若干大型中介为主体。近年来互联网交易平台快速发展，线上线下实现资源和交易整合式发展。存量房交易是稳定型业务，但其服务收益有限，在存量资产总收益中占比不高。十多年来伴随房价暴涨，存量房业主的卖房收益十分可观，未来将大幅弱化。

需要说明一点，业内把房地产开发商尚未销售出去的新房也称为"存量房"，我认为概念不准确，这部分房子应该称为"库存房"，因为它们仍然在开发商手里，也就是还在增量资产尚未转化为存量资产的过程里，不能称为"存量房"。

2. 存量房租赁业务

存量房的租赁活动长期存在，但私租占大头，机构渗透率低，市场不规范。国际上租赁式居住是常态化生活方式，占比在50%甚至更高，且有法律和技术保障。

在国家大力发展租赁市场的政策引导下，目前租售并举、租购同权正在成为中国房地产结构性调整的主导方向，"住有所居"正在替代"居者有其屋"。越来越多的城市在推出"只租不售"使用权性质的土地，越来越多的机构加盟到租赁业务中来，机构渗透率快速提升，长租公寓大行其道。房地产市场的利润增值主导模式正在由增量销售模式转向存量租赁模式。中央和地方正在为租赁市场建设投放大量政策及至法规，强化管理，市场需求正在大规模向物业租赁方向转移，并在未来孵化成为常态化生活方式。

3. 存量资产运营业务

存量资产运营渗透到物业资产的使用和价值变动的全过程，理论上讲，通过运营业务创新开发，会发掘出大量利润增值空间。然而，我们看到，传

统的存量资产运营把业务局限在物业管理的单一轨道上了。事实上，存量包括物业、资源、环境、人口、社会等众多领域，需协调运营。存量资产运营的目标就是通过多元整合策略实现资产在存续期间的保值和增值，房地产由增量开发到存量资产运营就是由重资产模式转向轻资产模式。存量资产运营模式包括自主运营和委托运营两大类，越来越多的增量资产开发商转型为存量资产运营商，越来越多地立足于存量资产运营管理的独立的轻资产机构平台诞生，存量资产存续期间的大量的直接和间接增值空间和渠道被挖掘出来，例如住宅地产的养老主题化、商业地产的生活 Mall 化、商务地产的联合办公化等。

4. 城市更新业务

城市更新是对城市内部片区存量资产的整体改造和再开发过程。城市更新从一般意义上讲，也是存量资产带动增量资产增值的过程。以存量建面 1 为基数，我认为可设"存增比"概念，比值越高，增量资产规模越大。目前以深圳为代表的城市更新，存增比很高，表明增量价值仍然高于存量价值，随着城市成熟度提高，拆迁量减少，城市更新存增比会越来越低，存量价值将会凸显。

5. 存量资产金融业务

存量时代来临，房地产开发条件下的金融模式面临重大改变，针对存量资产盘活需求的资产证券化驶入快车道，资产证券化占房企融资总量的比例从 2015 年的 0.3% 达到了 2017 年前 11 个月的 4.2%。

2017 年前 11 月，房企发行资产证券化总额达 423 亿元，比 2016 年大幅增长 210%，超过半数的房地产资产证券化项目单笔发行规模大于 25 亿元。类 REITs、抵押贷款支持证券（CMBS）、非信贷资产证券化（ABS）成为资产证券化主力。租金收益比较稳定的商业地产，如办公楼、商场、酒店等成为资产证券化的先锋。2017 年多个住房租赁资产通过 CMBS、ABN、类 REITs 等形式，相继实现了资产证券化。国内首单长租公寓资产类REITs——新派公寓类 REITs 在深交所挂牌，国内单社区商业类 REITs 中联东吴 - 新建元邻里中心资产支持专项计划在上交所获批。

当然，中国的资产证券化仍待升级，比如类 REITs，与国际上正式通行的 REITs 还有很大差距，主要表现在三个方面：一是它限制公开交易，二是它无免税政策，三是它没有分红安排，这就大大降低了类 REITs 的市场价值。

在存量资产的投融资领域，我们还看到，房地产抵押债券 ABS 产品发行规模也涨幅迅猛，2017 年 1 月至 9 月同比增 300%。此外，银行也积极介入，例如建行广东分行针对租赁市场推出"按居贷",最长可贷10年,实行4.35%的基准年利率,贷款额度最高可达100万元。

房地产存量资产的投资也日益受到财富管理机构的关注,以家族信托等方式纳入财富管理业务,前景广阔。

6. 存量资产的税费征收业务

既往的房地产国家税费征收主要体现在交易环节,如土地出让金、房屋买卖的各类税收等。在房地产存量资产的持有环节,国家税收制度尚未设立房地产税这个核心税种。随着存量时代的到来,房地产税征收已经进入立法程序,预计2020年将进入房地产税征收的实战年份,试点城市将落定。

房地产税将是国家和政府直接实施的有关房地产存量资产的最大运营工程,在很大程度上将替代增量时代的土地财政功能,成为存量时代政府财政的支柱之一。

四、企业如何抓住房地产存量资产运营的超级机会

中国房地产的存量时代正在来临,这里面蕴含着巨大的机遇。对于以往习惯于在房地产开发的增量市场上操作赚钱的房地产企业来讲,除了可以继续在增量市场上深化发展外,应该把更大的目标锁定存量市场。面对存量市场的诸多机遇,更多的企业可以加盟进入,掘金发展。总之,无论房企还是其他企业,都应该在房地产的存量时代认真考虑如何做一个成功的资产运营商。

我认为,一个成功的资产运营商必须做好如下几点:

1. 认真研判存量时代、存量资产、存量价值、存量效益的深刻内涵

目前存量规模越来越大、但存量增值效益不平衡不充分的问题比较突出,症结点就在于供给侧缺乏对存量资产价值的深刻考量。值得注意的是,去年以来,在中央大力发展租赁市场政策的引导下,越来越多的企业意识到其中的重大前景,纷纷加盟,甚至银行系统也开始推出租赁信贷产品以应对租赁市场发展的大趋势。可见,对存量资产价值的认识在迅速提升,未来的房地产存量资产运营将成为热点。

2. 勇于摆脱20年来惯性形成的房地产增量开发模式的束缚

过去的20年是中国房地产开发狂飙突进的时代,无论是房地产开发企业数量和规模,还是房地产新增产品规模都大幅增长,以至于导致银行房地产信贷规模急剧膨胀,投资投机盛行,三、四线城市新房大幅增加而销售不

畅，被迫实施去库存行动。新房市场这些年来充斥了太多涉及投资投机的关注，人们已经习惯于通过买卖新房来获取差价收益。现在，国家政策已经进入房子"只住不炒"的时代，业界一定要摆脱多年来形成的通过增量开发和交易获利的习惯，把更多的精力转移到存量市场上来，通过合理合法的运营获得新的发展机会。

3. 房地产开发商应从战略高度真正把企业转型升级为存量资产运营商

房地产企业常常被称为开发商，就是指房地产商主要业务是从事房地产增量资产的开发。然而我们发现，目前很多大型房企纷纷在改变这种身份。万科宣布自己已不是开发商，而是城市综合运营商；万达更是声称要全面退出房地产，实际上，万达退出的是房地产增量资产开发领域，而它将在房地产的存量资产运营领域大展拳脚。"春江水暖鸭先知"，显然，这些曾经的大牌房地产开发商已经意识到存量资产运营的巨大前景，随后必然会有更多的开发商进入这个富含机遇的广阔空间。

4. 存量时代为致力于轻资产运营的人创造了庞大的新起跑线创业机会

存量时代的一个重要特征就是，重资产的运营模式转向轻资产的运营模式。资源整合、创新发展将成为存量时代的主导方向。这样的背景下，许多致力于轻资产运营的人有机会站在了房地产存量资产运营的起跑线上，公平竞争发展。

5. 积极利用国家最新政策便利，尽快进入租赁市场，以此启动存量资产运营

从目前形势看，国家正在大力推进租赁市场建设，显然这是一个进入存量资产运营的大好机会。现在，许多大型开发商、投资商、金融机构纷纷以各种方式进入租赁市场。当然，要深入研究未来租赁市场的商业模式和盈利模式，力求成功。

6. 存量资产的创新运营管理潜力无限

房地产存量资产的方向不仅是"盘活"，更是"激活"。盘活是指让沉淀的、没有效益的存量资产活跃起来，能够产生必要的效益，而激活指的是要对存量资产进行大胆创新，不断探索新路，让资产不断产生多元化的综合效益。

7. 积极创造条件，及早获得各类资产证券化的权利和机会

房地产存量资产的运营如同房地产开发一样，离不开金融的支持。但存量资产运营应该更多地寻求直接资本市场的支持，要大力探索走资产证券化的路子。当然，包括银行信贷、财富管理等模式在内的金融支持都是应该争取的。

8. 充分利用互联网平台优势，推动存量资产运营更加高效发展

未来互联网必然广泛而深切地被房地产存量资产运营所运用，甚至延伸到物联网和人工智能领域，这将会极大地提升存量资产运营的效率和效益。

未来时代是存量时代，机遇就在眼前。未来十年，必定会出现若干个千亿元规模的房地产存量资产运营商，花落谁家？让我们拭目以待！

2018年1月18日

租房市场的发展要过三道门槛

自从去年国家大力推进住房租赁市场发展以来，一时间住房租赁行业热得不得了，各地政策和动作频频，如70年只租不售的土地出让、租购同权、成立专门的国企负责开发和管理租赁住房，整体收储城中村100万套房子改造做长租公寓，北京万科推出长租10年、总租赁价180万元的高端长租公寓，租赁信贷政策，等等。

仔细看看，原来真正热闹的住房租赁消息大体都出在供给侧，不是政府就是开发商，而需求侧的消费者大部分仍然坚守在购房市场上！君不见，这两年，三、四线城市去库存，把一大批怀有投机心理的中产阶级的储蓄给搭进去了；一、二线城市，表面上继续严控，事实上暗流甚至明流涌动，一手房价受限，二手接手上攻，导致出现大量的价格倒挂现象。在上海，在深圳，一手房在价格压制下惜售现象普遍，房源紧张，特别是豪宅大户型，出手抢到就赚。近日深圳一个楼盘网上直销，仅仅一秒钟就全部抢光，真可谓"秒杀"！

不是政策向租赁市场倾斜了吗？不是要严控购房吗？为什么购房市场仍然如此火爆？为什么购房需求仍然如此顽固？

从大道理上讲，发展租赁市场是趋势，从国外经验看，60%以上的人都是长期租房，而且有法律保障，有市场保障，有社会生活方式影响。然而，中国的情况大不相同，发展租赁市场，远不是一个号令、一场运动能够解决得了的。我认为，当下风风火火的住房租赁市场发展必须越过三道超级门槛，才谈得上成功。

一、政策门槛

有人要问了：现在不是国家出了政策大力扶持租赁市场发展吗？是的，

国家已经表态了。但是，我觉得现在远远说不上政策已经到位。你想，这么重大的租赁市场建设，甚至摆出一副要替代商品住房功能的战略架势来，但实际的政策投放又如何呢？只是一些大骨架的政策，真正能够落地实施的政策还很少。

这就要说到地方政府的政策了，毕竟租赁市场建设的落地由各地政府实施，那就需要各地政府推出落地实施的相关政策。现在我们并没有看到多少这样的实施细则。为什么？一是地方政府还不太懂租赁到底如何做。二是地方政府一算账，发展租赁市场不一定划算，拿那么多宝贵的土地去做租赁住房，无论如何比不上招拍挂土地效果好啊。何况很多企业出于对投资收益的疑虑，对开发租赁住房也不积极。

因此，地方政府就不那么积极地推进租赁住房市场发展，从而也就说不上租赁市场的发展已经越过了政策的门槛。恐怕需要几年的时间，经过租赁市场发展的经验积累，相关部门才能真正摸清楚住房租赁市场的发展规律，才能推出更加完善、深入的国家层面的租赁市场发展政策，甚至进入立法程序，这样才能对各地开展相关工作形成更加刚性的政策法规导向。

二、市场门槛

北京万科为什么要推出10年180万元租金价格的高端长租公寓？面对市场的质疑，万科显得很无奈：我们当时拿地花了106亿元，现在即便做成这样，也才有2%的收益，实在是不得已而为之。不单是万科，几乎所有参与租赁市场开发的企业都会把租金价格提上去，差别只是价格提多少的问题。这样做非常正常，一方面，他们的租赁产品在投资成本上远大于过去的零散租赁产品，必须由提价回收成本及维持基本的租金收益率；另一方面，中国城市的租房市场长期以来在商品住房一路高歌的背景下，处在租售比严重失衡的状态，既然全面推进租赁市场建设，那就要通过提价全面补上长期以来的租金缺口。

好了，供给侧的理由很充分了。但是，转到需求侧，庞大的租客群里不断发出抱怨声甚至叫骂声：你们这是要把租金价格涨上天吗？还让不让我们租房住了？凡租房者，通常都是打工阶层，即便是有文凭的硕士博士，也是刚刚毕业不久，同属囊中羞涩一族，对租金价格上涨非常敏感。当然会有一些经济条件较好的租房客，对租赁住房条件改善后的提价具有承受力，也愿意住这种改善型的长租公寓，但是，仍然有大量低收入阶层不愿接受租赁价格上涨的事实，这种背景下，原来的低档零散租赁市场仍然有着顽强的生存空间。

说白了，市场门槛的灵魂就在租金价格上面。现在的长租公寓能否规模化发展，核心问题在于，在规模化的供需之间能否找到一个利益的平衡点，在这个点上，供应方认为租金收益是合理的，投资发展是可持续的，需求方也认为租金价格是合理的，是其收入水平可承受的。现在，这种规模化的租金平衡点找到了没有？没有找到。市场还在摸索，合理的租金价格还在询价之中，市场的表现就是非规模化，就是特例化，还是少数人的游戏，当然不能说新型的租赁住房建设已经越过市场门槛。

三、文化门槛

相比政策门槛和市场门槛来说，中国租赁住房发展最难逾越的恐怕是文化门槛了。"居者有其屋"，这是盘旋在人们脑海里数千年的文化习惯和精神价值观，极难改变。中国几千年的农耕社会遗风中，最重要的莫过于对土地和房产的热爱。有房者和没房者几乎就是两个阶级。只有有了自己的住房，即便是有大笔贷款，宁愿当月月还贷的房奴，也不愿当一个无房户让人耻笑。当今社会更有甚者，丈母娘经济当道，年轻人如果没有房子，恐怕连老婆都娶不到。所以，所有人倾其一生的努力，就是要买一套房子。这种文化背景下，租赁市场又能争取回来多少真心实意长期居住的诚意客呢？不要动不动就举外国的例子，那对中国人来说几乎没有任何意义，中国人的深层意识里，只有一个概念：一定要有属于自己的房子！

政策、市场、文化，这三道门槛，也可以说是租赁市场发展必须面对的"三座大山"，能越过去吗？

2018 年 4 月 30 日

地价三阶段表现如何助推和维护房价？

近来的中国房地产可谓寒气逼人，不断冒出量价齐跌的案例，这显然和长期以来的严厉调控有关。但是，10月底的中央高层会议竟然罕见地没有提房地产调控，看来有护盘的意思，那意思是：不允许涨，但也不要大幅下跌啊。此时的楼市就很纠结了，无疑，人们最关心的还是房价：会跌多少？将来还有没有上涨空间？

第二部分
房地产：震荡与转型

我们知道，房价是房地产所有经济指标中最直观、最具市场影响力因而也是最让人关注的基础指标，房地产发展到底如何，看一下房价的表现就能判断个七八成。然而，影响房价上涨、持平或下跌的内在因素就太多了，大体说来，土地、人口、住房消费需求、资金、政策、宏观经济运营、投机力量、外部突发事件等等，都可能造成房价的上涨或下跌。今天我只想说说土地及地价对房价造成的影响。

可以明确地说，在中国，土地对房价的影响远远高于国外。为什么？因为首先是土地属性问题，中国的土地是国有化的，而国外大体上是私有化的。有人常常拿日本20年前广场协议后的房地产暴跌行情和多年低迷与中国当下的房地产行情相比，这首先在土地属性上就是不合适的，因为私有化的土地必然伴随土地交易的全程市场化，政府不可能干预土地交易。而中国的城市建设用地，包括住宅开发用地属性是国有化的，从土地一开始进入建设用地的交易，就出现了政府干预的情况，可以说，目前的房价里面，包含了将近一半的土地价格，而这些都是在政府直接间接的干预和运作下形成的。

政府的干预和运作会让土地价格往哪个方向走呢？当然是上涨，地方政府要搞大量的基础设施建设以及政府各类开支，单靠产业运作、企业纳税，钱是远远不够的，那么更多的钱从哪里来？这些年来，一半左右的钱是卖地得来的，这就是所谓的"土地财政"。现在的一线城市中，深圳卖地给地方财政的贡献是最低的，占10%~20%，北京、上海大约占30%，二、三线城市的这个占比更高，大约在40%，少数甚至达到一半以上。广州作为一线城市有点扭曲，由于城市扩张规模太大，财政收入远远不够，近年来在土地出让上不遗余力，竟然让土地财政占比曾经最高达到70%~80%，这也为广州从一线城市的跌落埋下了伏笔。从房价看，北上深均价都是5万多，唯有广州是刚过3万，已经不在一个层级上了。

地方政府从土地上获得收益，大体上分为如下三个阶段：

第一阶段：土地征用。所谓行政干预，是从土地征用开始的。多年来，各地的城市建设用地都是不断从周边的农村集体土地通过国家征地程序获得的。征地是国家强制行为，是法定程序，实施过程中，会按照国家标准结合各地实际情况，对土地出让的农村集体给予一定的征地补偿，比如每亩补偿几万元不等。完成流程后，这些土地进入当地政府的土地储备中心。这种征地显然是中国特色，国外土地私有化背景下，国家也有征地现象，但范围很小，只是真正需要的国家公共类项目，才有征地，且给市场补偿的额度要高得多。而在中国，征地是常态化的、大规模的、补偿费用比较低的。土地进入政府土地储备中心，未来用途很广，包括大量商业营利性的用途。所以，土地征用阶段，政府看上去还没有获利，通过法定途径压低土地补偿价格获得土地，事实上就是一种行政干预性质的获利行为，为未来土地的商业化获利留足了空间。

第二阶段：土地出让。过去是土地协议出让，比较隐性，容易滋生腐败，从2003年开始，国家推出了影响深远的土地招拍挂制度，看似让土地交易进入了充分的市场化，似乎更加公平、公正、公开，价高者得。但是，某种意义上说，这也是一种行政干预模式，就是要求企业拿地必须走招拍挂的套路，其结果是，所有被企业拿到的土地使用权价格都在招拍挂特别是拍卖中被激烈的土拍竞争拱得非常高，甚至"地王"频现。政府的目的达到了，就是高价出让土地使用权，政府获得更多的土地出让金，但是，后遗症也很明显，高地价直接导致后来的高房价，城市居民购房成本大幅提升，楼市泡沫及风险增大。

第三阶段：土地纳税。企业在获得土地使用权的时候，以往都是以相对偏低的费用额度一次交清使用年限内的土地使用费。目前这种情况正在面临重大改变。因为政府明白，这种一次交清的费用在之后的长期使用过程中无法充分体现政府土地权益的回笼，也远远不能体现土地在以后长期使用中的增值效益。为了弥补这些损失，也为了修补税制漏洞，政府打算启动征收房地产税流程。现在房地产税的征收已经进入全国人大的审议议程中，一旦立法完成，就可能进入实施。这就是说，在土地出让之后，政府仍然可以通过征收房地产税来长期稳定地获得土地的延伸性地价收益，也就是延伸性土地财政收益。

可以预见，只要中国的国有土地制度性质不变，政府通过上述三个阶段获得土地财政收益的模式和策略就不会发生改变，只是获取土地财政收益的具体比例、方式可能有所变化。

现在我们再看一下地价作为政府土地财政的标识性指标，会如何表现？其实很简单，地价走低，意味着政府土地财政收益减少，比如土地拍卖，如果流拍，政府没有收益，再拍，起步价会有所降低，但政府收益减少，这些都是政府不愿看到的。所以，在任何一个阶段的土地价格，对政府来说，主观上都不会自动降低，以维持政府的土地高收益格局。

既然地价往高走，在高地价基础上形成的房价必然往高走。这就是20年来中国房地产市场房价一路走高的重要基础原因之一。现在新的问题来了：政府一方面希望土拍继续收获高价，但另一方面为了适应国家对房地产宏观调控的要求，又强行在住房销售阶段做出了限价的行政管制政策，简单说就是，政府仍然要拿高地价，但又不想让开发商推出高房价。这显然是直接挤压开发商的获利空间，开发商当然是不愿意的，他们希望政府从压低土地出让价格的源头开始"限价"，从而保障开发商合理的利润空间。

三个阶段的地价递增过程完整地体现了地方政府需要长期本能性维护政府利益的诉求和举动，其地价主导表现就是不断上涨，这必然传导到后来的房价上面，成为房价不断上涨的重要推力。但政府又不希望房价一路飙升，因此一直通过调控手段来管制房价。而政府主动让地价下跌这种事显然非常困难。以这个观点看当下的房地产形势，可能房价的下跌空间有限，因为当房价下跌到可能挤压地价空间的时候，政府就会推出维护房地产即维护房价稳定的政策和措施，其背后的诉求就是维护地价，维护土地财政，维护政府收益，当然也是在维护宏观经济的稳定。这么多年来，一直如此，这次也不会例外。

2018 年 11 月 4 日

住建部的房地产"三稳"，其实半年来我一直在讲

12 月 24 日，在全国住房和城乡建设工作会议上，住建部对明年楼市调控明确提出"稳地价、稳房价、稳预期"的目标，并强调坚持"房住不炒"的定位不变。

这个"三稳"表态当然是对即将到来的 2019 年中国房地产走势的基本研判，也是对今年下半年以来中央多次重要会议上对房地产形势基本研判和决策的一种提炼式表述，其核心观点就是：楼市既不能盲目上涨，也不能剧烈下跌，房地产要保持平稳健康发展。

可以说，中国房地产政策多年来一直是在这种双向防控中前行的，目的就是避免楼市不正常震荡对国民经济造成不利影响。这种双向震荡的动向在今年表现得比较明显，所以政策面的防控表现也比较明显。

回想了一下，半年来，我多次在公众号文章中谈及"稳"的问题，房地产不能乱涨，也不能乱跌。在中美贸易战不断加码、中国宏观经济扑朔迷离的复杂背景下，这个观点和政策导向可以说是今年中国房地产运行的头号主题。

6月29日，我在公众号文章《诡异的楼市，有没有迷局？》中说："在严格执行房住不炒战略大方向的前提下，由国家力量推出各类调控政策，对楼市形成约束力，为楼市的市场化操作实施引导，同时培育长效机制和双轨制模式，保障中国房地产和楼市不出现不正常的暴涨或暴跌，促使其沿着稳定健康的方向发展。"

8月2日，我在《记住这最关键的一句话，下半年的房地产格局全在这句话里了》一文中表示："由于'稳'是基调，因此房价不能涨的同时，政策并不支持房价明显下跌。因为，房价明显下跌显然同样不利于宏观经济的稳定性，也是美国发动中美贸易战的一个重要诉求。但是，并不是一点也不能跌，政策明确表示：因城施策，各个城市可能根据自己的情况，实施差别化的措施，有些泡沫过高的地方，可能会让房价有一定的下行空间。同时，政策也表示要合理引导预期，所谓"合理"，就是稳定性预期，既不能上涨，也不应出现明显下跌。"

10月7日，我在央行今年第四次降准之后发表文章《大降准，大对冲，楼市信号：不准乱跌！》，我认为："在目前宏观经济比较严峻的大形势下，中国房地产要稳字当头，不涨价，不乱跌，适量成交，窄幅波动，做到这样，就是对中国宏观经济的最好贡献。"

10月27日，面对国内房地产出现的强烈的下跌预期，我写了《一堆"怪事"出来了，能弱化楼市下跌预期吗？》的文章，我说："政策对可能出现的房价明显下跌保持敏感性，已经实施的多次降准以及各地有可能不同程度推出的利率适度下调和在限贷、限购、限价等政策上可能出现的适度灵活表现都是对可能出现的房价明显下跌的对冲行动，以保持楼市的稳定性。"

住建部这次提出"三稳"，可以说印证了我一直以来的基本观点：在中国，房地产客观上占据了国民经济和国民财富的大头，可谓牵一发而动全身，这个庞大的国民经济稳压器和国民财富储蓄器不应遭受市场过度震荡的冲击，政策面一定会千方百计对可能出现的震荡实施对冲，以保持房地产的均衡、平稳发展。

有一种观点说，房地产的涨跌是市场行为和趋势，任何人为的力量都是不可阻挡的。我觉得这种观点有点极端化了。的确，多年来，政策不断调控，楼市不断上涨，似乎表明政策是无效的，但是我们应该看到，多年来的调控并不是不让房价上涨，而是控制房价不要过快上涨。从这个意义上看，楼市多年来的政策调控并不是完全没有起到作用，只是作用比较有限而已。也正是由于这种调控不力的情况，中央才在今年7月底发出了"坚决遏制房价上涨"的强硬声音。但是，当最近几个月的楼市出现严重的下跌预期和动向时，政策面又出现防止楼市剧烈下跌的信号。显然，政策面永远是围绕"稳"字推进的。

  2019 年马上就要到来了，中国房地产的发展已无悬念，就是稳字当头：稳地价、稳房价、稳预期。能不能稳得住呢？我相信稳得住。小震荡不排除，但大震荡不会出现，这是中国国情决定的。

2018 年 12 月 25 日

第七章　区域房地产之变

2016年香港房地产会走衰吗？

这两年来，香港经济的确遭遇了一些麻烦，金融、贸易、旅游、零售、餐饮等行业都有一定的问题。其中，香港经济的顶梁柱——房地产在去年下半年也出现了放缓的势头，特别是地产大亨李嘉诚往欧洲等地转移资产的一系列动作，让人对香港房地产充满担心。进入2016年，香港房地产真的会走衰吗？了解一下香港的房地产形势，对于我们研判深圳的房地产发展是有帮助的。

回顾香港房地产40多年的历史，似乎有一个"十三年"的周期上涨规律。从1968年到1981年，香港经济进入起飞期，成功进入"亚洲四小龙"，这是房地产的第一个快速上涨的十三年。之后进入三年下跌期，到了1984年，再一次进入"十三年"上涨期，这次上涨，伴随着香港经济的空心化，制造业从25%下降到7%，到了香港回归中国的1997年，紧接着就遭遇了亚洲金融危机，香港房地产也掉头向下。从1998年到2002年，一路下跌了70%。从2003年开始，再一次连续上涨了十三年，一路走到2016年的入口，香港房地产这一轮上涨幅度达到3.6倍。目前的楼市每平方米的价格折合人民币大约是8万元。

去年下半年香港房地产的趋缓态势，应该说与香港特区政府、业界以及市场对于这个"十三年周期"概念的敏感性是有一定关系的，在这个当口，市场上有一种楼市走软的预期发生，会减弱人们的购楼行为。

心理预期与香港经济基本面的表现是相关联的。

香港也有不少人担心美国加息会对香港房地产走势产生负面影响。我觉得这个倒不用太担心，因为香港至今仍然采取联系汇率制度，美元去年年底一加息，港币立即同步加息，这实际上是维护香港资产价格稳定的举措。在未来美国连续加息的过程中，港币的加息步伐可能不一定完全同步，但基本走势是一致的，因此，对楼市的影响很小。

我认为，这一次香港房地产的走软态势和前两次大跌态势的最大不同是，这次的主要影响因素是香港特区政府的强力干预。特首梁振英是房地产中介出身，他当年把控的戴德梁行在香港房地产中介里是很有地位的。对于香港房地产多年来的快速上涨，梁振英是非常担忧的，为了控制楼市的持续上涨的态势，他采取了若干"辣招"来调控楼市，例如，加大土地和住房供应；对700万港币以下的中小户型住房的贷款提高首付至四成，而按揭比例则降为六成；对外来购房者要求一次缴纳600万港币，等等。这些所谓"辣招"显然对改变楼市供需关系产生了影响，进而影响到楼市的成交和房价走势。对于香港这个长期实施自由港政策和"小政府、大市场"机制的地方来讲，这种政府调控以往极少出现，所以引起很大的反对声，但至少目前特区政府还没有"减辣"的动向。

从上面谈到的香港房地产周期波动因素、经济基本面因素、汇率变动因素和政府政策调控因素综合分析，我对2016年香港房地产基本走势的看法是：所谓"十三年周期"的判断可能失灵，今年上半年整体表现会有一些疲软，不排除有大约10%的下跌空间，但不会出现大幅下跌。下半年政策有松动的可能，楼市会呈现相对平稳运行的格局。所谓香港房地产将要走衰的研判是没有根据的。

香港房地产的走势也折射出香港经济的基本面仍然稳定。深圳的经济总量可能在今明两年内超越香港，这不奇怪，因为深圳的土地面积大约是香港的两倍，实际人口量大约是香港的三倍，足以承载更多地产业，在连续多年的较快增长速度拉动下，产出更大的经济总量，但我们的人均GDP仍然只有香港的一半多一点，特别是在市场法治环境、市场机制、国际化程度等方面的差距仍然很大。而在房地产方面，深圳的房价近年来却在快速追赶香港，2014年，深圳的住房均价还只有香港的三分之一，而经过2015年的暴涨，目前均价已经超过香港住房均价的一半，与人均GDP处于持平态势。深圳房价如果再涨，其风险将明显上升，其风险态势将超过香港。我们对这些必须有清醒的认识，不能产生盲目误判。

2016年1月22日

文旅与地产：顺势而为

乘坐地铁迈向新时代：万科的一箭九雕

万科就是万科。当轰动全国的"万宝之争"给万科带来巨大压力之后，万科从容启动停牌，以"关起门来打狗，堵住笼子抓鸡"的办法，迅速发起战略反攻，3月12日，人们翘首观望的重磅消息终于传出来了：深圳地铁集团与万科举行了战略合作备忘录的签约仪式，宣布达成战略合作意向！

立马有几家媒体记者采访我，问：万科和深圳地铁集团的合作能实现吗？毕竟仅仅是个备忘录，毕竟离停牌截止时间仅有5天，万科必须向证交所、向股东、向社会有个交代。真的只是用备忘录匆匆忙忙走个过场吗？我认为不是，万科选择与地铁集团的战略合作，完全可以形象地称为"乘坐地铁迈向新时代"。万科此举可谓绝招，可以达到一箭九雕的超级效果：

一、强强联合，实现优质资产大整合

深圳地铁集团是深圳国资委旗下的总资产2411亿元、净资产1503亿元、负债率仅37%的优质大型国企，掌管着深圳大部分地铁建设、管理、运营以及地铁上盖物业的建设业务，在深圳的城市发展中具有举足轻重的战略地位。它的专业是地铁，而上盖物业方面并不是长项，与大型开发商合作是必然选择，于是，它看中了万科，它看中的是万科的行业地位、品牌和运营能力，它是要真真正正地以万科之长补己之短，极大地提升"地铁＋物业"模式的经济和社会效益。而万科作为中国乃至全球地产界的翘楚，多年保持了全国行业领头羊的地位，它急需寻求更大的、更优质的发展机会和空间，深圳地铁沿线物业发展就是这种空间，与深圳地铁集团的合作可谓经典的强强联合和优质资产大整合，必然在深圳城市发展史上创造出全新的辉煌。

二、拉开万科国有主导的混合所有制大幕

王石多次表示，万科事业的发展具有鲜明的民生性和公共性，因此一定要开创以国有企业为主导力量的混合所有制的产权关系和发展模式。万宝之争后，万科曾经积极地在央企层面进行游说活动，例如华润、中粮等央企，希望获得央企的支持。显然，国资委和央企有所顾虑，这促使万科转向与深

圳地方国企的接触，寻求更加接地气的战略合作机会。现在看来，深圳地铁集团从某种意义上讲，其对万科的支持更加实在，更加便捷，更加有力。我们知道，万科目前还在和其他可能的战略合作企业进行商谈，可以确信，与地铁集团的战略合作已经拉开万科国有主导的混合所有制的大幕，未来的战略投资性国企将会有几家，将强力维持万科业已形成的现有的成功运营模式。

三、依托地铁高质践行"城市配套运营商"

深圳地铁集团是以深圳地铁建设和运营为主导的大型城市公共设施服务运营商，而万科早已丢掉房地产商的帽子，以"城市配套运营商"的形象出现在公众视野，两者的战略目标、运营模式和品牌价值高度吻合。万科结盟地铁集团，将大量作为城市优质发展地带的地铁物业空间开发收入囊中，自然是如虎添翼，可以高品质、高速度、高价值地践行其"城市配套运营商"的角色。

四、借助地铁回归城市价值中枢地带

过去万科一直遭市场诟病的一个问题就是：万科对于地段的选择一直依托性价比原则，主要是在城市土地价格相对较低而未来发展较快、增值潜力大的片区。这样做的好处是投资可控，风险较低，其弱点是偏离城市中枢地带，容易造成品牌边缘化。这次与地铁集团的战略合作，万科完全可以通过大规模介入地铁集团拥有的深圳主城中枢地带一系列重大项目的开发，实现万科回归城市中枢地带的战略目标。

五、深耕深圳发源地，牢牢占领全国地产头牌城市

放弃追求央企，转而与深圳地铁集团合作，对于万科来讲，极为重要。因为万科发迹于深圳，总部在深圳，理应在发源地有更深的战略考量。尤其是，深圳的城市地位和价值在近年来的发展中一路飙升，特别是房地产的发展，事实上已经坐稳一线城市之首的位置，也就是坐稳了全国城市之首的位置。作为中国房地产业的一哥，万科通过和地铁集团结盟，必然以政策导向、国有支撑、优质资源的格局牢牢占领深圳这座全国地产头牌城市，这是

万科求之不得的事。

六、由深圳起步，向全国地铁综合体迈进

万科和深圳地铁集团还有更大的野心，他们一旦在深圳的合作形成模式之后，会积极寻求向全国各大地铁城市推进，一定会以独到的品牌优势、产业优势、模式优势接手各地的"地铁+物业"的地铁综合体项目，形成全国布局的战略格局，这是什么阵势？很可能是世界上最大的地铁综合体开发集团，说不定还会把业务触角伸到其他国家呢！

七、给广大股东派发定心丸，增强中小股东凝聚力

万科是上市公司，"万宝之争"后，股东对事态非常担忧，不希望影响到股东的利益。它和地铁集团的合作必须得到股东的认同，并为广大股东带来实际利益。地铁集团现有的业务具有非常给力的商业前景，明眼人都能看得懂，万科和地铁集团合作就是在给广大股东派发定心丸，这势必起到稳定股东的作用，特别是有利于增强中小股东的凝聚力。有人担心万科和地铁集团的合作一事在股东大会上会不会得到中小股东的赞成票，我觉得无须担心，因为地铁及上盖物业能够带来的利益是十分显著的，中小股东都能看明白，当然会支持万科与地铁集团的战略合作。

八、取得对宝能釜底抽薪式的防守反击胜利

显然，大家更关心万科与地铁集团合作一事对万宝之争的影响。我认为，万科此役应该说打得非常精彩，是取得了对宝能釜底抽薪式的防守反击胜利。想想当初宝能大举收购万科股权之时，感觉万科只有招架之功，频频被动，最后是以停牌暂告中止。现在不一样了，万科以和地铁集团的战略合作为标志，实施了震惊市场的防守反击。按照这个事态的发展趋势，两强联合已经是大趋势，宝能即便再次反击，估计也难以挽回败势，要么在万科股权配角位置上屈就，要么黯然退出，无论姚振华接受不接受，这都是结局。

九、破解王石的信誉困局

"万宝之争"，其实受伤最重的是万科董事会主席王石先生。这位一直以

中国企业家形象著称的人物却在"万宝之争"中被人抓住了一堆"辫子",网上出现一片叫骂声,甚至有人说"王石这下完了"。现在看来,市场还是低估了王石的决心和能力。以王石的个性,他不可能承认失败,也不会轻言退出。从这一段时间来王石的频密活动,到和地铁集团签约现场时他的坚定举动,这一切足以表明,万科此役也在成功破解王石的信誉困局。毕竟,王石是万科的领袖,让王石倒下,而万科旗帜继续飘扬,至少有一个人不同意,这个人就是王石。王石绝不会容忍以"万宝之争"的格局让他和万科实施决裂,可以说,和地铁集团的合作,对于王石个人的命运来讲,是一个重要性难以估量的支点和转折点。

一箭九雕,万科结盟深圳地铁集团,实施战略反攻,万宝之争暂胜。宝能还有反击的机会和能力吗?我们拭目以待。

2016 年 3 月 14 日

雄安改革猜想:让中国房地产发生裂变!

建立雄安新区这条爆炸性消息在经过一周急风暴雨式的传播、解读后,渐入深境,人们开始把更多的关注度倾注在有关雄安未来的发展方向、发展模式和发展策略上了。

自从我于 4 月 3 日在公号自媒体上发表了《关于雄安新区走向的几点思考》之后,我持续密切关注雄安的一举一动。昨天,在接受香港卫视关于雄安问题的专访时,我提出了最新的观点:雄安的改革有可能让中国房地产发生裂变!

所谓"裂变",就是从既有的发展轨迹上撕开一道裂痕,导致有一种新生的力量将脱离原有轨迹转而探求新的发展轨迹。中国的房地产在 20 世纪末开始进入货币化改革后,走的是土地征用行政化、土地使用市场化的道路,一个管压价,一个管拉价,招拍挂、土地财政等基本制度和策略促使地价快速上升并不断推高房价的上升。这种格局已经持续了十几年,一线城市房价已经直逼纽约、东京、伦敦、香港。中国的房地产一定会如此这般地走下去、升上去吗?

按照惯常的逻辑,我会说,很可能会。因为在不改变现有发展模式的背景下,让房地产出现巨震,导致大幅下滑,等于改革开放多年来地方政府及民间百姓最大规模的沉淀性财富出现严重流失，这种情况是现行经济体系和模式无法承受的。然而，雄安新区来了，我今天的感受、认知、猜想是：这个绝对不是儿戏，谁都不要矫情地比较、怀疑和否定，雄安新区不是滨海新区，更不是曹妃甸，甚至不是它用于对标的深圳和浦东，雄安就是雄安，是一个真实的、当今国家重力推出的一个超级改革的新试验场，一定会有重大的改革行动。

我首先想到了房地产。我感觉，雄安改革一定会尽快体现在房地产领域，而且将让中国房地产发生重大裂变！

不相信吗？那就先看一下现实：

其一，雄安新区一启动，立即全面叫停楼市买卖，给急匆匆赶去雄安三县的投机者们一个沉重打击，个别严重的已经被刑事拘留。你以为这只是暂时现象，总有一天会放开，让弥漫全国的炒楼之风毫无遮挡地吹进雄安？千万不要太幼稚了！

其二，全国楼市正面临前所未有的调控风口，继去年10月的一波调控浪潮后，近期一批房价上涨较快的城市相继出台严控措施，行政严控格局日益明显。4月7日，住建部、国土部联合发文，更是就各类住房消化周期不同的城市的土地供应问题提出了严格的量化要求，现在，谁也不好认定这样的调控会像以往那样是一阵风，恰恰感觉这将是为新的房地产方针、方向制造市场氛围和条件。

其三，近期国家推出的到2020年推行1000个特色小镇试点，这件事似乎与房地产无关，实质上关系极大。按照一个小镇投资大约30亿元计算，1000个小镇就是3万亿元！从现在算起，也就是不到四年时间，平均每年投资数千亿元，吸引大量城市资本、新兴产业、城市度假消费者以及大量农村新居民进入，这无疑是对城市房地产的一种巨量对冲，规模化地减弱城市住房的需求压力，也就是减弱房价上涨的压力。

上述现象是非常偶然地聚合在一个时间窗里面来了吗？我感觉不是，对于中国房地产业来说，极有可能酝酿着一场在运作体制、机制以及供需关系上的重大裂变。网上眼下流行一个词：大杀器。也许，雄安新区就是北京的"大杀器"，把那么多产业、企业、资金、人口统统拉到雄安去，再加上北京土地供应的巨量增加，北京的房价还能如任志强讲的那样持续亢奋大涨吗？

更重要的还不是供需现象的变化，而是很可能潜伏在雄安新区未来发展过程中的房地产体制机制变革。比如，未来的雄安很可能不再采纳21世纪以来形成的、目前全国通用的房地产发展政策、体制、机制及模式。为什么？因为，房地产已经给目前中国的城市造成了最大的社会成本，无论是国家层面，还是城市层面，还有个人层面，都深深卷入房地产的高速膨胀和成长困局中，这个困局的核心问题是房价高企。如果雄安一启动，就被迫跟随来自全国炒楼者的意志，把 3000 元/平方米的楼价一夜飙升到 30000 元/平方米，造成高启的新区建设和生活的成本，那意味着，雄安新区"出师未捷身先死"，大家想想看，中央能纵容这个局面的出现吗？如果雄安也跳进高房价的窠臼里难以自拔，那它还能叫雄安吗？所以，用得上一个狠词，叫"绝对不可能"，对那些打算来雄安搞房地产投机的企业和个人来说，也用得上一个狠词，叫"痴心妄想"。

可以肯定地判断，在雄安，对房地产实施停止交易的措施只是个小小动作。我的基本猜想是，未来将通过雄安实验，从理论到实践，探索一套更加符合中国未来发展实际的新型房地产发展政策、制度、体制、机制和模式，通过房地产的系统改革，为新区长远、健康发展创造一种低廉、可控的基础成本，并以这种低成本的鲜明红利，形成雄安新区的发展优势，大量吸纳国内外先进产业、人才、资金进入。在此基础上，推行一系列的大胆改革措施，保障所有进入雄安新区的企业和个人能够最大限度地发挥其创新动能和积极性，创造更大的改革红利和产业企业利润。

雄安新区要想收获这种房地产低成本的红利，首先可能对现行的土地开发制度和政策开刀。比如，开发性土地可能不再采取一刀切的政府硬性低价征地的做法，也不再推行"价高者得"的招拍挂制度，而是采用改革后的新政，这种新政应该能够做到"双重避免"，既能避免出现以往土地转让中的腐败问题，也能避免招拍挂制度下的"地王"频现问题。

至于住房问题，雄安的做法很可能不考虑采纳国内通行的市场化交易的基本模式，而是采取政府总控下的住房租赁模式为主体。居民个人的财产将不再以住房这种固定资产及其增值为主，而是以投资创业、流动性资产及其增值为主。这样，全社会的关注重心将从房地产转移到产业成长及创新创业上来，形成可以突破中等收入陷阱的、以房地产低成本、社会多创新、利润多机会为特征的新型高层级市场经济体制和模式。

这就是我关于雄安新区在房地产领域可能实施重大变革的最新猜想。当然，猜想归猜想，实际归实际，也许雄安新区不会采取我猜想的发展模式，但是，雄安也不会完全导入国内既有的模式。如果雄安真能够在降低房地产综合成本方面实施高效改革，等于给新区的发展做了最基础、最重要的减压、减负工作，所有企业和个人都可以轻装上阵。回头再看背负高房价前行的那些曾经的幸运儿城市们，那将是多么鲜明的对比和尴尬的情景！这种情景会不会真的出现？还要看雄安的智慧和行动。

写到最后,又想到了"雄安"这两个字,雄安的发展模式就应该合理体现这两个字,在产业创新、体制创新方面要"雄",而在房价物价、民生福利方面要"安",这才是雄安作为国家级新区的根本宗旨。

2017 年 4 月 8 日

林郑月娥首份施政报告透露了怎样的香港楼市信息?

2017 年 10 月 11 日,香港特首林郑月娥在香港立法会做了她就任特首后的第一份施政报告。我注意了一下,其中涉及香港房地产的部分共 15 条,占到整个报告 275 条中 5.5% 的篇幅,是所有议题中占比篇幅最大的部分,这对应了她在报告中所说的:"在众多民生议题中,房屋问题是最严峻、最棘手、最复杂的,但同时却是市民最期望现届政府能以创新思维,大刀阔斧可解决的问题。"

我们知道,香港的房价在全球都是最高的。就在前几天,恒基发展的一栋 4871 平方英尺(约 438 平方米)的顶楼大宅以 5.22 亿港币售出,折合人民币约每平方米 96.02 万元,一举刷新"楼王"新纪录。显然,特区政府一直以来对楼市的施压并没有形成刚性效果,自由港的开放格局下,外部资金仍然长驱直入,助推香港楼价上升,给香港市民的置业生活带来巨大压力。林郑月娥在施政报告中也清楚地分析到香港楼市的困局和政府的态度:"今日房屋供不应求、楼价飙升、既有外围的因素,也有种种内部成因。本届政府有决心并会尽最大努力去扭转这局面。"

在施政报告有关香港楼市的 15 条内容中,我们看到了政府的决心和策略。我梳理了一下,大体有这么四个方向性的表述:

第一,关于土地供应。香港土地长期供应不足,是造成楼价不断上升的基础因素。施政报告首先强调,将在原有土地供应政策的基础上,强化土地供应的可行性论证。香港在 9 月已经成立了"土地供应专责小组"专门分析土地供应条件、以往政策、民众意见、新土地供应策略等。我认为,如果香港真正能够在土地供应制度上找到突破口,将对香港房地产市场带来重大改变,但难度很大,我们拭目以待。

第二,关于房屋政策。特首提出了"以置业为主导,让市民安居""聚焦供应""改善现有房屋"的人本主义政策大纲。这让我想起了首任特首董建华于1997年刚刚上任时提出的"八万五"计划,也是以民生为主的公共住房计划,结果被一场突如其来的金融危机给冲走了。在香港这样寸土寸金的地方,大规模发展公共住房是一件非常困难的事情,尤其是在香港严苛的土地供应制度下更是如此。这次新特首再次把住房政策的重心调整到公共住房上来,这是值得点赞的,关键还是要看具体措施的可行性。

第三,关于置业阶梯上移。施政报告中详细表述了如何引导香港市民从公屋到居屋、从租赁住房到置业住房的居住升级模式,共分为三个层级:第一是通过"绿表置居计划"让租住公屋的市民由租户变为居屋业主;第二是通过"白居二(中等收入的白表人士获取二手居屋)计划"恒常化,以保障此阶层的居住权利;第三是通过"港人置业上车盘"计划让那些有较高收入但从未在香港置业的中产家庭获得购房机会。这一点是新特首的创新尝试,市场反响积极热烈。

第四,关于过渡性房屋。通过各种策略,为那些轮候公屋的市民提供过渡性居住方式,为他们解除暂时困难。

从以上的住房政策可以明显看出,林郑月娥显然把政策性住房摆在香港房地产发展的最重要位置。这让我想到了目前内地风起云涌的房地产变革,其主导方向也是大力推进政策性住房,包括公共租赁住房和共有产权住房。在这一点上,香港和内地是走在一条轨道上了。

尽管香港特首的施政报告关于房地产的部分没有像内地城市那样做出一些强力的宏观调控、管住房价的政策,但仍然在加大土地供应方面做出了有力度的部署,这种经济性的手段显然也是有利于遏制香港不断攀升的高房价。

香港特首的最新施政报告中关于房地产部分的表述,让我们清晰地感受到,香港楼市事实上也在践行"房子是用来住的,不是用来炒的"这样的战略宗旨。香港楼市总体上将向理性、合理、健康的方向推进,向民生第一、普通市民受益的方向推进,向高房价难以持续的方向推进。如果我们再关注一下近期香港产业界风生水起的"世界新硅谷"的动向以及特区政府全力推进深港河套地区高科技合作的动向,就会更加清楚地意识到,香港产业结构多年来的空心化和地产导向可能要发生重大改变了,指望香港最高房价每平方米冲刺100万元人民币的想象可能越来越难兑现了。

与香港毗邻的深圳,在房地产领域一直是以香港为标杆,为参照物。在业界,有一种非常普遍的对比取向,总是拿深圳的房价和香港比,越比越觉得深圳的房价低,越比越觉得深圳未来会追赶香港的房价。现在,在粤港澳大湾区的发展框架下，深港双子城将不可避免地迈向融合式发展，共建深港大都会区。从长远看，两地的房价理论上应该日益接近，问题是，让深圳的房价比照香港一路攀高呢？还是香港在充分实施"逆空心化"战略过程中，逐步收缩房价上涨动力，把主流投资转向以高科技为先导的实业领域，从而挤兑楼市的虚妄，使楼市逐步回归合理价格区间呢？我更认同后一种趋向。在这种趋向之下，深圳的楼市应该逐步降低香港楼市作为对标物的参照价值，从而也进入稳健发展通道。

2017年10月14日

2018：大湾区房地产趋势、开发及投资策略

2017年就要过去了，一年来，严厉的房地产调控，加上国家全力推进租赁市场的大发展，房地产的确在发生重大改变。临近年底，美国总统特朗普的减税法案又获得议会通过，这意味着美国的经济活跃度会大大加强，资金回流速度会加快，势必给中国的资金市场带来压力。这种形势下，2018年中国的房地产总体上仍将保持今年以来分类调控的基本形势，资金面、产业面和市场面都会偏紧，事实上仍然在为供给侧的改革腾挪空间和时间。

具体到粤港澳大湾区，由于传说中的大湾区规划将要在年底前推出，可谓万众期待。到底是如何布局谋篇，我这里还讲不清楚，但还是想就大湾区的规划发展对房地产的影响以及在大湾区发展格局下房地产开发、投资的策略谈一点自己的看法。

一、2018年大湾区房地产发展的七个动向和趋势

（1）大湾区将成为国家房地产新政策的试验地。今年以来中国房地产的变化很大，原有的政策体系可能面临重大调整，新政策会迭出，包括土地出让和使用政策、房地产调控政策、租购并举政策、各种供给侧改革政策、房地产税收政策，等等。大湾区过去30年来一直是中国房地产的先锋试验地，现在可以继续扮演这个新政策的试验地角色。

（2）大湾区三地及各城市间房地产业将探索强化大联合、形成大平台格

局。过去粤港澳三地的房地产业基本上是各发展各的，思路、套路、市场表现都有很大差异，有了大湾区，三地的房地产必然走向互联互通，当然，这是个逐步融合发展的过程。

（3）政策调控有可能在大湾区内形成联控共享机制。香港房价目前已经是全球最高，这和香港的内在市场格局直接相关。自由港机制下，大量资金进入，没有其他可落地的合适平台，就进入楼市，不断助推房价上涨。未来香港楼价可能受大湾区融合发展影响，受到一定程度的抑制。

（4）大湾区东岸中轴核心地带将成为未来城市升级及房地产开发的主战场。东岸作为大湾区的中轴或主轴，包括香港、深圳、东莞、广州，其经济能量占到整个大湾区的70%左右。未来从深圳前海经深圳大空港到东莞滨海湾再到广州南沙，这一线的开发力度将是大湾区内最大的，将会成为房地产开发的主战场。

（5）大湾区西岸未来十年内将进入房地产较快补充增长时期。应该说，西岸过去30年的发展速度远远落后于东岸，现在大湾区来了，港珠澳大桥、深中通道、虎门二桥、深茂铁路等重大过江交通来了，必然带动西岸大发展，进入补充增长期，给房地产带来很多机会。

（6）临深片区房地产因深圳都市圈的影响将继续稳步上升。在大湾区，深圳的发展最为显眼。它地皮少，能量大，必然出现能量"外溢"，受益的就是临深片区，如东莞凤岗、清溪、塘厦、黄江、长安、虎门，惠州大亚湾、惠阳等。这些地区过去两年来的房价上升很快，超过东莞、惠州主城区，就是因为"临深"，未来这种势头将延续。

（7）广州产业升级的关键战役如能打好，将对全市乃至大湾区房地产形成良性拉动。广州毕竟是省会，对大湾区以及全省影响很大。这些年来广州产业结构调整慢了点，发展速度有点掉队，表现在房价上，只有北上深的60%左右。广州经济的根本支撑不是靠简单卖地、一味铺摊子，而是靠产业的内涵式发展，只要产业结构调上去了，人气、财气、房气就全上来了。

二、2018年大湾区房地产开发的十条策略

（1）密切关注国家大湾区新政，以便制定适合各个城市、各个房企自身需要的特定战略策略。大湾区规划很快就要落地了，必然给大湾区的发展带来重大影响，可能原有的政策、发展战略、策略都有必要做重大调整。

（2）开发商应积极进入国家政策强力推进的公共租赁住房开发建设中去。通过自持性租赁住房的大规模开发形成全新的房地产发展模式。随着销

售项目占比下降,租赁项目占比增加,应积极应对并制定自持项目的经营策略。

(3) 面对大湾区整体产业升级的大趋势,开发商要力争成为城市综合运营商,以适应大湾区未来复合式发展的客观要求,这一点特别考验房企的实力。

(4) 尽早进入重点片区,策略拿地为上,不抢地王。除了香港、澳门、深圳、广州城市中心地区的城市更新项目外,新的目标,一是关注东岸蛇口—南沙片区,二是关注临深片区,三是关注西岸珠中佛城市节点,这些地方都有机会。

(5) 政策住房性项目的土地出让将常态化。这意味着,土地出让的招拍挂方式面对大量政策性住房的开发诉求将明显收缩。在降低房企拿地成本的同时,也将摊薄房企利润,这就需要房企对此进行精确测算,以维持正常经营。

(6) 商务项目和居住项目根据政策导向及市场变化均衡获取及合理投资。大湾区将整体提升产业层级,大量商务型产业将出现,同时伴随相应的居住项目,包括大量商务公寓。保持商务项目和居住项目的均衡布局和开发非常重要。

(7) 根据自身需要,选择性、适度性介入高科技引领的工业地产及各类产业地产项目中去。深圳、广州、东莞等重点城市都有大量的工业改造提升项目,这里也是房地产商施展宏图的地方,工业地产、产业地产有大量机会,不要把房地产等同于住宅产业,要在工业、产业领域寻找更多的房地产发展的机会。

(8) 积极探求、合理进入特色小镇项目,对接政策扶持和长期发展战略。国家提出到 2020 年建成 1000 个特色小镇,这是房地产的巨大机会。尽管特色小镇发展十分忌讳提房地产开发,但我认为,没有房地产的小镇就是一个开发区,不是真正意义上的小镇。生产区 + 生活区 + 生态区 = 小镇,这就是所谓"三生"性质的小镇。大湾区范围内也会出现众多的特色小镇,房地产商应该积极介入,但一定要以产业发展为主线,不能只搞住宅开发。

(9) 建立多元融资渠道,特别是培育直接资本市场融资机制。事实上,传统的银行信贷融资模式正在被套上"紧箍咒",房企找钱要拓展渠道了。大湾区未来的房地产发展一定要从融资模式改变开始,要积极发展资本市场,通过股权、基金、债券、融资租赁、资产证券化、证券市场等直接融资渠道实现融资。

(10) 通过企业整体转让、土地等资产转让、借壳上市等方式合理实施并购重组，增强房企竞争力。大湾区可能的大变革必然对房企的开发和发展模式提出新的要求，带来房企的重大变革。有实力的房企应该在这一轮的大发展中寻求并购重组的重大机会壮大自己。

三、2018年大湾区楼市的六个投资策略

（1）中国楼市的暴利时代结束了，房地产投资环境、政策、机会和理念都要发生重大变化，"房住不炒"成为基本宗旨。大湾区曾经是楼市投机的重灾区，以往的投机模式遭受重创，投机思维必须改变，房产投资要放弃暴利思维和急功近利的操作路线，放弃盲目加杠杆的不切实际的投资模式。楼市投资客观上仍然存在，这是市场经济决定的。问题在于，如何在现有楼市格局下，以"房住不炒"的基本宗旨为基础，以稳健投资和收益为基石，谨慎、健康、合理、合法推进房地产的投资行为。

（2）调控政策可能选择性地变更为长效机制，房产投资的进入机会和增值空间可能明显收缩，大湾区地区必然率先表现出来，房产投资必须清晰应对调控政策走向以及未来长效机制可能给房产投资带来的限制性影响，做到相向而行。

（3）信贷条件愈益严格化，现有的限贷政策已经不是仅仅针对投资投机行为，而且刚需购房也受到影响。因此，需调整投资策略，创造可行的、稳健的融资条件，以满足自身购房消费的实际需要。

（4）从物业成长的规律看，大湾区的物业价值可分为五大类别或五大层级：其一是，港、深、穗这三大城市仍然是投资保值增值的主要地区，特别是城市中心地区的价值仍然保持高位，并仍然有很大的上升空间；其二是，中轴核心地带（蛇口—南沙）将是未来房地产价值增值的创新引领地带，物业增值潜力很大，投资可给予重点关注；其三是，临深地带将长期展现其良好的价值成长潜力；其四是，西岸珠海、中山、佛山城市节点地带可稳健性关注；其五是，大湾区其他片区会根据湾区发展的实际形成不同程度的跟进式价值抬升。

（5）不主张内地人到香港购买超高价格物业。香港现在的顶级房价已经飚高到188万港币1平方米的世界水平。香港的畸形房价是政府紧促的批地政策和自由港超量资金拱抬起来的，并不是铁板一块。在大湾区融合模式下，完全有可能受到联动机制的影响，出现楼价方面的合理收缩。

（6）最后谈一下深圳楼市的投资策略。深圳可以说是大湾区内房价仅次于香港的地方，但其房价仍然呈现很强的上升态势。因为深圳是个严重缺地

缺房的城市，在全国独一无二，常住人口中拥有红本住房的仅仅占 30% 左右，远低于北上广的 80%、90%，因此住房的供不应求将长期存在。加上深圳的人口、资金仍然在增长，经济成长形势很好，因此房价上升动能比较强。今年的一手房价格由于受调控政策的管制出现高位盘整的格局，但二手豪宅却出现 20% 以上的增幅。在租赁市场大发展的背景下，供需两个端口都会大幅度向租赁市场倾斜，但供给侧由于有政策扶持和投资拉动的便利，其倾斜速度更快，而需求侧的倾斜则受到需求市场规律的影响，表现得远不如供给侧那么直接。特别是受中国传统文化的影响，很多人仍然根深蒂固地坚持在产权上拥有自己住房的观念。这意味着未来几年，当深圳楼市中的政策性住房供应量达到 50% 以上的比例，引发调控政策松动之后，深圳商品房市场上的供不应求格局将可能更加明显，即便当时可能有房地产税以及其他长效机制的干预，但商品房价格特别是豪宅价格仍将继续上升。

总之，在大湾区规划即将出笼、粤港澳三地面临全新的融合式发展的战略态势下，房地产的发展战略、路径和模式也会随之发生重大变化，房地产开发和楼市投资也须与时俱进，相向而行，才能在大湾区时代保持可持续性的稳健发展。

2017 年 12 月 10 日

第二部分 房地产：震荡与转型

第八章 深圳房地产之路

暴涨后的深圳楼市扛得住盛世危言吗？

近来，关于中国一线城市特别是深圳的楼市价格泡沫将要破灭、楼市要崩盘的说法又多了起来。这也难怪，去年，全国房地产形势持续严峻，国家在年底连续发出去库存的号召并提出相应对策。可是，偏偏在这种形势下，深圳的楼市却走出了历史上最大的价格上涨行情。全年新盘均价上涨了将近40%，热点片区差不多上涨了60%，部分楼盘上涨幅度甚至达到一倍！

这可是全国楼市坠入去库存的巨大压力和危世的时候啊，深圳楼市却如此反其道而行之，实在是"大逆不道"了，是逆行中的怪诞盛世，"盛"得太离谱，都找不着北了，让大伙儿看急了，看气了，大家一起炮轰深圳楼市，说深圳房价一定要摔下来，摔得惨惨的，一定要崩盘，让楼市泡沫彻底见鬼去！

这应该是盛世危言了。

我关注了一下，这样的盛世危言，从2003年以后就一直有，只不过房价涨得快时，这种声音就更响亮一些。问题是，深圳楼市过去抗住这类盛世危言了吗？结论是明明白白的：抗住了，所有听了"空军"话的人都失去了房价一再上涨的机会，所有"冒险"踏入楼市的人都赚得盆满钵满。

这一次，暴涨后的深圳楼市，抗得住又一轮的盛世危言吗？

看上去挺危险的！为什么？一是大的经济环境变了，过去中国经济一直高速增长，楼市不管是因是果，总之在大增长的通道里，裹挟着也上去了，但现在，中国经济已经连续数年下滑，未来几年仍然在下滑通道里，产能过剩、成本上升、出口受阻、人民币贬值、投资乏力、楼市库存压力大，等等。在这种环境影响下，房地产不可能独善其身，事实上，弱二线及三、四线城市已经尝到楼市低迷的苦果了，深圳楼市尽管表面火爆，但深层问题也不少；二是去年深圳楼市的暴涨过于离谱，泡沫积累太大，破裂似乎随时会发生。

但是，我仍然要说，所谓深圳楼市一定要崩盘的盛世危言实在是言过其实，情绪化的表达无法替代深圳楼市的理性研判。

需要声明一点，我从来不是什么"唱多派"，也从来不参与任何楼价涨跌的打赌游戏。我在去年接受媒体采访时多次表达过，我并不认同深圳楼市如此粗暴的上涨，不管是开发商随意涨价，还是需求方恐慌入市，不管是政府有意无意助长这种暴涨行情，还是宏观政策过于宽松，总之希望楼市稳健发展，要涨也温和一点。但这是一种个人意愿，它不能替代楼市的客观运行轨迹和规律。总有人希图凌驾于楼市的规律之上，自以为代表民众利益，用道德力量评判楼市动向，出来做"空军"司令、副司令，他们的错误在于，用意气、情绪、主观认知代替客观现实和市场规律分析。事实上，他们根本代表不了民众，在他们的蛊惑下，许多人反而错失了大量的楼市机会。我作为一个业内的学者，有自己明确的价值取向，我只希望自己遵从楼市内在规律，在此基础上对楼市进行客观理性的分析研判，希望有助于大家对楼市未来走向有一个客观的认知。

好了，回过头来看，为什么我要说那些"崩盘论"的盛世危言是言过其实呢？关键是这些盛世危言缺乏深圳市情以及国情的足够的客观支撑。

让深圳楼市崩盘，其一是让高库存把它困死。现在全国楼市就面临着这样的高库存困境，也就是严重的供过于求，多严重呢？少则要卖十几个月，多则要买几年才能卖完。深圳有这样的困境吗？偏偏不存在！地球人都知道，深圳的最大短板就是没有土地了。两千万人的超大城市，前年才卖了一块住宅用地，去年政府咬牙切齿加大土地供应，也不过拍出去三块住宅用地，没有办法，只好从旧改中扒拉新增住宅建筑面积，但面对庞大的买房族，供地压力难以缓解。深圳一些人之所以总是呼吁"直辖"，其实一个现实的期盼就是希望通过直辖扩容，大大增加自有新地供应能力，有效降低房价上涨动能。深圳前年楼市不太景气，卖了 4 万套多一点，库存量是 4 万套，去年楼市暴涨，卖了 6.6 万套，现在库存不到 4 万套，按照存销比的一般算法，卖光库存量大概只需要半年时间，这在全国就是最快的去化周期了，何来崩盘呢？

让深圳楼市崩盘，其二是消灭有效需求。全国三、四线城市为什么出了问题？有效需求大幅减弱了，甚至没有了。本地市民大多都有若干套住房了，而外来人口很少，甚至多年人口外流，无法形成有效需求。深圳呢？30多年来，平均每年人口机械增长 60 万，去年在房价如此暴涨之下，常住人口还净增数十万，若按实际管控人口算，新增人口可能有一两百万了（人口统计复杂，有户籍人口、常住人口、实际管控人口之分）。此外，深圳是全

第二部分 房地产：震荡与转型

国最年轻的城市，平均年龄 30 多岁，正是"80 后"唱大戏的时代，常住人口中，70% 没有自有住房，这与全国其他城市形成鲜明对比。

让深圳楼市崩盘，其三是让住房信贷失控。现代社会，买房子不让金融机构参与，是不可想象的。好了，这下深圳有把柄被抓了。听说小小的深圳去年花在房贷上的钱竟然有 6000 亿元之巨，都超过大北京了！有的人结论出来了：深圳房价暴涨的根源就是银行放贷过多，流动性泛滥，杠杆率太高，以占全国 1% 的人口用去了全国 1/20 的银行贷款，导致房价冲天。听起来挺有理的吧？但我也可以倒过来说啊：深圳房价上冲太猛，吸纳了 6000 亿元的房贷入市。不管怎么说，这不过是个市场现象，用得着大惊小怪吗？谁规定深圳的房贷总量不能超过北京的？这 6000 亿元背后，每个贷款人至少付出了二到三成首付是不是？比当年美国次贷危机时的零首付要安全得多！从另一个角度说，深圳的房贷总量高，恰恰说明深圳的市场发达程度高，人们接受贷款买房的意识更强，承受房贷还款的能力更高。从深圳银行业透露出来的房贷风险情况，总体上是十分安全的，断供之类的房贷风险非常低。深圳的住房公积金贷款情况就更好了，资金充足，职工贷款消费渠道多元化，整体运行良好，如此表现，何来崩盘呢？

让深圳楼市崩盘，其四是让资金大量流失。钱没有了，还买什么房？现在有一种甚嚣尘上的说法，就是美联储宣布加息，汇率大幅波动，中国外资将大规模逃离，人民币将大幅贬值，连累中国的股市和楼市的资产价格，高泡沫的楼市必然崩盘。实际上，消灭中国楼市的泡沫用不着美联储亲自关照，早在三年前，美联储还在 QE（量化宽松政策）的宽松氛围里，外部资金还在进入中国，中国楼市的供过于求问题已经摆上桌面了，只是这两年来问题暴露得越来越清楚了。何况，中国对国际汇市波动是有监管机制的，庞大的外汇储备也是一度挡风墙，不可能任由资金外逃，导致人民币大幅贬值。再何况，外资在中国楼市里只是小比例，即使逃走，对中国楼市的影响也不会很大。至于深圳楼市，就另类了，由于它的问题常常和全国相反，大多数情况下没有供过于求的问题（特殊时期出现过政策性、产品结构性的供过于求，但不严重），所以，对资金的需求基本上是正常的、偏旺的。更重要的是，深圳是全国融资能力最强的城市之一，公开表述的金融实力仅次于京沪，排全国第三，实际上也许更靠前，主要是广义民间资本非常活跃。除了法律框架内允许的庞大流动性以外，更存在数量可观的灰色流动性，包括来自大量的影子银行以及其他非主流渠道的流动性，在非常时期，深圳的此类流动性可能占到全国的一多半。在楼市买卖中，任何来路的钱都在起实际的作用，深圳楼市的活跃依赖于这种资金的活跃度。在这种资金充裕且活跃的背景下，何来崩盘呢？

让深圳楼市崩盘，其五是搞垮其经济。坦率地讲，这一条是最根本的。一个城市的经济如果很活跃，很扎实，很时代，人才集聚，产业集聚，资本集聚，产业结构合理，发展速度适中，各项经济指标都很健康，每年保持适度的增长率，它的楼市就会正常发展。深圳的经济在全国是走在前列的，也是比较健康的，其产业结构调整力度很大，高新技术产业、战略新兴产业、现代服务业等占比较大，体制更加市场化，去年前三季度的 GDP 达到 8.7%的增速，远高于全国 6.9%的平均增幅。由于经济基础好，很有活力，对房地产市场形成较强的支撑。正是由于深圳房地产发展前景良好，获利空间大，去年在全国楼市低迷的情势下，许多大的地产商如恒大、泰禾等纷纷加盟深圳发展。在深圳经济仍处在健康快速发展通道的现实下，在楼市仍然热络的格局下，何来崩盘呢？

既然深圳都扛得住崩盘，更抗得住所谓"盛世危言"了。但是，对那些发出盛世危言的人，我能够理解他们。毕竟，面对一年暴涨近40%的住房均价，没有人会觉得正常，我也有同感。这里面肯定有泡沫成分，去年的楼市情景历历在目，什么"日光盘"，什么"地价贵过楼价"，什么"单价几十万"，真是眼花缭乱，目不暇接。房价上涨过快，是不是就一定会下跌呢？不一定，这一轮上涨，我认为不是单一的城市供需关系决定的，而是全国楼市开放式资本平衡配置的市场力量引导下形成新的城市估值，进而形成城市特定的资产价格。像深圳这样的国家经济中心城市，需要越来越显示其全国经济中心的特殊价值，越来越多的资本会来这里寻求更大的增值空间，这必然助推深圳的资产价格，去年房价的暴涨深刻反映了这种资本全国平衡配置的大趋势。

尽管如此，我还是不希望深圳楼市出现去年那样的暴涨，毕竟还有很多深圳市民还在苦苦寻求买房，这是市民的天然权利，楼市的发展应该给他们提供更多的机会。在这个意义上，我们还是听一听盛世危言吧，权当一种警醒，对城市政府、深圳楼市、开发商以及深圳市民来说，都有好处。

2016 年 1 月 3 日

第二部分 房地产：震荡与转型

深圳楼市的"高温"能降得下来吗？

最近，深圳楼市十分炎热。大家都很关心，深圳楼市的"高温"能降下来吗？

其实，这个问题很简单，楼市买卖的是不动产，是重资产，是物业，是钢筋水泥建筑物，没有大宗资金进入是无法完成交易的。管控楼市交易的最便捷手段就是信贷。回顾2007年和2010年的两次全国楼市大降温，都是收紧信贷政策导致的。去年以来的深圳楼市"高温"，与信贷环境宽松关系密切。近日三大国有银行对深圳中介人员提高购房门槛的信贷安排显然是一种收紧信贷的做法，是针对"高温"的直接对冲性举措，让市场对降温充满想象和期待。

但是，我觉得指望靠这个信贷政策的力度就能把深圳楼市的"高温"降下来，恐怕难以做到。为什么？一来这不过是三家国有商业银行的行动，目前并没有扩大到所有银行；二来这是三家银行自身控制信贷风险的举措，并没有证据显示有国家力量为此背书，不能随意猜测；三来这个信贷政策仅仅限制中介人员，并不是针对整个市场。深圳真正想让楼市降温，只有重新祭出全面限贷手段，比如首付回到六成乃至七成，贷款需全面实施三年纳税证明，等等。然而这样力度的限贷政策目前还没有，所以，深圳楼市的"高温"还暂时降不下来。

其实，去年的"高温"楼市已经显示，深圳已经不是一个自娱自乐的城市。在全国经济一片不景气的形势下，深圳楼市一路走强，让国内各路资本看得眼红，很多资金纷纷入深，通过各种渠道加盟楼市；此外，去年上半年股市的财富效应也助推了深圳楼市的"大跃进"。你看，深圳楼市"高温"不退，都是钞票惹的祸，深圳人的钞票、深圳人家人的钞票、国内其他地方的钞票、香港人的钞票、外国人的钞票都来了。深圳能管得住这么多渠道来的钞票吗？恐怕越来越难了，从某种角度看，深圳还希望全中国、全世界的钞票都来，因为，当今时代，哪个城市的金融底子厚，钞票多，哪个城市就拥有更大的话语权。外部的资金来得越多，说明深圳的国际化和开放度越高，影响力越大。至于这些钞票是不是进楼市抬升房价，这是第二层面的事情，不能因为害怕房价抬升就限制外部资金进入深圳。

如果以为深圳有能力给楼市垒起一座防"币"墙，既让大笔资金进入深圳，又让这些资金不能进入楼市，那真是太天真了。要知道，除了拥有全国本外币存款量全国第三大城市的地位外，深圳还是近年来外部资金进入情况最活跃的城市，因为各路资金都看好深圳的未来发展。深圳更是全中国最牛的民间地下流动性大通道，全国一半以上的地下钱庄的民间热钱在深圳暗流涌动，这些海量资金会借助或创造各种渠道进入楼市，推高楼价。

所以，现在看深圳楼市，真的无法用常规眼光来看了。比如，"供求关系"这件事，你如果总是站在深圳本土的封闭立场上看，就只看到深圳市民的住房需求，就会呼吁让深圳楼市回归居住价值。问题是，深圳楼市早已被开放性的经济模式塑造成一种居住与投资共生型的复合业态，大量的来自深圳本土以及外部的资金不断进出楼市，形成常态。

"高温"之下，如何满足普通深圳市民的居住需求？首先政府要负责。"十三五"时期，深圳要安排40万套保障房，其中落实35万套，平均每年7万套。这个数量很大啊，高于每年的商品住房新房总量！我了解到，这中间大部分会满足深圳急需人才的需要，另外，保障房中间，用于公租的部分会加大。其次，通过旧改加大土地供应和新房供应，为市场提供更多的住房需求选择。通过上述多种办法，相信深圳普通市民的居住问题会得到缓解，"高温"也就没有那么可怕了。

我们回到"高温"的话题，如果信贷调控政策加大一点力度，今年深圳楼市的"高温"应该会有下降的机会，就看商业银行对于自身风险的判断了。但是，降"高温"的影响主要是表现在降低楼市上涨预期，降低成交量，降低需求冲动，不一定会带来降"高价"，至少不会大幅降价，这是深圳经济的基本面和楼市的基本面情况决定的。这表明，如果深圳楼市出现降温现象，对于普通市民来说，也许是从容买房的机会。

2016 年 1 月 25 日

热闹的春节后是降温的深圳楼市？

2016年开年第一月，深圳楼市延续了去年的火爆，成交均价拉升到每平方米46515元，环比上涨9.5%，同比更是暴涨74.3%！深圳楼市已经连涨了15个月，以骄人的业绩迎接猴年的到来，就待欢欢喜喜过完春节后，奋马扬鞭，再创辉煌了。

真不想在大家将要热热闹闹过大年的当口，说一些低调的话，先抱歉了。大概是职业的敏感吧，总有一种不安的感觉，就看1月份的数据吧，深圳新房的均价再攀高峰的同时，成交量却出现较大的下滑，全月只成交5447套，同比环比均下降25%。价大增量大减，这种现象通常出现在楼市的变轨处。这是不是意味着楼市在春节后要降温呢？

我在过去一个月内写过几篇文章，谈到深圳楼市发展到今天这种格局的动因。可以说，有很多内在因素促使深圳成为中国房地产的一匹黑马，力压北上广，坐稳百城头把交椅，比如，土地及住房供应紧张、刚性需求缺口大而旺盛、经济增长强势、产业转型升级比较到位，等等。这些基本面是长期拉升深圳楼市活力的主要因素，此外还有一些非常重要的外部变量因素，例如，各类资金的支撑、政策投放，等等。这些因素在不同的时期，可以表现为相反的方向，在楼市低迷时，政策表现为扶持力量，积极投放宽松政策，银行信贷政策也表现宽松，首付及按揭利率双双降低；楼市亢奋过度时，政策面会收紧，表现为管控力量，银行信贷同时收紧，首付及按揭利率双双上浮。

深圳楼市已经亢奋了15个月，今年1月的价升量跌也许和春节效应有点关系，但从另一个角度看，这是不是市场内在动能释放的一个信号呢？或者说，春节过后，深圳楼市是否有可能出现适度降温呢？

回顾历史，凡是楼市出现明显的降温，大都是由于上面谈到的那些外部变量因素直接干预的结果。无论是2007年的"927"限贷政策，还是2010年的上浮首套房首付及其他限贷政策，都带来了楼市的明显下跌。进入2016年，我们看到了什么？一方面，政府在努力通过查违和城市更新加大土地供应，通过大规模规划保障房建设加大住房供应；与此同时，市场上出现了若干关于信贷政策收紧的消息，例如三大国有银行对中介机构人员购房要求出具三年社保证明、部分大银行对数十套热销楼盘实施禁贷令等。当然，这些信贷方面的消息到目前为止还未经证实，但敏感的市场还是为此感到了压力。

三大银行对中介买房实施贷款限制的消息出来后，我曾说过，这个政策即便得到证实，也会由于辐射面很小，不足以拉住深圳楼市亢奋的身躯，除非有更大力度、更宽辐射力的信贷限制措施。可以说，现在的状况下，唯有信贷政策能够管住深圳楼市的一路狂飙。为什么？因为深圳楼市从某种意义上说，就是由庞大的各路资金支撑起来的，它的资金杠杆率从全国看是最高的。去年深圳全年的楼市交易额是8000多亿元，其中6000亿元是贷款，2200多亿是多路汇集而成的现金流，贷款人占购房人总数的比例是91.2%，比上一年又上升了3个点。可见，深圳人购房对贷款（主要是银行贷款，其次还有住房公积金贷款以及其他渠道贷款）具有非常高的依赖性，一旦银行信贷收紧，楼市成交量会明显下降，房价也会适度降低。

尤其让市场侧目的是，去年深圳楼市里的投资客又大大增加了。去年之前，楼市里的投资客比例大约占10%，但是到去年年底已经增加到大约30%，虽然没有达到历史上投资客占比的峰值，但已经算偏高了。为什么会传出来三大银行要对中介买房实施限制的消息？目前中介机构中大量人员采取众筹方式集资买房，数月后抛出赚取上涨差价，这已经是投机行为了。如果这类投资乃至投机活动在楼市泛滥，将对银行信贷的安全性构成严重威胁。我们知道，去年是中国银行业的艰难一年，全行业出现历史上没有过的普亏现象，经营压力很大，以至于一位银行家都说银行业是"弱势群体"。这种情况下，银行是经不起房地产业由于过度投资投机导致的信贷风险的。

尽管现在的银行已经实施了利率市场化，商业银行采取何种信贷策略，并不是由央行统一安排，但是，像住房这样的关系国计民生的重大信贷领域，事实上商业银行还是会受到国家政策及央行利率政策的影响，在信贷策略上与政府执政取向保持均衡性。比如，现在全国楼市总体不景气，国家鼓励去库存，商业银行在信贷利率上也会适当宽松，以促进去库存。而在深圳这样的楼市超旺的地方，政府的房地产政策总体偏紧，限购继续执行，同时加大土地和住房的供应；通常情况下，商业银行也会配合政府的政策，朝着收紧信贷的方向调整策略。于是我们听到了1月份深圳市政府稳定楼市的政策导向和来自商业银行的一些收紧信贷的消息。

事实上，到现在为止，我仍然没有听到深圳楼市上出现真正影响较大的收紧信贷的任何消息。但是，我的脑袋里总是有一种声音提醒我，银行要整出来一些有响声的动作了，楼市里的流动性将面临考验。是不是物极必反的效应在起作用？毕竟去年深圳楼市涨得太猛了，进入今年后仍然保持了这种旺势，市场对这种强势向上、一路狂飙的动向存在一种越来越大的不安感，这种情况下，是不是市场本身也要求楼市缓一缓，歇口气，才能走得更稳更好？

让我们密切关注银行界的举动，密切关注楼市流动性。

2016 年 2 月 1 日

政策终于出手，我的九点判断

昨晚，深圳市场等待了很久的"一改三""三改四"（非深户购房社保 1 年改 3 年，首套房贷款还清，二套房首付最低由三成改四成）楼市调控政策终于出来了，深圳市政府面对热闹了十几个月的深圳楼市终于正式出手了。这个政策调控可能导致楼市降温的局面，自 1 月份以来我一直在做研判，我在微信公众号里发表了多篇文章谈到降温，现在简单罗列一下：

1 月 25 日《深圳楼市的高温能降得下来吗？》：如果信贷调控政策加大一点力度，今年深圳楼市的"高温"应该会有下降的机会。

2 月 1 日《热闹的春节后是降温的深圳楼市？》：到现在为止，我仍然没有听到深圳楼市上出现真正影响较大的收紧信贷的任何消息。但是，我的脑袋里总是有一种声音提醒我，银行要出台一系列政策了，楼市里的流动性将面临考验。是不是物极必反的效应在起作用？毕竟去年深圳楼市涨得太猛了，进入今年后仍然保持了这种旺势，市场对这种强势向上、一路狂飙的动向存在一种越来越大的不安感，这种情况下，是不是市场本身也要求楼市缓一缓，歇口气，才能走得更稳更好？

2 月 2 日《央行新政不带深圳玩，意味着什么？》：深圳的相对不利出现了，这也可以看作相对利空，因为深圳楼市里的流动性可能会减少，这也有可能反映到房价上面去，这样的局面是什么？当然是降温。

2 月 19 日《降税也不带你玩！深圳相对利空凉风频吹》：相对利空的凉风频频吹来，看来今年的深圳楼市注定是形势趋紧的大格局。按照目前这种政策投放态势，我曾经研判的深圳楼市降温将会在今年上半年出现。

现在，临近 3 月底，由市政府办公厅发文，推出调控楼市的六条措施。这个调控政策对楼市可能产生的影响，我有如下九点判断。

（1）相比上海近日推出的调控政策，深圳政策的力度似乎偏弱。这一方面是两个政府多年来实施政策的风格差异所致,深圳市政府一般不愿意在市场面前表现得过于强势;另一方面,深圳的楼市形势和上海有所差别,深圳的亢奋高点已经过去,而上海的亢奋刚刚起步,调控政策投放针对性就会有所不同。

(2) 近期深圳楼市降温的市场预期正在生成,一些投资客已经在抛盘,成交量已经在收缩,房价整体暂时还未出现明显下降,但随着成交量的持续收缩,房价有可能适度降低,但不会大幅下降。

(3) 原来担心一线城市出台调控政策会和全国去库存的宽松形势形成对冲。现在看来,这种担心没有必要,全国"两会"上,部长们的高调表态以及近日上海深圳的调控政策表明,"因城施策"真的来了,全国楼市一眼望去,该暖的暖,该冷的冷,互不影响,各行其道。这是政策面走向成熟的表现。

(4) 纳税证明"一改三"属于财政税收政策,具有一定的行政色彩,来得快,管用,马上就把非深户的买房冲动给挡住了。这可是针对需求侧的动作,会伤及刚需人群,但在特殊时期实施,也算是在政策可选择的范围之内。

(5) 二套首付"三改四",影响会大一些,但对于改善性刚需人群尤其是非普通住房的实际购买者来讲,真要买房住,也未必管得了。事实上,更大的影响是在心态上,可能形成预期,大家都觉得房价这下子要降了,都开始收手持币观望了。注意,是"持币观望",不是"无币观望",购房者手里的钱还有,而且还不少,但暂时不进入了,看看再说。

(6) 调控深圳楼市的重心并不在管住正常需求,而是在管住投机性需求和加大供应。你看,那边在打击首付贷等非正常的加杠杆现象,这边在加紧推出6万套保障房,还有加快旧改,增加土地和商品房供应量。这些都是在平衡深圳楼市方面更具战略性的措施。让市民总是盯着上涨的房价发愁,这是政府的失职,政府有责任通过有效加大供应和推出更多保障房来解决普通市民的住房问题。

(7) 深圳楼市没有崩盘问题。泡沫有一点,问题不严重,去年高温之后,降一降温,完全正常,不必惊慌。深圳的供需关系并没有解决,七成常住人口仍然无房,这是基本事实。此外,流动性在政策调控下会暂时收缩,但深圳的经济基本面良好,流动性仍然饱满,只是要等待时机。

(8) 稳定深圳楼市是正道,无论政府出台调控政策,还是市场自动调节,无论是广大市民,还是业界人士,大家都是一个目标,让深圳楼市发展得更稳健一些,不要一味暴涨,也不能一路暴跌,楼市起伏太大,对谁都不是好事。

（9）从本次政策调控看，今年深圳楼市基本上是一个形势回归年，回归理性，回归楼市前行的合理节奏，回归消费和投资的大约90∶10的合理平衡点。

2016年3月26日

如何破解深圳楼市供应的死结？

不出意外，深圳楼市近期频频出笼的一系列调控政策，例如"一改三""三改四"、二手房评估价上调50%、两年内两次贷款记录不予放贷、严控假离婚、查处首付贷，等等，都是直接针对需求方面的。相比之下，供应方面的政策，如加大土地供应、加大保障性住房建设等，反而显得好像是配角一样，甚至有点充门面的感觉。

但是我们明白，不是需求，而是供应，才是深圳楼市的真正死结！

需求有问题吗？当然有，比如，那些投资投机客，在深圳楼市平静的日子里，他们的占比也就是10%左右，而在去年以来暴涨的行情中，他们的占比上升到30%～40%，特别是那些首付贷、众筹炒房、假离婚骗贷等扭曲性需求，的确是在楼市里兴风作浪，给需求抹上了很大的阴影。卡一卡这些需求实在是及时而必要的。但是，更多的需求是正常的刚性需求，包括首套购房需求和改善性购房需求。

从深圳楼市十几年的调控历程看，管控需求，从来都是扬汤止沸，暂时的下行之后，是更加剧烈的上扬。背后的逻辑是，供应一直太弱，需求一直太强！平均每年60万人口的净流入，与北上广大体持平的2000万以上的人口总量、平均每年20%多的GDP增长幅度，充裕的信贷资金总盘子，这些都让需求充满动力；而大大低于北上广的市域土地面积和建设用地面积，每年仅为北上广土地出让量、开工量、竣工量、上市量、销售量大约二分之一到三分之一的供应面，让供应者苦不堪言。

更可怕的是，在深圳楼市持续暴涨18个月后的今天，权威统计表明，深圳人口并没有像一些人预测的那样流失，而是继续快速增长！2013年，深圳公安系统掌控的实际管理人口为1800万，到了去年，已经增加到2100万，几乎每年净增100万。人们似乎没有被高涨的房价吓跑，反而继续涌入深圳，因为他们认为，房价高涨，说明这里发展的机会更多。这种情况表明，在楼市里拼命投放政策、想管住需求的想法是多么让人唏嘘！

我想首先是政府想管控需求里面冒出来那些太过明目张胆的投资投机需求。其次，我觉得是楼市到了政府一定要管的时候，它会觉得需求比供应好管，2007年、2010年两次楼市下滑，都是政府通过收缩信贷等策略很快就实现的。最后，考虑到这次政策投放的特殊性，我倒是还有一种更现实的分析，那就是：政府可能是想利用管控需求的、大约半年到一年的时间窗，先行稳住市场，稳住成交量，稳住房价，力争在此期间通过多种渠道、多种策略快速推进供应量和供应速度，从而从根本上扭转深圳楼市长期以来严重的供不应求的关系，创造供需关系的战略平衡。

破解深圳楼市的供应死结，深圳市政府手里究竟有多少牌可打？

第一，新地供应。事实上，深圳是全中国最缺新地的城市之一。但不管怎样，新地供应毕竟是一个城市土地供应的基础策略之一，深圳尽管只有区区二三十平方千米新地，放开用也就是三五年的事，但在概念上必须纳入供应范畴，至于如何合理利用，就看政府的新地开发政策了。

第二，基本生态控制线内用地供应。这一块政府控制非常严，有一些市政工程项目、历史遗留项目涉及此类土地的使用，但房地产开发基本上没有机会。

第三，填海造地供应。其实，多年来深圳一直在填海，看看后海片区就明白了，那都是填海填出来的新城区。尽管本人对如此填海并不认同，知道填海对深圳滨海生态的负面影响非常大，但是，毕竟有55平方千米的巨量空间，对于严重缺地的深圳来说，实在是诱惑太大了。

第四，临深片区住房供应。去年深圳房价暴涨以来，临深片区受到深圳外溢效应的影响，东莞、惠州甚至中山的成交量和房价都大幅上升，这些片区平均70%以上的房子都被深圳人买走了。这种情势客观上分流了深圳的住房购买力，适当减轻了深圳的供应压力，深圳甚至规划把地铁线接驳到东莞、惠州的临深片区去。然而，这种特殊的跨市供应现象对于深圳来说，实在是一种无奈之举，是政府现阶段无法解决市民住房问题的情况下认同的阶段性策略，长远看，政府还是要重点通过强化本市供应来解决本市市民的住房问题。当然，最好的情况是，国家充分认识到深圳缺地的情况，把临深片区如东莞塘厦、凤岗、清溪等镇以及惠州惠阳、大亚湾等片区划入深圳。这将深刻改变深圳城市格局，也将深刻改变深圳市民对居住地的选择方向，但这种政策落地的可能性一直难以确认。深圳也不能把希望寄托在这种虚幻的猜测上，对于进入临深片区，只能从实际出发进行合理安排。

第五，保障性住房供应。保障性住房通常不计入年度住房市场销售统计，但它可以分流购买力，因此要对此进行专项分析。深圳"十二五"期间承诺开发25万套保障性住房，实际供应11万套，听起来不够理想，但已经创造了历史记录。"十三五"期间，深圳计划开发40万套，实际供应35万套。这35万套能不能实际供应出来，我表示怀疑，但按照经验，落实20万套应该是没有问题的，平均每年4万套，这已经是深圳2014年全年的新商品住房成交量了。但愿实际供应量再大一点。保障性住房从哪里产出？一部分靠现有保障房存量，一部分靠新地开发，一部分靠违建处置转型，一部分靠旧改项目配建形成。

第六，违建处置形成土地及住房供应。深圳30多年中盖了近9亿平方米建筑，其中4亿平方米违建就占了43%，将近一半。按照深圳市委、市政府的统一部署，未来五年将整备50平方千米土地，主要会通过整治违建形成，五年内要减少2亿平方米违建，大约占违建总数的一半。但是具体分析，2亿平方米中间，大都是产业类、配套类建筑，只会在未来不断纳入工改、旧改行列，不可能直接冲击商品住房市场；真正属于居住类的违建大约有3500万平方米，除了必须拆除的部分外，其他私宅部分即便确权和允许流通，也会因为其有人居住而不会成为新房竞争者，况且，这些私宅的业主未必一定让私宅上市卖出。而原村民组织建设的统建楼，在确权后大部分会定向转型为政府保障性住房和产业配套用房，也不会直接上市交易，冲击市场。总之，市民广泛担心的违建确权上市导致供应量陡然增大而可能带来的楼市震荡和房价下跌问题并没有人们想象的那样严重，控制得好，应该属于适量平稳介入，有助于推进楼市的平稳运行。

第七，旧改土地及住房供应。对于缺地的深圳来讲，重点依托旧改和城市更新来实现城市进步和发展，已经是不二的选择。过去几年中，旧改遇到了非常大的困难，政策上也缺乏力度，导致旧改速度缓慢。去年以来，这种局面正在迅速改观，一大批旧改项目已经或正在或准备启动。旧改多为综合开发，里面都包含了大量商品住宅、商务公寓以及保障性住房等居住类建筑。旧改项目能够大幅增加城市用地、容积率和建筑面积，也是深圳大幅增加供应的重要举措，但由于旧改成本偏高，导致大型旧改项目通常上市的价格也较高。

现在可以总结一下了。深圳楼市刚性需求缺口非常大，无房的常住人口占常住人口总数的70%，这在一线及强二线城市绝无仅有，而多年来的供应总量和供应模式完全无法满足日益增长的现实需求。解决楼市的根本办法，不在人为限制需求，而在有效加大供应。从深圳的特殊情况看，加大供应的有效办法很多，最重要的是通过查处违建，大量释放城市开发空间，用确权后的居住产品适度市场化来平衡楼市，同时把腾挪出来的土地及时投入旧改和城市更新，开发更多的各类居住产品，增加供应量。与此同时，还应该通过合理利用有限新地和适度合理填海造地来增加住房供应，通过加大保障性住房建设和租售来有效分流商品房需求，通过合理引导部分购房者进入临深片区买房来分流和缓解深圳商品房市场需求的压力。

假定上述有效加大供应的诸多措施能够顺利实现，加上二手房市场规模化、常态化的放盘，深圳楼市上每年可能形成20万套至30万套的一、二手房的交易量，加上保障房的供应和临深片区的商品住房供应，这样将完全可能在深圳楼市出现多年难以见到的供需平衡格局，房价快速上涨甚至暴涨的现象必将受到明显遏制。

2016年4月2日

真的是利率黑市导致了深圳的房价暴涨吗？

9月以来，网络上有一篇来自中华元智库由吴裕彬撰写的文章《深圳上海楼市暴涨的诡异真相和终极拐点》（以下简称"吴文"），引发关注。吴文看上去逻辑严密，观点也很吸引人的眼球。按照吴文的逻辑推理，必然得出是利率黑市导致了深圳房价暴涨这样的结论。但是，仔细研读，就会发现吴文有很多漏洞，经不起推敲。利率黑市的问题是存在的，也成为助推房价暴涨的负面金融因素之一，但吴文显然是夸大了利率黑市在楼市暴涨中的作用，其结论是以偏概全的，是言过其实的。

深圳去年以来的房价暴涨究竟是什么原因引起的？主要有如下四大原因：

第一，全国经济形势相对低迷态势下的深圳经济反而稳健快速增长，这种强烈的反差性构成房价上涨的基础动力。近年来中国经济进入深度调整期，GDP已经连续四年下滑，今年上半年继续下滑到6.7%的新低位，CPI（消费者物价指数）降到"1"字头，实体经济仍然不振，M1（狭义货币供应量）罕见大幅增长，表明民间资本实体经济的投资动能弱化，"脱实向虚"趋向明显。与此同时，多年来深圳大力调整产业结构，已经基本实现依靠创新科技、金融、互联网、新能源、新材料等新型产业和高端产业群的快速成长来拉动经济以及财政的增长，至今深圳仍然保持着高于8%的GDP增长速度，相对良性的经济结构和增长速度成为楼价暴涨的基础因素。反观广州，恰恰是由于缺乏这样良性的产业结构调整升级，经济基本面活跃度偏弱，其楼价也受到制约。

第二，作为全国仅有的几个超大城市之一，深圳强劲的人口增长带来旺盛的住房需求，这是世界大城市发展规律的真实写照。深圳作为一线城市和超大城市，一直是全国城市中人口净增长比较强势的城市，去年常住人口已经达到1100万，实际管控人口则超过2000万。在楼市暴涨的形势下，去年人口仍然净增长60多万，其中外来人口40多万，这必然加剧深圳住房的供不应求现象。目前，深圳常住人口中，自有合法住房率仅为30%。人口快速增长之下，住房需求持续旺盛，必然助推房价快速上涨。

第三，深圳土地和住房供应紧张情况在全国大中城市中排名第一，在人口快速增长的情况下，必然呈现严重的住房供不应求现象，导致房价暴涨。深圳建市以来，真正合法的商品住房供应量不到200万套，平均每年供应量不过五六万套，这和北上广的年供应量超过10万套有很大距离。深圳住房供应紧张。背后的直接原因是深圳土地供应紧张，最近几年来，每年深圳用于住宅建设的土地供应仅有几宗，根本无法满足日益增长的住房需要。深圳被迫大力推进旧改，希望释放更多土地，但是几年来旧改由于利益纠葛，速度很慢，无法充分满足全市对增加土地及住房供应的迫切需要。相比北上广，三大城市的土地面积分别是深圳的8倍、3倍和4倍，深圳的土地紧张情况不言自明。上述人口快速增长带来的住房需求增长以及土地紧张带来的住房供应紧张问题，必然出现严重的供不应求格局，助推去年的房价暴涨，甚至超过北上广的房价。

第四，深圳的有效货币流动性出现巨量增长，成为去年房价暴涨的关键性的和直接性的因素。深圳良好的经济增长局面不是去年才形成的，深圳的人口快速增长态势不是去年才形成的，深圳的土地紧张也不是去年才形成的，为什么去年出现房价暴涨？这就和全国的经济形势以及全国的资金流动有关了。前面已经谈到，近年来中国的整体经济形势出现下滑，去年，全国三、四线城市和部分二线城市的楼市库存巨大，在售和在建的住房总量达到50多亿平方米，楼市去库存需要5年以上时间。在这样的经济形势和楼市去库存压力下，出于避险和保值增值目的，全国资金出现明显的结构性流动情况，一个是"脱实向虚"，从实体经济向资产领域流动的现象加剧，另一个是"弃小追大"，从三、四线以及部分弱二线城市向一线城市流动的现象加剧。这中间，央行宽松的货币政策带来的大量流动性也裹挟着这个资金流动,纷纷进入一线城市的资产平台上来,主要包括股市和楼市。股市由于流动性急剧进入,导致去年上半年的暴涨,但是6月底出现恐慌性暴跌后,大伤元气,大量资金纷纷出逃,集中进入一线城市的房地产领域,助推北上深的房价出现持续性暴涨。其中,深圳的表现尤为突出,连续18个月上涨,成为中国楼市的领头羊城市。

从某种意义上说,去年深圳楼市的暴涨的确主要表现为一种货币现象。从深圳的本外币存款增长情况看,2013年是3.39万亿元,与广州的3.38万亿元基本持平,2014年增长到3.74万亿元。2015年,深圳的金融局面出现重大变化,到6月,深圳的本外币存款数暴增到5.96万亿元,比上年底涨了59.5%,为全国之最。到2016年6月,又增长到6.16万亿元,比上年底增长了6.6%,而此时广州的本外币存款仅有4.44万亿元,远远落在深圳后面了。也就是说,从2015年年初算起,一年半中间,深圳的货币存量竟然飙升了2.42万亿元,暴增了64.7%,再创中国城市之最!如此多的货币囤积在深圳金融体系里,必然成为房价暴涨的底气和支撑力。去年深圳新增的房地产贷款总额超过2200亿元,占新增各项贷款的一半以上,贷款购房比例接近94%,为全国最高,说明深圳购房的杠杆率在全国最高。

在资金助推房价暴涨过程中,的确出现一些不正常甚至非法的动向,比如,央行希望解困三、四线城市的去库存而释放的流动性资金流向一线城市炒楼问题,关闭实业公司携资金进入楼市问题,P2P及房屋中介推行的首付贷滥加杠杆问题,推动资产加杠杆的抵押贷问题,由于楼市上涨预期导致的家族圈、朋友圈集资举债恐慌性入市问题,住房按揭在家庭资产总量中占比过高问题,利率黑市资金进入楼市问题,等等。上述多种渠道、多种方式的不良资金和问题资金纷纷在特定的时期集中注入深圳楼市,必然助推深圳房价的暴涨。但是,根据深圳官方以及各大中介机构的监控数据,深圳去年的楼市中间,首次购房的刚需和改善性刚需占到总需求的大约70%,而投资性需求占大约30%。所谓"利率黑市"的资金主要是在投资性需求中间,且只占投资性需求的一部分。可以肯定地说,去年深圳楼市虽然出现暴涨,但从金融层面看,资金主体仍然是在正常的刚需自有资金和国家主体信贷之间,说明金融体系并没有出现失控情况,即便信贷杠杆率为全国之最,依国际标准看来,仍然是在可控范围内,是相对安全的,远没有到系统性金融风险出现的时候。所谓"利率黑市"问题,仅仅是去年深圳楼市暴涨中的一个附带问题,远没有吴文所说的那么严重。

如果说,深圳房价暴涨并不是吴文所说的就是由利率黑市导致的,那吴文的逻辑链条中就一定有断裂的问题。我们回到吴文本身看一看就会发现，吴文中间出现很多值得商榷的分析和判断。举几个例子：

其一，吴文把全国性的资金外流与深圳的房价上升对比分析，认为是一种蹊跷现象，这种分析很不靠谱。全年全国的确有资金外流现象，彭博社的估计是 1 万亿美元。而国家外管局报告的结售汇逆差为 4659 亿美元，总之，从全国层面看，资金外流是事实，但是这与深圳房价没有半点关系。在全国资金出现外流的同时，去年深圳实际利用外资 65 亿美元，同比增长了 11.9%。而深圳的本外币存款更是出现了超过 2 万亿元的大幅上涨，充盈的资金必然会支撑房价上涨。

其二，吴文说，中国的利率黑市起源于中国利率的非市场化。事实是，中国自 1992 年中共十四大上就决定要发挥市场在资源配置中的基础性作用，央行 2013 年 7 月 20 日就宣布了全面放开金融机构贷款利率的管制，今年又宣布对商业银行、农村合作金融机构等不再设置存款利率上限。这意味着中国利率管制基本放开，金融机构的资产方已经完全市场化，负债方也已经 90% 实现了市场化。在中国大踏步迈向利率市场化的情况下，留给利率黑市的空间显然在收窄，其兴风作浪的机会在减弱，成本在增加。吴文把整个文章的支点放在中国利率的非市场化上面，据此得出利率黑市导致深圳房价暴涨，这个研判显然充满脱离实际的推理性想象，基本忽略了国家汇率市场化改革的现实。

其三，吴文说，去年深圳的本外币存款余额直线攀升，这意味着准备逃离中国的资金开始大量囤积在深圳，利用深圳房地产这个巨大的资金池和洗钱工具达到逃离中国的目的。去年深圳的本外币存款余额净增 2 万亿元以上，按吴文观点，如此巨量的资金都是一帮玩弄利率黑市的人在深圳一、二手楼市里公开操作，掠走深圳去年 20 万套成交量中的一大部分，准备洗钱、漂白、套利、逃离，有人会相信这事是真的吗？深圳的金融监管机构真的都失灵了吗？深圳的房地产商和银行系统真的是专门为这些不法之徒大开方便之门了吗？这实在有点危言耸听了。那么，这暴增的 2 万多亿本外币存款余额都是些什么钱？我的判断，一是深圳经济快速增长的各类增值资金；二是去年以来大量国内外商事主体注册投资进入的资本金；三是央行与商业银行通过降准降息、资金调配以及各类金融机构之间资金调配生成的资金；四是商业银行自身经营利差、揽存、理财等方式形成的增量资金；五是内地大量民间力量强力看好深圳资产价格升值潜力，注入大量寻求买楼及保值增值的资金；六是一些问题资金，包括吴文所说的来自利率黑市的资金等等。可见，合法资金是主流，非法资金是支流，对应在楼市里，合法刚需和合法投资买楼者是主流,非法资金持有者卖楼是支流。

其四,吴文说,中国房地产的危机不是供求的危机,而是金融杠杆的危机,其所说的金融杠杆就是指利率黑市所导致的。这个判断也不靠谱。在我看来,中国房地产的困局恰恰是供求关系造成的,但表现为差异化的供求关系。在三、四线城市,由于住房供应量过大,导致供过于求,出现去库存压力;而在京沪深这些一线城市,由于刚性需求和投资需求过大,供应跟不上,反而出现供不应求现象。问题的症结点在于,京沪深房地产是不是出现杠杆危机?就购房来看,按照目前央行设定的杠杆率,最高也就是 5 倍的杠杆率,即宽松模式下,个人购房可实现首付 2 成、按揭 8 成的模式。这种杠杆率在全球视角看来,仍然是安全的。需要特别指出的是,在中国住房买卖方面,不能单一讲所谓杠杆率,必须结合首付比例和居民储蓄率来分析杠杆风险。美国次贷危机的症结点并不是杠杆率,而是零首付+极低的储蓄率和还贷能力,一旦房价下跌,支付能力跟不上,必然断供,引发危机。而中国的购房首付比美国高得多,特别是中国家庭的储蓄率相比美国高得多,这样的背景下,还贷能力是充分的,还贷行为基本上是无障碍的,绝大多数人不会因为房价下跌而断供,因此银行体系基本上是安全的,并没有达到所谓杠杆危机的程度。至于首付贷、抵押贷之类导致的杠杆率上升问题,由于其所占贷款比例很低,且会受到严格的金融管制,因此也并没有太多的机会兴风作浪,吴文所说的金融杠杆危机至少在目前并不构成实质性的危机。而且据我判断,在中国特定的偏保守的金融管制条件下,杠杆危机涉及国家金融的系统性风险问题,会长期严控,即使中国人民币纳入 IMF 特别提款权(SDR)货币篮子,促使中国金融货币体系的进一步开放,但也不会从根本上改变中国金融体系相对保守稳健的体制。去年以来国家强调去杠杆,恰恰是看到了金融加杠杆的苗头在强化,因此提出去杠杆,正是防范金融风险的重大举措,所以,吴文的杠杆危机一说是言重了,并不符合实际情况。

总之,我认为,吴文关于深圳去年楼市暴涨是由于利率黑市在其中兴风作浪造成的这个基本观点是不符合深圳楼市去年以来的真实情况的。利率黑市问题是存在的,但不可能主导深圳房地产金融,更不是深圳楼市去年暴涨的主要原因。我认为,吴文可以作为政策面的一个警示,强化对利率黑市问题的关注、监管和打击,但是完全没有必要据此怀疑、改变和调整房地产以及房地产金融的相关基本政策。

2016 年 9 月 28 日

"深八条"下,还看定力

在全国十几个一、二线城市暴风骤雨般的调控措施落地之后,我们终于看到深圳出手了:"深八条。"我看了一下,基本上把历史上曾经出现过的调控手段全都恢复了,甚至还有新增加的条款。力度之大,前所未有!

全国这么多城市纷纷密集出台调控措施,充分表明中央的高度关注,我们知道,过去几个月,全国信贷的绝大部分都流到楼市里面去了,如此下去,局面将不可收拾。说实话,中国目前的金融管理制度漏洞很大,长效机制中间缺乏严格的资金管理手段,必然出现这样的资金狂热现象。如何管住资金疯狂现象?只有靠短期性质的政策调控,尽管历史一再表明,这种政策调控有很大的后遗症,调控过后往往带来更大的反弹,但是,眼下已经没有更有效的办法,只能如此了。

政策真的无法预测。如果说可以预测,那就是说,楼市涨得太快,政策面必然高度关注,可能导致干预,此次调控风潮即是如此。深圳楼市自去年暴涨之后,在"325"政策调控下,在市场力量的调整下,今年应该算是进入高位盘整期,无论成交量还是价格都处在窄幅波动中,但看得出,市场焦虑始终存在,价格一直有向上冲击的意愿,一些豪宅盘价格已经挂到20万元/平方米之上,在窥测30万元/平方米的机会。事实上,深圳已经成为一个资本型的城市,成交的房子中,真正单一居住的需求可能只占很小的比例,即便首套刚需也充斥着投资的强烈意愿。"深八条"的出台,基本上是冲着这种"泛投资"的氛围来的,政府希望市场回归居住需求。

能不能回去呢?客观地说,很难回去了,这是由深圳的大环境决定的。深圳作为全国最开放的城市,承担着国家的金融使命,人口一直呈现净流入状态,经济发展前景良好,产业调整比较到位,全国乃至国际大量资金纷纷进入,这些现象都决定了深圳的楼市很难回到完全的居住需求的格局中去。在深圳,房子已经成为全国投资者保值增值的优选对象,即便"深八条"出台,仍然改变不了深圳楼市的这个长期性质。

但是,作为史上最严调控政策,肯定会对市场造成重大冲击和压力。具体表现是:

(1)严格的限购条件下,成交量将明显收缩,很多人达不到购房条件了,更多的是楼价下跌预期生成,引发很多人开始观望。

（2）住房售价也被管起来了，包括近年来热点的商务公寓，其售价也会受到政策限制。

（3）楼市投资气氛和操作将明显下落，至少今明两年内难以抬头。

（4）房价会出现下跌，跌多少？很难预测，也不想预测，让市场证实吧。

（5）深圳北六区（即宝安、光明、龙华、龙岗、坪山、大鹏）的旧改和城市更新将会加快，加大土地供应不能一直是一句空话。

（6）临深片区将成为最大受益者，更多的深圳客继续外溢，进一步助推临深片区的房价上涨，但临深片区房价也不低了，深圳刚需人群会十分纠结！

（7）地产商、中介机构、金融机构等相关机构要注意了，这次的调控特别强调打击违规违法行为，这些违法行为可能要列入刑事案件。

（8）开发商要明确一点，未来深圳的保障房、人才安居房是市场主体，想拿地，就多承担建设保障房、人才安居房的任务，这已经是刚性任务。

（9）重庆已经出手，未来五年清理1500家开发商。"深八条"压力下，深圳有多少中小开发商、不适合生存的开发商要退出？请各自对号入座，识时务者为俊杰。

（10）"90/70"回来了，双拼房也就回来了。是个麻烦，但短期内解决不了。

（11）"深八条"会严格执行吗？总体会。一方面是全国当前形势决定的，另一方面是深圳自保的需要。保什么？保市场的合理性，保经济的均衡性，保执政的平稳性。

会不会出现2007年"927"那种深切下跌的现象？不会。因为当时的投资占比达到70%，市场的成熟度也和今天不可同日而语。

深圳楼市可能要经历一次洗礼，有些机构、层面、群落会有所伤及，不可避免。但深圳的底蕴仍在。任何政策都不是要打死市场，也不可能打死，政策是要剔除市场中的不良因素，保护市场平稳健康发展。"深八条"也是如此。所以，我们要有充分信心。

"深八条"下，还看定力。短期有阵痛，长期仍看好。市场可能会有惊慌情绪，但认清大势，沉着应对，才是更高境界。

2016年10月5日

深圳超级新政下的房地产投资理念及策略

深圳房地产10月新政已经出台两个多月了，动荡的2016年也接近尾声。两个月来，楼市成交应声下滑，楼价也有所松动。距离2017年还有半个多月，我还是提前分析一下，这个新政到底有什么特殊性？新政下如何做好2017年的投资？

我想把10月新政称为"超级新政"，为什么是超级新政？因为这次的调控政策从多个角度看，都是与以往有非常大的不同。我从四个方面分析。

一、四重超级背景

其一是国际背景。我们都看到了，现在美国和欧洲的政情在发生剧烈动荡，美国是持民粹主义立场的特朗普即将上台，美元面临加息。欧洲方面，先是英国公投脱欧，后有意大利修宪公投失败，极右翼政党可能执政并启动脱欧公投。这些巨变说明什么呢？中国将面临空前的贸易保护主义威胁，人民币呈现较大幅度的贬值态势，货币资产将加速向海外流失，中国经济及房地产面临严峻挑战。作为中国房地产龙头城市的深圳必然受到冲击，要提前应对。其二是政治背景。党的十九大明年年底前召开，如此重要的政治活动，对全国房地产稳定有明确要求，特别是一线城市。国家不会允许房地产一味飙升动荡影响全国经济大局，进而给十九大罩上阴影。其三是宏观经济背景。中国今年前三个季度连续出现三个GDP增长6.7%的现象，表明宏观经济形势趋向稳定，即便放松对第四季度经济增长的要求，让经济在第四季度下滑0.5%，也会保证全年GDP增长不低于6.5%的战略目标，这样，就可以暂时减弱对房地产的依赖，有条件实施调控，利用调控手段让房地产转入较大幅度的调结构阶段。其四，从深圳自身的情况看，去年暴涨过后，尽管出台了"325"政策，但是，显然力度不够，全年楼市仍然向上，一直没有得到实质性调整，客观上市场需要大力度补课，而深圳大规模启动的保障房、安居房建设等重量级工作也需要房地产调控来腾挪时间和精力。

二、四种超级表现

其一，深圳的调控是全国政策投放力度最大的城市。可以说，深圳的这次调控是超级组合拳,把过去十几年来累积使用过的调控手段都拿出来一并用上了。其二,两个多月来,政策面一直没有消停,政策连续投放,这也是之前没有过的现象。10月新政出台之后,又出台了一系列政策,如住房公积金贷款利率上调、二手房提高征税评估值、加大对行业违法力度的打击行动、土地出让的"双限双竞"等。其三,这次的调控是货币、财政、行政、司法等多重手段集群化的使用。其四,对违法违规行为查处、整肃力度空前,比如房地产中介行业可以说是风声鹤唳,噤若寒蝉,连广告词都不知道该如何撰写了。

三、四大超级转变

其一是国家房地产金融政策走向呈现战略性转向。去年年底,鉴于全国房地产去库存压力巨大,国家实施了较为宽松的货币政策,大量流动性资金释放出来进入楼市,希望解决三、四线城市的库存问题,实际上主要流向了一、二线楼市。近期,货币政策开始收紧,利率上升,特别是要求一城一策,管好一线城市,稳定二线城市,搞活三、四线城市。其二是房地产市场走向正在发生重大转轨。去年是深圳楼市高歌猛进的一年,房价整体上升了六成,一些重要区域的房价升幅超过一倍。今年以来,楼市仍然没有退烧,地王一再出现,成交仍然活跃,价格走势尽管没有去年强势,但仍然上扬,均价最高超过6万元/平方米。"超级新政"后,深圳房价出现下跌,新房11月连续三周下跌,二手房11月环比也下跌了0.37%,市场下跌预期趋强。其三是受人民币贬值及经济下滑影响,国内部分资金(包括楼市撤离资金)开始规模化地向海外转移,导致我国外汇储备从年初的38000多亿美元大幅下降到年末的30500亿美元;其四是由保经济增长向调经济结构转型,由短期经济利益导向转为长期战略利益导向。

四、四大超级前景

首先是新政助力深圳担负中国房地产整体转型升级示范城市的战略任务。从20世纪80年代以来,深圳一直担负着中国房地产发展和改革的排头兵重任。目前,中国房地产已经由黄金十年转向白银十年,必须转型升级到一个全新的模式平台上。深圳推出"超级新政",一个重要目的就是为中国房地产的再发展继续探路。其二,新政有助于推进深圳"十三五"大旧改、安居房大建设下的房地产结构调整,深圳正在大规模推进政府主导的安居房、保障房建设，"十三五"期间将供应35万套，这是房地产业的供给侧改革和结构性调整，需要改变原有的商品房一枝独秀的格局，形成双轨制，这种结构调整需要稳住楼市，放弃一点楼市的利益增长，给结构调整营造环境和腾挪时间。其三是深圳的多重调控政策将呈现较长阶段持续化的趋向，这是因为深圳的买方市场具有强大的潜在动能，一旦松绑，会迅速反弹，因此预计调控不会很快结束。其四是"超级新政"的策略性表现在对深圳房价的影响不是深度下探而是相对稳定，我认为此次调控不会像2007年那样出现深度下探的局面，调控的压力大，反弹的动力也强，博弈的结果就是下探空间有限，总体呈现相对稳定的局面。根据历史经验，调控总是在积蓄需求能量，如何化解这种日益集聚的能量？政府的办法就是大力推进安居房、保障房的建设，将来会把更多的住房需求能量引导到安居房、保障房上来，那时候，商品房的需求压力就会降低，即便放松调控，房价也不会出现大幅反弹。

这段时间我已经听到很多人问同样的问题：新政下房价是不是要大跌？新政下还能买房吗？新政下还能搞住房投资吗？这些问题显然不能简单地说"是"或"否"，要具体问题具体分析。总体上看，深圳超级新政下，应该坚定持有如下合理的房地产投资理念：

第一，超级新政背后仍然凸显房地产的超级投资价值。为什么？凡是被政策压制的东西通常都是具有特定价值的，压力越强，价值越大。三、四线城市的房地产不但不压，还扶持，恰恰说明那里的房子不值钱，深圳的政策是高压，说明其价值很高，为了避免投资过热，不得不采取调控管制。调控是手段，和房产的内在价值没有任何关系，只是告诉我们目前时段不适合投资，但刚需恰恰是进入的良机，因为是买方市场，你可以从容选择了。

第二，必须明白，在深圳资本型城市的定位下，任何居住需求都兼具投资功能。现在深圳的有房一族，大部分都是当年为了居住而买房的，但是，若干年后的今天，房子为他们带来的不仅是居住的现实需要，还意外带来了一倍、几倍甚至十倍以上的财产性增收的快乐，可以说，很多深圳人投资理念的增强是依靠自己的房子产生的。

第三，我还要提醒大家，忘掉2015年，摒弃投机心态，寻求可持续增长。2015年实在是一个特别的年份，这一年，深圳共完成了20万套一手房和二手房的交易，包括买了两套或多套的人，也就是说，大约有十几万个家庭或个人成为2015年的少数幸运儿。这一年，房价的平均涨幅创造了世界纪录，高的有一倍以上的净收益。但是，我们还期待未来再来一次这样的疯涨吗？没有了，永远结束了。我们要忘掉2015年，要真正摒弃弥漫在深圳上空的投机心态。未来房价仍然有上涨的机会，但应该进入一种可持续增长的通道里，对房地产仍然要有信心，但不是膨胀起来的野心。

第四，我认为还应该有一个明确的认识，就是：超级新政下的常规市场预期与实际楼市轨迹可能不相吻合。现在，楼市低迷，成交量萎缩，房价也有所下滑，市场充满向下的预期。总体来看，调控之下，明年的行情肯定是低迷主导，关键是能走多低，很多人等待大幅下挫，再来接盘。问题来了，持币观望的人太多，都等待下探后接盘，这就会出现一种"盘口竞争"的现象，一旦下跌到某一敏感价位，"接盘侠"就冒出来了。在这种博弈下，我估计明年的深圳楼市不一定像一些人估计的那样有那么大的跌幅，是不是这样，只能由明年的市场检验了。

深圳超级新政之下，我们应该采取什么样的买房和投资策略呢？

（1）刚需人群尽早制定符合自身条件的楼市"上车"时间表。什么是刚需人群？就是没有房子的人，就是想把小房子换成大一点的房子的人。刚需追求的是基本生活保障，是人生的幸福，所以，不能让一般的投资理念捆住刚需人群的手脚。现在深圳的房价已经不低，对于刚需人群来讲，当前的低迷期，也是可以从容选房的时间，只要有合适的房子，我认为什么时候都可以出手。

（2）用足用好"十三五"规划内的安居房、保障房政策。刚需人群一定要注意，"十三五"深圳的房地产会发生重大变化，安居房、保障房数量将大幅攀升，多达35万套。这里面是不是有你的一套呢？你要对照标准看一看，不要错过机会，可以省不少钱呢。

（3）如果讲投资，在中国，豪宅就是保值增值的旗舰型房产和优选渠道。当然，在深圳，能买得起豪宅的，恐怕人数不是太多。富人就不说了，对于一大批中产阶层来说，如何才能既有机会买豪宅，又不会带来太大的压力，这实在是一门大学问。深圳不乏这种入住豪宅的中产者，可以向他们讨教一下豪宅投资的经验。

（4）超级新政下，还有其他住房投资渠道吗？有，那就是公寓。理由很简单，公寓不限购。公寓是住人的，但它通常是作为商务办公环境的配套设施，因此，一般理解不适合居家入住。但是近年来，随着住房限购政策的长期化，公寓的居住性开发正在发生变化。很多公寓在设计时尽可能在功能和空间利用上向正式住宅靠拢，而且很多公寓都设在大型商业综合体内，商业、文化等生活配套很方便。结果，调控导致公寓成了当下住房领域的一种投资方向，特别是对于那些想再买一套房而受到住房限购的人来说更是如此。

第二部分
房地产：震荡与转型

2016年12月10日

深圳房地产正在生成的28条逻辑

党的十九大还有三个多月就要召开，这将是在中国经济处于重要的转型升级关口召开的一次决定中国经济命运的极为重要的会议。全国经济各个领域、各个层面都在向十九大方向靠拢，中国房地产已经出现一系列重要的变化。作为中国房地产领军城市的深圳，目前也呈现出很多重大改变的迹象。我认为，面对中国经济未来的新趋势，深圳房地产正在生成如下28条趋势性的逻辑现象，值得一并关注。

（1）房地产作为深圳极为重要的基础性产业，在经历了十几年投资化指向的高速发展之后，未来将受到"房住不炒"的国家战略的强力约束，投机将变得非常困难，首次置业型、改善型、自住兼投资型将成为主流方向。

（2）2016年10月4日，深圳推出的史上最严厉的调控政策是国家宏观经济转型发展的直接需要，与历史上历次调控背景不一样，其中一些政策，例如对供给侧的限售，就如早先对需求侧的限购一样，很可能长期化，甚至转化为长效机制。

（3）过去两年内依赖高负债、高杠杆进入深圳楼市的炒房客日子将非常难过，其中不少人不得不压价卖掉手中多余的房子以求减轻负债压力。

（4）作为国内土地匮乏程度最严重的城市，深圳每年极少有新地供应，特别是纯住宅用地几乎没有，更多是依赖城市更新。因此，多年来形成的土地拍卖、价高者得的现象大幅减少，土地使用的渠道和模式也顺应形势在发生重大变化，更多的旧改土地是向参与旧改企业实施的定向出让，从而控制土地成本。

（5）深圳安居集团的成立，标志着深圳房地产正式回归"商保并举"的双轨制时代，每年将在保证商品房开发销售数量的基础上，大量开发保障安居性、公共租赁性住房。

（6）深圳"十三五"期间，保障性住房、人才安居住房开发及供应大幅上升。今年计划建设的商品住房，除去征地返还的部分外，真正增加的是4.5万套，而保障安居住房就有5万套，高于商品房，此举将对住房市场供需关系产生重大影响。

（7）深圳已被国家列入大力发展住房租赁市场的12个试点城市之一，

租购并举将进入制度化、规模化、常态化，此举也将对住房市场供需关系产生重大影响。

（8）供不应求，房价涨；供过于求，房价跌，这条经济学规律正在被中国的政治经济学规律改变。深圳楼市的供需中间加入了强有力的政策，例如限购、限贷、限售，现实需求大幅收缩，楼市去化率骤然下降。这不是虚假现象，是真实现象，因为它真的发生了。

（9）作为调控政策的重要表现领域，信贷政策被放到国家金融稳定的大战略平台上验证，因此，将不是短期的表达，而是对十多年来信贷偏向房地产的强力纠偏。目前深圳各个银行都不同程度提高了房贷利率，房贷难度将持续加大，银行、房企、购房者将被迫整体降低对信贷的期待和关注度。

（10）2015年、2016年，深圳的住房信贷杠杆率在全国名列榜首，北京是48%，广州是77%，深圳则达到144%。随着信贷政策的趋紧，深圳居民的住房信贷杠杆率将呈现下降态势，居民家庭财产中住房资产所占比例也将有所下降。

（11）深圳资本型城市的定位已经形成，近年来本外币年存款总量超过6万亿，稳居全国第三，并且仍然有源源不断的资金进入深圳，因此，金融开放性条件下的外来资本助推楼市现象将长期存在。

（12）改革开放以来深圳年均人口净增50万人的局面仍在延续，未来20年年均净增不会低于30万人，成为楼市继续热络的需求根基。

（13）深圳经济继续保持强劲增长势头，今年上半年GDP增长8.8%。如果说楼市调控政策让房价企稳，经济增长就是给楼市去泡沫。

（14）深圳制造业外迁势头不减，已经由中低端向高端蔓延，华为、中兴、比亚迪、大疆等科技制造业巨头均把重要的高端制造迁出深圳，并把融资的80%~90%投放到深圳以外。这将影响深圳工改项目的走向，原来指望工改商、工改住的倾向被遏制，深圳将力保不出现产业空心化，力保工改工的基本方向，确保不低于30%的先进制造业经济贡献率。

（15）深圳的成功在于创新动能强，深圳的困局在于综合成本高企。城市更新难，就在于它的创新空间不大，而拉升成本的空间很大，政府对此非常敏感。控制综合成本是深圳的必然抉择，指望城市更新以高成本模式狂飙突进是不现实的。

（16）深圳的巨量违建处理一直在艰难探索，也一直在寻找机会。目前看，一些品质较高的违建未来可能被纳入政府保障房、租赁房的范畴，这需要政策的可行性投放。

（17）广州推出学区房领域的"租购同权"，事实上深圳早已给租房者提供了这个权利，只是需要积分，以达到争取学位的目的。未来深圳的租房者在深化政策引导下将争取到更大的获得学位的概率。更大的影响在于，那些单纯为子女进入名校而暂时购买学区房的购房者将明显减少，学区房的价格将经受考验。

（18）深圳的住房建筑总量足够2000多万人居住，但真正的红本住房不到200万套，即便按照一户一套的理论水平，也仅仅不到200万户，即600万人，如果考虑到大量的一户多套的背景，真正的合法有房者估计仅占全市实际管控人口的1/5，常住人口的1/3。这意味着深圳的住房需求是非常庞大的，如果以成为有房者为标杆，则楼市压力巨大且长期化。政策限制是短期策略，加大销售住房供应是中期策略，以租替购是长期策略。

（19）粤港澳大湾区的核心价值在于强化城际互动融合，这对于深圳与临深城市间的融合提供了政策导向。深圳房地产近年来向临深地区拓展势头将在大湾区政策推动得到下更多更快的发展，特别是轨道交通向莞惠的接驳将把大量深圳刚需人群引向临深地区，此乃大趋势。

（20）深圳房价今明两年均将表现为"稳"字当头，市场没有任何大幅下跌的可能，但从供需格局看，有2015年、2016年那样强势上冲的潜在动能，因此政策的高压不会松动，以确保市场稳定。

（21）深圳的豪宅与普通住房的属性差异将进一步凸显，普通住宅，包括普通商品房、保障性住房、人才安居房、公共租赁住房、私家租赁住房等，将主要承担普通市民的居住功能，而豪宅除居住功能外，其投资功能将更加显著。

（22）作为大湾区内成长前景最好的中心城市，深圳的商务产业链在迅速扩张，相应的商务型房地产的核心产品——写字楼未来将呈现井喷式的发展。由于近年来此类物业开发量非常大，未来数年内将形成供应高峰，可能出现供过于求的格局，业界需保持理性。

（23）大湾区概念自今年"两会"由李克强总理提出以来，已经深刻影响到深圳西部片区的发展，特别是前海蛇口自贸区和大空港地区，而2015年提出的东进战略似乎有明显降温。实际上，作为大湾区前线的深圳西部与东进战略恰恰是一种战略平衡关系，如果深圳错解大湾区战略，重归西进，忽视已经启动的东进战略，将犯下严重的机会主义错误。从房地产看，东进战略有着巨量的机会，包括与临深地区的合作。

（24）深圳已经成为国内最接近发达国家房地产格局的城市，其最大特征就是存量房市场交易已经扮演主角。目前，每年成交的房子中，存量房（二手房）占比为2/3或3/4，而增量房（新房）占比为1/4或1/3。这种格

（25）通常情况下，深圳的二手房市场房价更具有随行就市的特点，对一手房市场房价存在一定的影响，而目前的调控政策下，一手房房价受到严格管控，反过来会影响二手房市场的价格。

（26）更多的房企开始把资金、目光、精力投放到存量市场上来，例如物业自持经营、租赁业务、物业管理增值业务等等。

（27）尽管受到政策的严格管控，深圳房地产仍然存在一系列重要的发展机遇，仍然是中国房地产的风向标城市。这使得国内房地产业界仍然看好深圳，不少重量级的房地产商仍然在寻找机会进入深圳，典型案例就是中国房地产领军企业恒大集团房地产总部正式落户深圳。

（28）未来深圳中小房企的日子会越来越不好过，很多项目的门槛高了，机会抓不住了，因此，发生在中小房企身上的退出、被兼并收购的现象将不断发生。

2017 年 7 月 30 日

关于深圳城市更新、旧改、棚改的思考

8月1日，深圳市住房和建设局发布了《关于加快推进棚户区改造工作的若干措施（征求意见稿）》（以下简称《措施》）。近日来网上讨论非常热烈，毕竟自 2009 年深圳启动城市更新以来，大量的更新工作是沿着旧改的方向推进的，现在突然冒出个棚改来，会不会打乱原有的更新计划？会不会脱离几年来旧改市场化发展的道路？

重复的讨论内容我就不想多讲了，这里只想针对近日出现的一些疑惑和问题谈几句我的看法，提出来供大家参考。

一、城市更新高于旧改、棚改

城市更新是一种国际上普遍存在的城市改造现象，其概念是非常明确的，是一种将城市中已经不适应现代化城市社会生活的地区做必要的、有计划的改建活动，是对城市中某一衰落的区域进行拆迁、改造和建设，以全新的城市功能替换功能性衰败的物质空间，使之重新发展和繁荣。

深圳近年来推动的市场化方向的旧改,是城市更新的一部分,眼下推出的棚改同样是城市更新的一部分,这是政策化方向的,是由政府主导的,其产出主要是政策性住房,目前特别强调只租不售的公共租赁住房。回头看,近年来在概念上有点紊乱,更多的情况是把旧改等同于城市更新,这是不对的,城市更新是最高层面的,旧改和棚改是第二层面的,旧改是政府引导,市场主导,即企业实施,方向是市场化、商品化,棚改是政府主导,国企实施,方向是政策化、保障化、公益性。希望未来无论在政府文件中,还是在实施流程中,都采用这样明晰的表达,避免误导、误解。

二、就新增住房体系来讲,旧改占70%,棚改占30%

《措施》一出来,很多人懵了,莫非这几年在旧改中忙乎了半天、投入了大量人力、财力、物力的企业要退出旧住宅区改造,让位于棚改吗?我觉得是企业多虑了。《措施》讲得很清楚:"深圳市范围内使用年限在20年以上、存在住房质量安全隐患、使用功能不齐全、配套设施不完善的老旧住宅区项目应当纳入棚户区改造政策适用范围,不再采用城市更新的方式进行改造。"(这里的"城市更新"应该替换成"旧改",即旧城改造)。只有符合上述条件,才可能纳入棚改,这意味着,仍然会有大量的旧住宅区改造不纳入棚改,留在旧改框架内。

事实上,这次推出的《措施》完全是针对去年以来国家强力推进的住房租赁市场发展战略来实行的,深圳在"十三五"期间计划推出40万套保障房,其中很大一部分是租赁房,如果没有政策保障,大量的租赁房从何而来?现在明白了,主要就是从一部分比较破旧的老旧住宅区改造而来。因此,在旧住宅区范围内划出一部分纳入棚改,就是顺理成章的事了。关键是,要划出多少?我认为比较合理的比例是三七开,30%的老旧住宅区划为棚改,70%划为旧改,这比较符合深圳的供需关系现实,也能够稳定多年来已经比较成型的旧改格局。棚改的推出绝不是、也不应冲击旧改,而应该是相辅相成,共享推进。当然,政府会通过在旧改项目中植入一定比例的返还政府的住房,达到事实上增加保障性住房比例的目的。

三、棚改、旧改政策应该差异化

既然棚改方向是政策性住房,旧改方向是商品性住房,两者的政策存在差异就是正常的。政府首先应该在城市更新的大框架内厘清棚改和旧改的共同特征、共同趋向和共同政策内涵,在此基础上,针对各自的发展特征,推出符合棚改和旧改的不同政策,比如实施主体的差异化、回迁赔付比例、针对拒签业主的措施、改造流程、供给对象,等等。

四、以棚改促旧改

坦率地说,过去几年来的老住宅区旧改走得如此艰难,离不开政策模糊的问题。既然明确地把政策化、公益性棚改作为城市更新的一个战略方向,也可以使几年来的市场化旧改有更加清晰的独立的路线图,因此,需要在总结这几年经验教训的基础上,在与棚改项目差异化发展的过程中,进一步明晰旧改的政策、策略和落地措施。政府应该尽快在城市更新的大框架之下,对棚改、旧改的差异化进行精准的政策性解读,以稳定旧改市场,推进棚改发展,让关乎深圳经济社会极为重大的战略发展基础的城市更新工作能够做得更加明晰、稳固、成功。

2017 年 8 月 10 日

无论棚改旧改,都是城市更新,
政府都应介入

从 2009 年 12 月 1 日正式实施《深圳市城市更新办法》算起,深圳的城市更新到今年已经经历了 8 年。但更新的速度很慢,大多项目都在僵持。近日,政府又推出了棚改新政,计划把更多符合棚改条件的更新项目纳入棚改,未来"只租不售"。这个新政显然对既有的更新格局产生重大影响,一些已经启动多年但陷入僵局的更新项目的实施主体和业主产生了紧张和担心。我觉得有必要在棚改大规模推进起步期,对深圳的城市更新和旧改工作做出必要而清晰的研判。我谈几个问题:

一、城市更新、棚改、旧改是什么关系

(1)现在概念有点混乱,旧改和城市更新一直没有厘清。我认为棚改、旧改都是城市更新,希望深圳市政府在概念上要明确。棚改也可称为"危

改",即危房区改造,而旧改则是"旧房区改造",程度不同,政府介入的深度、改造模式、改造前景就不一样。棚改是危房,更适合于政府主导、强制介入,因此纳入保障房体系比较合理,而旧改则是一般到期的陈旧房屋,适合于政府引导,市场主导。不管是棚改,还是旧改,最后的目的都是城市更新。

(2)棚改大发展,不应过分挤兑旧改空间,特别是已经立项的旧改项目。出于长远战略的需要,应该尽快明确全市城市更新总盘子里棚改和旧改的合理占比,从而稳定更新大局。

二、已经立项的旧改项目,是否具有公共利益属性

(1)旧改项目与棚改项目虽有破旧程度、实施主体、实施方式和居住性质的差别,但同属城市更新,都是要提升城市面貌和价值的举措,因此,旧改同样具有公共利益属性。

(2)旧改项目中有政府规定的保障房部分,是明确的公共利益成分。

(3)旧改项目中大都有公共服务项目配套,如教育、医疗、商业等,这些都是公共利益属性。

三、面对旧改困局,政府是否应该介入

(1)现在提棚改,容易让人产生误解,以为棚改需政府介入,旧改政府可以不介入。实际上,政府必须对所有城市更新项目(包括棚改和旧改)实施全程介入,棚改是政府主导,旧改是政府引导,所以不存在政府不介入的问题,只是介入的方式不同而已。

(2)政府的引导不能误解为只是启动时的导入,然后政府就不管了,政府的引导应当体现在旧改的各个流程中间,特别是流程中的关键步骤,须政府出面化解问题。旧改问题比棚改要复杂,政府更应该有专项引导政策和措施。

(3)面对"双百",到了签约率90%的最后流程,政府的引导更须加强,实施主体应该规避,政府应该导入社会力量。

四、政府介入旧改的合法性合理性在哪里

(1)从中央到地方的有关城市更新(包括棚改、旧改)的所有政府文

作中，都明确指出政府介入的法定责任，只是具体提法有所不同而已。

（2）深圳土地匮乏严重，住房需求旺盛，城市更新（包括棚改、旧改）是化解住房供需矛盾的主要途径。更新涉及一系列公共利益体现和社会矛盾处理，这些问题如果离开政府的介入，将变得非常困难，且容易走偏，严重影响更新的正确方向，所以政府介入是合理的、必要的。

（3）棚改的强化是遏制房价非理性上涨，解决低收入阶层、人才安居的重大举措，但不是政府介入城市更新的分水岭。一定要明确，无论棚改、旧改，政府都要介入，棚改是全程主导性介入，旧改是全程引导性介入，这里面的合理性不仅体现在介入本身，而且更体现在介入模式的差异化。

五、如何破解目前已立项旧改项目的僵局

（1）必须坚持政府全程引导的法定责任、基本理念和有效策略。

政府必须明确对于旧改的法定责任，不能让实施主体进入后就撒离，要实施全程引导，应细化阶段，在不同阶段采取不同的引导方式和策略。特别是进入最后10%的困难阶段时，更需要政府出手进行综合协调。多数顺利，少数抵触，永远如此，不要为所谓"多数人积极配合签约"而陶醉，这是规律，90%以内都不应该有任何成就感。

（2）坚持"业主分类、有效推进"的基本原则。

现在实施主体往往用对大部分签约业主的模式来要求小部分未签约业主，这是非常不科学的。所有旧改流程中与业主的沟通诉求就是"效率化打通"，你用老办法根本打不通那些不签约的业主，你还是不停地做，这叫无效操作，甚至是负效操作，为什么一定要去做？

业主可分为三大群：前90%部分称为"政策引导群"，依靠刚性政策法规就基本可以逐步引导他们签约；91%至98%部分称为"友情化解群"，要通过朋友式的真诚面对、促膝谈心来逐步化解心结，从而达到签约效果；99%至100%部分称为"特殊处理群"，这是最偏激的极端部分，在"双百"政策的背景下，不能用对一般人的模式和他们打交道，要对其采取更加柔性的、基于其精神、心理的特定需要的个性化措施，以便解除其心理上的封闭、抵抗、偏激和固化情结。但是对这极少数最偏激的业主，恐怕单靠谈利和说服是无法解决问题的，未来须考虑更改"双百"政策，从而维护绝大多数签约业主的合法权益。

2017年8月18日

第二部分
房地产：震荡与转型

租令对深圳意味着什么？

近日，从中央到地方，有关住房租赁的政策排山倒海般地出台，我称之为"租令"。租令之下，全国闻风而动，俨然，中国人居领域的租赁时代来了。

前一阵在广州学位房"租购同权"政策、上海出让两块地70年"只租不售"政策、其他大城市鼓励发展租赁政策的风潮中按兵不动的深圳，近日同时抛出三份重磅文件，详细阐明了在深圳发展住房租赁市场的战略布局和实施办法，包括在"十三五"期间收储100万套城中村用于统一出租的政策，是为"深圳租令"，力度之大，全国没有，再一次踏上改革的风口浪尖！

租令之下，市场躁动，毕竟按照1999年中国房地产货币化改革的路线，实施住房建设用地和商品住房的买卖供应模式已经将近20年，整个房地产市场一直沉浸、陶醉、焦虑在深不可测的楼市交易、暴涨、加杠杆、去库存的数百万亿市值的巨量货币游戏里难以自拔，如今突然一纸"租令"，要改变世界，地产大佬们、房资炒客们和为每月还房贷发愁的群众一下子还没缓过神来：这租赁时代到底是什么时代？

说到住房租赁，我还是专门讲一讲深圳吧，毕竟，这个城市太特殊了。比如，国家刚刚推出13个试点城市，可以利用集体建设用地开发租赁住房，且不用经过以往的政府征地环节，直接进入市场。如此重大的涉及中国土地制度改革的动作，竟然没有把深圳列入试点！为什么？理由极其简单：深圳压根就没有集体土地了！从20世纪90年代到现在，深圳已经两次完成了全部土地的国有化征转，理论上已经成为全国第一个没有集体土地的城市，所以，这次涉及发展租赁住房的集体建设用地政策，就无法带深圳玩了。

深圳是什么情况呢？大家都知道，事实上，深圳在原有集体土地征转过程中，遗留了大量的尚未处置的建筑产权问题，也就是原有村民以及继受者修建的大量建筑，其中大部分被列为"违法建筑"，这个数量是多少呢？根据政府部门的统计，截至2015年，全市违法建筑大约38万栋，面积约4.2亿多平方米，而改革开放以来深圳的地面建筑总共是9亿平方米，违建占到43%！

我这里不是讨论违建问题，而是要说，这巨量的违建中，一半以上是住房，这些违建住房除了少部分卖给了私人或机构外，大部分在原业主手里，在进行出租。为什么深圳的违建问题这么多年来如此难以解决？因为，这些房子一方面是违建，另一方面是住房，特别是租赁住房，它们实实在在地为那些买不起房子的来深建设者提供了政府一直没有规模化提供的基本住房，间接成就着深圳的发展。不是这样吗？

除了违建，还有大量的正式私人住房、单位存量房、部分政府公租房和廉租房也在发挥着租赁住房的功能，如此庞大的租赁住房，到底承载了多少深圳人的居住呢？我们大致计算一下：

深圳建市以来，一共修建了大约200万套正规商品房，按每套一户、每户三口人计算，共承担600万人的居住。但事实上，深圳的商品住房并不是平均分配的，有人可能有两套、三套甚至更多套，这样，真正拥有正规商品房的人的数量必定更少，我们就按400万人算吧。

深圳这么多年来，搞了几亿平方米的违建，也有不少人买了违建房用于投资和居住，其中的居住者，也无须租房住了，我没有精确的统计数字，估计一下，按30万套、100万人计算。

这样，把居住在正规商品房和违建购置房的业主家庭实际人口加起来是多少？400万 + 100万 = 500万。这个数字说出来，连我都不敢相信，太少了吧！可能估计比较保守，但是，应该也不会少到哪里去。

深圳有多少人口呢？户籍400万，居住证人口800万，这两部分加起来是常住人口，共1200万，还有大约1000万未登记的流动人口，和常住人口加在一起称为实际管控人口，共2200万。计算人均GDP，深圳不会用这个数字做基数，只能按照常住人口计算，但是，计算居住，必须看这个实际管控人口，因为，不管什么人，只要在深圳，就要住房子。我曾经在半夜专门察看过深圳市面情况，露宿街头的人几乎看不到，说明所有的人都在房子里面住着。

好了，2200万人，只有大约500万住在自己买的房子里，剩下的1700万巨量人口住在哪里呢？以租赁的方式，住在政府公租房、廉租房、私人住房、机构住房、违建房里面！

看到这里，各位不要面露惊讶状，这是深圳静悄悄的事实，一个关于租赁的事实。

讲到现在，我要回到标题上来了：租令对深圳意味着什么？绝不是解决深圳人的租房住的问题，因为大部分深圳人一直就是租房住，这么多年，这个问题早就通过市场化的办法解决了。只不过如此庞大的、占比达到70%～80%的住房租赁市场，多年来严重缺乏政府法规政策的对应，缺乏明晰合法的租赁住房产权关系，缺乏政府的服务和监管，缺乏租赁住房的品质和安全，缺乏规范的和人性化的放租和服务流程，缺乏租房者的权益保障！

租令将要改变的正是深圳房子的产权问题、法律地位问题、租赁房的质量问题、租房者的社会权益问题和社会地位问题！

当然，租令之下，一个过去将近20年来的、轰轰烈烈的单一住房货币化模式以及延伸的投机炒房模式也进入尾声，租购并举模式启程了，"房住不炒"战略来了。

早该这么做了。在世界上很多国家，人居就是人居，包括购买式居住和租赁式居住，都是合法和权益人居，都是正常的生活方式。有人一辈子不买房，就是租房，他们没有被歧视，他们可以在法定条件下实现合理的租购同权。而在中国，过去将近20年来，在商品住房价格的飙升中，社会被分裂为有房阶级和无房阶级，无房者、租房者被歧视的现象比比皆是，以致"丈母娘经济"的核心意义就是，女儿找对象的第一条件是必须有房，非房勿扰！

终于，租令来了，租赁时代来了。我们千万不要欢呼租令赐予了我们什么，因为，让租房规模化、品质化、正常化，让每一个租房者都能堂堂正正地、有尊严、有品质地居住生活，这本来就是每一个公民的基本权利，租令只是促使这种正常格局从以往被扭曲的状态回归而已。

对于深圳这座以每年数十万净增人口急速成长的超大城市来说，以往积累的有关土地和物业的不合理、不合法、不合情的东西太多。所以，当租令下达、租赁时代来临的时候，政府、业界、市场、市民等各个方面所面临的困局远大于其他城市，这一点深圳必须直面，且必须积极应对。因为，深圳没有任何退路，唯有继续发扬30多年来"闯"与"创"的大无畏精神，创造一个属于深圳自己的租赁时代。

2017年8月30日

深圳楼市的五大困局

深圳楼市以去年"深八条"为代表，已经过去整整一年了。现在大会刚刚结束，国家有关部门就马上启动了大规模的房地产大检查，显然，深圳楼市的调控之风还将继续。调控之下，楼市那种"猴跳"、失态、焦躁、疯狂的确不见了，楼价、成交、供应、需求等层面的确理性了不少。

但是，表面的风平浪静之下，是深层的矛盾挤兑。毕竟，深圳楼市"供应跟不上需求"这个基本矛盾没有解决。深圳37年市场经济成长的经验告诉我们，试图依靠政府力量一举解决住房问题，基本没有可能。由此我们看到，深圳楼市正在积累、扩张传统困局，同时增加新的困局。什么困局？住不上，住不好，住不起！

如果调控、改革、折腾一番，最后老百姓还是觉得住不上、住不好、住不起，这个调控、改革就有问题。至少，现在的深圳楼市有如下五大困局：

一、一手房房价控死，二手豪宅照涨

今年以来，新房市场一派"萧条"，按照官方说法，房价连续11个月下跌。然而，基本上在5.4万元/平方米到5.3万元/平方米之间徘徊，这算哪门子下跌呢？基本上是高位盘整格局，这当然是政府严格调控的结果。问题来了：深圳已经是全国最接近成熟存量市场的城市，在已经成交的住房中，大约有三分之二是二手房，真正的一手房也就三分之一左右。而政府调控能够管住的是一手房，而占大头的二手房呢？卖房的不受直接限制，比如，没有被限价，但买房的会受到影响，比如，限购、限贷。结果，二手房领域仍然保留了一定的市场调节格局，在普通住房受到影响、价格难以走高的时候，一些重点片区的二手豪宅却出现继续上涨的现象，高者达到大约20%的涨幅！难怪今年少数几个一手豪宅盘卖得顺畅，因为被管控的房价有点"送生果"的味道啊。这种一、二手房房价的"分离"现象不正常，将酿成新困局。

二、物业开发中住房供应占比过低

深圳楼市的问题说到底，还是供不应求。深圳拥有合法红本房产的市民比例仅有大约30%，远低于全国城市平均70%的比例，甚至低于发达国家城市平均50%的比例，这个情况无论如何都是不正常的。问题是，如此低比例，如此低的土地供应，深圳在旧改腾挪出来的空间内，留给住房建设的比例仍然很低，深圳每年用来建设住房的土地供应占比仅有20%多，显然太低了。我们知道深圳土地严重匮乏，但是，再严重也要解决市民的住房问题，还是要想办法尽快把住房土地供应增加到30%以上，同时加上临深片区的合作，才可能逐步有效化解住房土地物业供应不足的困局。

三、棚改占用城市大量高效能、高产出空间

政府已经高调宣布，将来旧改的大部分都要纳入棚改，特别是原特区内的旧改全部纳入棚改。这是什么意思呢？就是除了回迁部分，其他全部纳入保障房建设，特别是公共租赁住房建设。这个政策的确有助于化解上述住房供应不足的困局。但是，如果真的不折不扣照此办理，新的问题又出来了，毕竟特区内寸土寸金，有些城中村、旧住宅区地段极为稀缺，都是城市最高效能、最高效益的地方，如果不加辨析，一律经棚改变成公共租赁住房，是不是有点走向另外一个极端的感觉呢？我首先强调要保障民生，保障市民的基本住房权利，但也不希望城市更新的土地腾挪和利用过渡偏颇，完全不理会城市综合开发的战略平衡需要，把所有三旧空间全部用来做租赁住房。我认为这个政策需要进行充分的论证，需要有更加合理的复合性布局，否则就是一个新的困局。

四、信贷利率上升覆盖刚需，影响"房住不炒"

近来深圳各大商业银行均提高了房贷利率，买房的融资成本进一步上升了。问题在于，眼下的贷款买房者绝大多数是刚需，包括首套刚需和改善性刚需。可老百姓认为：不是说房子是用来住的吗？老百姓买房来住，完全符合国家政策目标，为什么又要限制老百姓贷款呢？政府说要管控金融，防止发生系统性金融风险，这个老百姓举双手支持，可是政府应该去管那些炒房者啊，去管那些在股市、债市、汇市里面倒海翻江的麻烦制造者啊，去管那些在国内银行贷款、再把资金转移到国外的金融老鼠们啊，管老百姓干什么？老百姓不就是响应国家号召，买房只住不炒吗？不让老百姓轻松贷款，是不是和国家政策背道而驰呢？老百姓这些想法不能说没有道理，但中国的金融管制还做不到分类施策，往往是信贷有点失控，马上全面关闸，累及刚需，这也是一个不小的困局。

五、市场化租赁转为保障性租赁，凸显租金成本问题

现在，住房租赁化是政策重头戏。但是从深圳情况看，30多年来，市场的现实一直是租赁居住占大头，占到70%到80%，说明深圳并不缺租赁市

场，只不过以往的租赁市场是杂乱的、市场化的、散在的、不安全的、缺乏监管的，现在通过政府的住房租赁化政策，把租赁市场纳入政府监管，租赁住房业务也大部分转化为公共租赁性质。问题来了，经过如此包装的政策性租赁住房，租金成本必然上升，如果租金价格明显高于市场化的租房价格，市民租不起，如果把政策性租赁住房租金定得过低，开发者无利可图，影响开发的积极性，如果政府以财政长期补贴，这个量大了点，政府能否坚持下去？这还真的是一个不大不小的困局。处理不好，可能影响政府大规模发展公共租赁住房的政策落实和产业拓展。

风平浪静的深圳楼市下面，困局多多。还是要从广大市民的切身利益出发，从深圳城市协调发展的战略方针出发，真正寻求化解那些重大困局的策略，这才是深圳楼市的发展真谛。

2017 年 10 月 30 日

华富村：如何书写深圳棚改第一华章？

深圳华富村改造进入倒计时。

这个项目之所以引起深圳各界的重大关注，是因为它是深圳推出棚改政策后的第一个即将落地实施的项目，也是因为它的位置太重要，位于福田中心区毗邻片区，这样重要的片区，当然应该满足直观的四大要求：

（1）合理满足市政府住建部门提出的棚改租赁性住房建设任务的要求。

（2）合理满足小区原居民回迁的要求。

（3）合理满足租赁市场对人才租赁性住房供给的要求。

（4）合理满足开发商在项目投资中的适当利润回报的要求。

但是，鉴于华富村极为重要的地理位置，导致它的改造已经无法单纯以棚改提供保障性住宅能够承载的了。作为城市中心地带最重要的一类土地改造开发项目，它关系到城市空间的合理利用，关系到城市价值的高品质提升，关系到城市战略的有效落实。

理解这一点很简单，福田中心区是城市的 CBD，如果像华富村这样位于中心区地带的城市改造型项目都按照棚改模式全部改成回迁性住房＋保障性住房，那意味着 CBD 可能在基本功能上更多地会向 CLD 靠拢，这必然会降低 CBD 的城市聚焦力，减弱中心区的对外辐射和影响力。作为中心区所在的福田区就不能不认真考虑如何正面、合理地应对类似华富村这样的位于中心地段的城市改造型项目的发展，毕竟福田中心区寸土寸金，这里的每一个更新项目都需要在改造升级的基本任务中，认真考虑如何适当合理配置产业功能。

从这样的视角出发，华富村改造除了满足上述四大基本需求外，还要满足如下六大深度要求：

（1）粤港澳大湾区整合发展战略下深圳作为轴心城市对中心地区土地实施最高定位开发的要求。

（2）深圳大力推进都市圈建设必然产生的强化城市中心功能建设的要求。

（3）在深圳城市中心区新地基本开发完毕的背景下利用极其珍贵的改造用地继续精致、大幅提升福田中心区价值的要求。

（4）让项目适当增加城市开放性的公共价值，以便与项目周边大量高端公共资源实现资源对接的要求。

（5）福田区政府希望项目合理融入高端产业，满足中心区产业平衡发展的要求。

（6）广大市民有机会进入项目地段共享城市高端公共服务的要求。

在上述一系列要求的约束下，华富村改造迈向成功的基本表现是什么呢？用一句话来表述就是：在落实所有规定性居住任务的前提下，力争实现土地综合利用价值的最大化。华富村改造既不能以规定性居住任务排斥土地价值的深度挖掘目标，也不能以土地利用价值的最大化定位侵蚀规定性居住任务的落实，必须实现两大目标的战略平衡。当前项目的突破点在于，如何最大化地合理推进土地综合利用价值。

华富村改造如果想达到上述突破，就必须适当合理植入符合中心区功能要求的高端产业，这个高端产业定位必须满足如下条件：

（1）与福田中心区作为城市中心的"行政+商务+文化"复合功能定位相呼应。

（2）与华强北市级商业文化区功能相衔接。

（3）与小区未来的住户和租户的实际需要相匹配。

（4）与深圳市民一定程度的公共需要相吻合。

基于上述一系列要求和条件，华富村改造中应该适当合理植入的高端产业导入应该定位为：能够代表城市价值和实现高品质服务的高端文化消费产业。这个高端文化消费产业应该具备如下品质：

（1）属于国际高端、前沿产业性质。

（2）能够填补深圳高端产业的缺失。

(3) 能够提升福田中心区以及华富村改造地块的价值。

(4) 能够让小区住户、广大市民和外来客源共享高端消费的需要。

这样的定位带来的一个问题是：华富村植入高端文化消费产业与福田区提出的中心区重点发展金融产业的构想是否矛盾？我们知道，现在深圳各区都在提出大力发展金融产业，福田区也提出在中心区大力推进金融街建设的总体构想。金融产业的确是深圳未来的核心支柱产业，但我认为不应该在各区之间形成恶性竞争格局，应该根据每个区的具体情况差异化地发展金融产业。比如，前海主要发展国际金融、货币金融；南山重点区域主要发展科技金融、互联网金融；罗湖应该重点发展国际消费金融；福田则应该在既有的金融产业优势基础上，重点发展城市金融和文化金融。

这就涉及福田产业升级的核心支撑力了。我认为不应该是一般的金融产业，也不应该是其他产业，而应该是国际高端文化产业。深圳未来不缺金融产业，不缺高科技产业，甚至不缺一般的文化产业，最缺的正是国际高端文化产业。福田未来如果在深圳乃至大湾区起到中流砥柱的作用，就必须以全球化的视野和高端创新的动力，跳出常态化竞争的窠臼，全力冲刺国际高端文化产业，让全球高端文化产业因福田的战略布局而云集深圳。福田区必须在中心区一带为国际高端文化产业进入争取到更多的发展空间，应该在福田中心区以及周边地带对高端文化产业进行全面规划布局，做到有重点、有分类、有步骤、有格局、有气派、有能量、有价值、有品牌。

当然，华富村是一个旧居住区改造项目，空间也有限，改造的主体任务当然是业主回迁和棚改后的人才住房租赁。业主和租户首先关心的是实用功能的安排。这就需要政府在主持这个项目改造过程中，要充分平衡政府需要和居民需要之间的关系。在福田乃至深圳高端文化产业大布局下，华富村改造地段的高端文化产业类型不应定位为核心商务性质，而应定位为城市高端消费性质，以华富村东北片为核心植入高端文化消费产业，并为笋岗西路北华富北屋村东南片未来同质植入高端文化消费产业做好示范，成为福田华强北商业文化区的提升式延伸区，做到既体现高端文化主题，更具有市民亲近、实用的文化消费品格。

在近日举行的一次有关华富村改造的讨论会上，有业主对我提出的适当合理地植入高端文化消费产业的观点不太理解，在他们看来，华富村就应该改造成一个全封闭的、升级版的新住宅区，规划设计的基本利益取向就应该面对业主。我觉得，棚改的确应该首先满足原业主的回迁要求，即便是新增的高端文化消费服务功能，事实上也首先是满足原业主需要的。但是，把棚改项目按照一个纯粹回迁项目来安排，这显然是有点偏激了。应该明白，政府不可能拿广大纳税人的钱仅仅为一个棚改小区的原业主盖新房，做服务。一个旧住宅区的棚改或旧改，在功能配置和容积率上都会有非常大的变化，事实上会变成一个以商业性住宅和政策性住宅为主体的类综合体，通常里面都会有回迁住房、共有产权住房、租赁式公寓、商品住房、商业、公共服务配套等，有些改造项目还会增加酒店、写字楼等功能建筑。因此，把棚改、旧改项目简单等同于旧住宅区原有功能的单一升级，只讲原业主利益，这显然不符合棚改旧改原则，也不符合现实的利益调整格局。作为主持棚改旧改项目的政府，在将要改造的项目用地中适当合理植入一定的产业和城市公共服务功能是完全正常、合法的，也是城市功能平衡配置的需要，包括全体业主的现实需要，这一点无可非议。

总之，华富村的改造应该达到这样一种图景：人居高品舒适，文化消费繁盛，福田独领风骚，深圳开放共享，湾区国际风采。这才是我们应该明确追求的未来华富村改造后的高品位形象。可以肯定，适当合理植入高端消费型文化产业后，将大幅提升华富村项目的品质和物业价值，这不仅为小区业主带来切身利益，也是福田乃至深圳发展的必然趋势。

2017 年 11 月 30 日

深圳以住房制度的革命性变革应对大湾区的降临

最近，粤港澳大湾区规划即将出台的消息一直是大家最为关注的焦点，其中一个重要的问题就是：大湾区会不会像雄安新区、海南岛自贸港出台时那样，出现对房地产的全面严控？

今天，在大湾区的轴心城市深圳，一个超重量级的消息传出来了：《深圳市人民政府关于深化住房制度改革加快建立多主体供给多渠道保障租购并举的住房供应与保障体系的意见》（以下简称《意见》）正式征求意见了！这是深圳住房制度改革历史上最重要的文件，是精准落实中央"房住不炒"战略的落地性文件，是将深刻影响深圳未来多年住房供需关系体系的长期指导性文件。可以说，《意见》是深圳深化住房制度改革的定海神针性文献。

深圳显然是以住房制度的革命性变革来应对大湾区的隆重降临！

我初步看了一下，这份《意见》最重要的政策价值主要有如下十点：

第一，《意见》明确划定文件指导的时间窗为2018年至2035年，时间长达18年。显然，这是一份长期性、战略性的指导文件，几乎相当于国家过去实施货币化改革、住房商品化以来的时间，是经过深思熟虑、理性布局后的时间窗安排，与党的十九大提出的在2035年基本实现社会主义现代化的时间表完全吻合。

第二，明确提出了建设60%的保障性住房、40%的商品性住房的以保障为主的比例关系。这是《意见》中最重要的战略布局之一，充分体现了住房制度改革的基本方向，就是要把民生属性摆在更加突出的位置，实现住房保障化为主，住房商品化为辅。这个保障性住房和商品性住房的比例，在新加坡是80∶20，在香港是50∶50，而在中国内地过去20年来一直是商品性住房为绝对主角，只有非常少量的保障性住房。现在深圳确定了60∶40的比例，将深刻改变住房的基本格局，普通消费者的居住权利将得到有效落实。

第三，明确提出了建设50%的租赁性住房、50%的购买性住房的租购并举的比例关系。这也是《意见》中的一项重要的战略布局。过去，深圳的房屋数量超过1000万套，而真正合法供应的住房只有200万套，占比仅20%多一点，其中绝大部分是购买性商品住房，而其他80%的房源是没有红本的小产权房、农民房，其中大部分用于社会化租赁。现在提出建设50%的租赁性住房，意味着政府将动员社会力量大幅度介入原有非红本性房源的改造，意味着未来深圳住房市场上合法的、品质化的租赁性居住比例将大幅提升，这将深刻改变深圳的居住模式。

第四，提出适当提高居住用地在城市建设用地总量中的比例和开发强度。这一点非常重要，因为深圳是一个土地非常匮乏的城市，特别是每年用于居住的用地非常少，远远低于国家规定的居住用地占比标准，更达不到国际通行的城市住房用地占比标准。现在提出来要适当提高，显然有助于改善深圳的居住条件，让更多的市民可以安居乐业。

第五，保障性住房分类更加完整和具有针对性。《意见》提出了三类保障性住房：人才住房、安居型商品房和公共租赁住房，其各占住房供应的20%左右。这是在对保障性住房资格人群进行深入调研后提出的配置策略，符合深圳保障性住房供应的现实需要。

第六，提出了更加灵活的多主体供给、多渠道保障的供应和保障体系。其中，提出多主体供给的渠道有八条，特别引人关注的是，支持企事业单位利用符合规定的自有用地或自有用房，建设筹集人才住房、安居型商品房和公共租赁住房，也支持各类金融机构和社会组织参与建设保障性住房，这意味着住房用地政策的重大变化，将来许多企事业单位将利用自有土地发展保障性住房，有效压缩市场对社会性商品住房的需求，可能会改变市场供需关系。

第七，所有住房供应均以适合普通市民需要的中小户型为主体。就商品性住房而言，强调以普通商品住房为主，这应该包括90平方米以下的刚需住房和90～144平方米的改善型住房。而三大类保障性住房都在90平方米以下。显然，将来深圳的住房供应中，真正的大户型、豪宅比例将会明显减少，估计占比在总供应量的10%左右，这可能导致豪宅仍然处在抢手的基本格局中。

第八，住房的货币补贴面将大幅提升。由于保障性住房的比例提升为60%，相应的财政货币补贴也将提升，《意见》提出了明确的货币补贴扩大的范围，这也是政策扶持保障性住房建设和分配的重要举措。

第九，强调全面实施更加有利于人才落地深圳的人才安居工程。鉴于全国许多大城市实施人才争夺战，深圳在关键的住房保障上提出了强有力的举措，包括实施先租后购、以租抵购制度，确保人才真正落地发展的基本保障，这比一些城市仅仅以落户为手段的抢人策略更加高明。

第十，强调加强政府对住房制度改革的监管责任。一方面，加强对人才住房、安居型商品房和公共租赁住房的分配管理，坚决避免违法违规现象发生；另一方面，保持房地产调控政策的连续性、稳定性，严格落实各项调控措施。规范房地产市场秩序，加快建立适应市场规律的基础性制度和长效机制，促进房地产市场平稳健康发展。

可以看出，深圳这份关于住房制度改革的《意见》有非常多的亮点和创新，与雄安新区和海南岛的房地产全面严控政策相比，可以说，深圳的这份《意见》既保持了宏观调控的共同特征，又在具体落实上完全不同于雄安和海南，是根据自身特点制定的务实性、可持续性的政策。从某种意义上说，深圳的这份《意见》代表了大湾区未来房地产发展的政策导向，就是在基本尊重过去房地产发展的历史现实的基础上，以"房住不炒"和"住有所居"的民生价值为导向，实施住房制度的革命性变革，引导房地产进而影响国民经济迈向更加健康的方向。

可能不少人更加关注：《意见》出台后会对深圳的楼市产生什么影响？会不会影响房价？我的看法是：当供给侧发生这么剧烈的变革，需求侧也必然出现深刻变动，大量需求会涌入保障性住房消费行列，原有的商品住房上的供需两端都在收缩，特别是商品房中间的普通住房在大量保障性住房的压力下，可能出现价格趋稳的局面。但豪宅部分，由于占比减少，可能会保持需求旺盛的格局，房价可能仍然有上浮的较强动能。也就是说，将来深圳的普通商品住房和豪宅之间的价格可能会进一步拉大，这一点应该不难理解。

《意见》所涉及的问题面很宽，在未来实施过程中可能会出现很多困难和问题，但是，它的大方向是符合深圳房地产发展战略方向的，无论如何都非常值得期待，期待《意见》能够尽快全面、高效地得到贯彻落实，真正推动深圳住房制度的实质性变革，推动深圳"房住不炒""住有所居"的实现，推动深圳房地产市场的长期平稳健康运行，推动深圳在即将降临的粤港澳大湾区的发展中起到更加重要的作用。

2018 年 6 月 5 日

6∶4 引发强烈震荡，深圳房改能实质性推进吗？

这两天，《深圳市人民政府关于深化住房制度改革加快建立多主体供给多渠道保障租购并举的住房供应与保障体系的意见》（以下简称《意见》）征求意见的消息公布后，引起了各方的强烈反响。光是 6 月 5 日这一天，我就接受了包括中央电视台、中央人民广播电台、香港部分媒体、各大网媒、深圳各类媒体的采访十几次，网上更是议论纷纷。

大家关心什么呢？普通市民当然首先关心房价和买房的事：《意见》出来后，房价会是什么走势啊？能不能再买房子了？房子还买不买得起了？我能买安居型商品房吗？而学界业界则更关心《意见》中提到的各项改革内容，其中最重要的就是关于三类保障性住房与商品住房 6∶4 的比例关系可能带来的一系列重大影响。

显然，这个 6∶4 是整个《意见》的核心，也是本次房改的主导性动作。这个动作可谓重大，以至于立即引发了社会舆论的强烈反弹。北京一位知名学者说："深圳的这个《意见》让我非常失望，是否定市场化的行为，通篇没有更多的新意。"网上很多人也说，这是走回头路，政府从市场里拿走了太多权力，更多的人担心政府切入过多，会不会再次引发腐败，等等。

这些人的失望和担心我都非常理解，毕竟，中国的改革开放已经推进了 40 年，大家都自认为对市场经济十分了解了，"让市场起主导作用"也是写进国家重要文件里面的话。以此来看，深圳的这份房改意见是不是有点反市场化，是不是有点倒退的感觉？

第二部分
房地产：震荡与转型

我想在这里谈一谈我的看法。我认为，深圳的《意见》整体上对房地产发展格局和时代特征的把控是准确的，我们不能离开历史和现实胡言乱语。中国住房问题的历史和现实是什么呢？用最简单的说法就是：三十年河东，三十年河西。1998年货币化改革之前，中国的住房基本上是福利制度，那时候没有私人住房，都是公家的，单位的，是单位分房制，分到个人手里，每月只交一点点房租。货币化改革后的20年，中国房地产进入完全的市场化阶段，政府实施强制征地并通过招拍挂制度，把土地使用权出售给开发商，开发商进行住房开发后，把所有住房通过市场卖给私人或机构，形成独立产权。

为什么当年住房要搞货币化改革？很简单，福利分房制度看似公平，但极大地压抑了土地和住房市场应有的价值、活力、效率和效益，全社会把巨大的居住包袱全压在了政府身上，最终难以实质性提高全体人民的住房生活品质。显然，货币化改革是对福利分房制度的一次革命，是由福利化向市场化的剧烈变革。

在货币化时代，几乎所有人的住房希望都押宝在商品住房上面了。这看似公平，但事实上垫伏了另外一些深层次的不公平。土地财政大行其道，地方政府依赖不断增加的土地财政收益支撑起政府庞大的财政支出，开发商拍地拿地，"地王"频出，以地价激励房价，加上其他因素的助力，导致20年来房价一路上涨，目前，房价已经是十几年前的十几倍、几十倍，中国房地产的资产总规模已经达到300万亿元以上的骇人规模，是中国GDP的三四倍。与此同时，中国的住房信贷规模也屡创新高。目前，全国住房贷款总规模大约为25万亿元，占全国各类贷款总额的大约20%。中国城市居民的储蓄率已经在明显下降，房产占居民总资产的比例超过50%，甚至60%、70%、80%，房奴越来越多，生活压力越来越大。从现实看，住房资源的配置很不合理，有人可以手握十几套、几十套、上百套住房，坐等升值，而更多的人连一套住房都买不起。这表明，货币化改革的方向出了问题。

这次深圳的房改意见出现了6：4比例，也就是60%的保障性住房，40%的商品住房，这显然是对过去20年来的货币化改革方向的一次重大矫正，可以说是再一次的房改革命，也可以说是由当年的福利分房到后来的货币化分房再到这次的商保并举式的双轨制分房，是经历了住房制度"正、反、合"的转变过程。这次的"合"，就是把前两次住房制度的有利部分都保留下来，剔除不合理的部分，形成由政府把控和引导的保障性住房体系和由市场调节的商品住房体系同时运行的基本格局，从中国房地产数十年来的发展经验看，这样的模式是相对合理的，也是市场不同层次需求都容易接受的。

至于保障性住房占比略高于商品住房的问题,我觉得其实不是一个问题,世界上很多国家都有不同类型的、由政府提供的或指导的住房,无论中国还是深圳,都不是新发明,只是经验借鉴而已。而且,我认为这个占比并不是绝对的,在以后的实践中,如果这个比例不能为真实的供需关系带来有效平衡,将来仍然有可能调整比例,但比例本身会长期存在。

不能说政府介入住房开发和分配就是否定市场经济制度,这个结论太草率了。从经济学的基本理论讲,政府是维护市场秩序的,当市场出现失灵的时候,政府就要出面干预,把局面引导到正常的轨道上来。回想20年来的住房货币化过程,的确出现了很多问题,例如房价暴涨、投机盛行。以往政府用强压性的临时政策调控并没有解决问题,这次深圳的房改意见是着眼于从供给侧实施深度改革,必然触及深层利益调整和长效机制建设,会让一些人感到不安,这很正常。这些年来习惯了通过炒房过日子的人当然不愿意看到政府从市场上切走60%的蛋糕,他们当然会抱怨政府的手伸得太长了。一些自诩为市场派的专家和业内人士也陶醉在他们自己设定的纯粹的"市场"概念里不能自拔,全然不理会早已变幻了的中国房地产市场的严峻现实。

我支持深圳房改意见中的一系列改革举措,包括6:4比例,当然,还要经过实践的检验。深圳刚刚从中央那里拿到一项重要任务:建设中国可持续发展议程试验区。深圳的这个房改意见是不是可持续,全看实践检验。就让我们有点耐心吧,看一看未来几年的实践效果如何。

2018年6月7日

深圳楼市新政:"靶向治疗"的修补性行动

7月30日,深圳出台了楼市新政,简称"深四条"。

7月31日,中央政治局会议,强调下决心解决好房地产市场问题,坚决遏制房价上涨。

深圳出台新政似乎有预感,算是呼应了中央的态度,很及时。网上一片解读,有说法:史上最严厉。我觉得这个判断不对,谈不上最严厉,我的观点,这次的新政是针对2016年的"深八条"调控政策以及后来追加政策执行过程中出现的漏洞进行修复,针对性很强,用一个医学词汇,叫"靶向治疗"，非常精准，直接封杀漏洞。比如，你动用公司名义买房套利，我就暂停你公司的买房资格；你想短炒搞投机，我就让你买房后三年禁卖；你用假离婚的办法获取房票，我就让你离婚两年内贷不到合适的款；你想把公寓拿来炒房，我就让你五年内禁卖。这是典型的补漏洞，如此而已。

"深八条"之后的将近两年来，深圳楼市进入严控期，一手房受到严格管制，房价一直在横盘，二手房有所上升，但也难以出现大幅上扬。市场上的投机客数量已经不多，大约控制在20%以内，甚至更低，且大多都是采取上面一些对策在钻市场的空子。这次新政用"靶向治疗"的修复策略，把漏洞给堵死了，可以想象市场会进一步回归理性。但由于这两年来，市场上的需求已经是以居住为主流，真正的刚需型和改善型占主导，而新政是针对投机客的，是修复性的，因此影响面并不大，不会出现价格的较大波动。真正受影响的，一是拥有大量商务公寓的开发商，二是短炒的投机客，三是刚刚假离婚、尚未买房的人。

深圳的基本面没有发生大的变化，土地供应仍然紧张，人口、资金增长仍然强劲，供需关系仍然没有实质性改变。即便是出现中美贸易战带来的严重影响，深圳的经济走势仍然在大湾区概念下存在很强的增长潜力。相比之下，这次的新政影响本身无须高估，就是一次"靶向治疗"的修复性行动。但是，考虑到中央"731"会议"坚决遏制房价上涨"的严令，可能会放大深圳"730"政策的影响，对此需密切观察。

2018 年 8 月 1 日

后　记

　　我的专著《文旅与地产：顺势而为》即将交付出版了，回想近期以来与中山大学出版社的交流互动，是很开心的。毕竟几年来，我对中国文化旅游产业的大趋势、文旅地产以及房地产业在应对国际国内复杂的大形势过程中表现出来的顺势而为的大格局进行的跟踪和研究形成了大量文字，如今能够以专著形式正式出版，让更多的读者分享，我感到十分高兴。在和出版社的互动过程中，无论是出版社的编审机构领导和专家，还是书稿的责任编辑都表现出深刻的专业水平以及诚挚的工作态度，没有他们的大力协助，我无法想象能够在如此短的时间内实现这部专著的正式出版，在此我对中山大学出版社以及出版社项目策划部金继伟主任表示真诚的感谢！还有，在本书出版过程中，深圳市金和成投资发展有限公司郑有水董事长给予了大力支持，也在此表示衷心感谢！

2019 年 6 月 12 日